中国应急预算管理与改革

China's Emergency Budget Management and Reform

陈建华 著

经济管理出版社
ECONOMY & MANAGEMENT PUBLISHING HOUSE

图书在版编目（CIP）数据

中国应急预算管理与改革 / 陈建华著. —北京：经济管理出版社，2017.12
ISBN 978-7-5096-5401-9

Ⅰ. ①中… Ⅱ. ①陈… Ⅲ. ①突发事件—公共管理—国家预算—预算管理—研究—中国 ②突发事件—公共管理—国家预算—预算制度—体制改革—研究—中国 Ⅳ. ①D63 ②F812.3

中国版本图书馆 CIP 数据核字（2017）第 249052 号

组稿编辑：宋　娜
责任编辑：侯春霞
责任印制：黄章平
责任校对：王淑卿

出版发行：经济管理出版社
（北京市海淀区北蜂窝 8 号中雅大厦 A 座 11 层　100038）
网　　址：www. E-mp. com. cn
电　　话：（010）51915602
印　　刷：三河市延风印装有限公司
经　　销：新华书店
开　　本：720mm×1000mm/16
印　　张：17.25
字　　数：283 千字
版　　次：2018 年 1 月第 1 版　　2018 年 1 月第 1 次印刷
书　　号：ISBN 978-7-5096-5401-9
定　　价：98.00 元

第六批《中国社会科学博士后文库》编委会及编辑部成员名单

序 言

博士后制度在我国落地生根已逾30年，已经成为国家人才体系建设中的重要一环。30多年来，博士后制度对推动我国人事人才体制机制改革、促进科技创新和经济社会发展发挥了重要的作用，也培养了一批国家急需的高层次创新型人才。

自1986年1月开始招收第一名博士后研究人员起，截至目前，国家已累计招收14万余名博士后研究人员，已经出站的博士后大多成为各领域的科研骨干和学术带头人。其中，已有50余位博士后当选两院院士；众多博士后入选各类人才计划，其中，国家百千万人才工程年入选率达34.36%，国家杰出青年科学基金入选率平均达21.04%，教育部“长江学者”入选率平均达10%左右。

2015年底，国务院办公厅出台《关于改革完善博士后制度的意见》，要求各地各部门各设站单位按照党中央、国务院决策部署，牢固树立并切实贯彻创新、协调、绿色、开放、共享的发展理念，深入实施创新驱动发展战略和人才优先发展战略，完善体制机制，健全服务体系，推动博士后事业科学发展。这为我国博士后事业的进一步发展指明了方向，也为哲学社会科学领域博士后工作提出了新的研究方向。

习近平总书记在2016年5月17日全国哲学社会科学工作座谈会上发表重要讲话指出：一个国家的发展水平，既取决于自然科学发展水平，也取决于哲学社会科学发展水平。一个没有发达的自然科学的国家不可能走在世界前列，一个没有繁荣的哲学社会科学的国家也不可能走在世界前列。坚持和发展中国特色社会主义，需要不断在实践中和理论上进行探索、用发展着的理论指导发展着的实践。在这个过程中，哲学社会科学具有不可替代的重要地位，哲学社会科学工作者具有不可替代的重要作用。这是党和国家领导人对包括哲学社会科学博士后在内的所有哲学社会科学领域的研究者、工作者提出的殷切希望！

中国社会科学院是中央直属的国家哲学社会科学研究机构，在哲学社会科学博士后工作领域处于领军地位。为充分调动哲学社会科学博士后研究人员科研创新的积极性，展示哲学社会科学领域博士后的优秀成果，提高我国哲学社会科学发展的整体水平，中国社会科学院和全国博士后管理委员会于2012年联合推出了《中国社会科学博士后文库》（以下简称《文库》），每年在全国范围内择优出版博士后成果。经过多年的发展，《文库》已经成为集中、系统、全面反映我国哲学社会科学博士后优秀成果的高端学术平台，学术影响力和社会影响力逐年提高。

下一步，做好哲学社会科学博士后工作，做好《文库》工作，要认真学习领会习近平总书记系列重要讲话精神，自觉肩负起新的时代使命，锐意创新、发奋进取。为此，需做到：

第一，始终坚持马克思主义的指导地位。哲学社会科学研究离不开正确的世界观、方法论的指导。习近平总书记深刻指出：坚持以马克思主义为指导，是当代中国哲学社会科学区别于其他哲学社会科学的根本标志，必须旗帜鲜明加以坚持。马克思主义揭示了事物的本质、内在联系及发展规律，是“伟大的认识工具”，是人们观察世界、分析问题的有力思想武器。马克思主义尽管诞生在一个半多世纪之前，但在当今时代，马克思主义与新的时代实践结合起来，越来越显示出更加强大的生命力。哲学社会科学博士后研究人员应该更加自觉地坚持马克思主义在科研工作中的指导地位，继续推进马克思主义中国化、时代化、大众化，继续发展21世纪马克思主义、当代中国马克思主义。要继续把《文库》建设成为马克思主义中国化最新理论成果宣传、展示、交流的平台，为中国特色社会主义建设提供强有力的理论支撑。

第二，逐步树立智库意识和品牌意识。哲学社会科学肩负着回答时代命题、规划未来道路的使命。当前中央对哲学社会科学愈加重视，尤其是提出要发挥哲学社会科学在治国理政、提高改革决策水平、推进国家治理体系和治理能力现代化中的作用。从2015年开始，中央已启动了国家高端智库的建设，这对哲学社会科学博士后工作提出了更高的针对性要求，也为哲学社会科学博士后研究提供了更为广阔的应用空间。《文库》依托中国社会科学院，面向全国哲学社会科学领域博士后科研流动站、工作站的博士后征集优秀成果，入选出版的著作也代表了哲学社会科学博士后最高的学术研究水平。因此，要善于把中国社会科学院服务党和国家决策的大智库功能与《文库》的小智库功能结合起来，进而以智库意识推动品牌意识建设，最终树立《文库》的智库意识和品牌意识。

第三，积极推动中国特色哲学社会科学学术体系和话语体系建设。改革开放30多年来，我国在经济建设、政治建设、文化建设、社会建设、生态文明建设和党的建设各个领域都取得了举世瞩目的成就，比历史上任何时期都更接近中华民族伟大复兴的目标。但正如习近平总书记所指出的那样：在解读中国实践、构建中国理论上，我们应该最有发言权，但实际上我国哲学社会科学在国际上的声音还比较小，还处于“有理说不出、说了传不开”的境地。这里问题的实质，就是中国特色、中国特质的哲学社会科学学术体系和话语体系的缺失和建设问题。具有中国特色、中国特质的学术体系和话语体系必然是由具有中国特色、中国特质的概念、范畴和学科等组成。这一切不是凭空想象得来的，而是在中国化的马克思主义指导下，在参考我们民族特质、历史智慧的基础上再创造出来的。在这一过程中，积极吸纳儒、释、道、墨、名、法、农、杂、兵等各家学说的精髓，无疑是保持中国特色、中国特质的重要保证。换言之，不能站在历史、文化虚无主义立场搞研究。要通过《文库》积极引导哲学社会科学博士后研究人员：一方面，要积极吸收古今中外各种学术资源，坚持古为今用、洋为中用。另一方面，要以中国自己的实践为研究定位，围绕中国自己的问题，坚持问题导向，努力探索具备中国特色、中国特质的概念、范畴与理论体系，在体现继承性和民族性、体现原创性和时代性、体现系统性和专业性方面，不断加强和深化中国特色学术体系和话语体系建设。

新形势下，我国哲学社会科学地位更加重要、任务更加繁重。衷心希望广大哲学社会科学博士后工作者和博士后们，以《文库》系列著作的出版为契机，以习近平总书记在全国哲学社会科学座谈会上的讲话为根本遵循，将自身的研究工作与时代的需求结合起来，将自身的研究工作与国家和人民的召唤结合起来，以深厚的学识修养赢得尊重，以高尚的人格魅力引领风气，在为祖国、为人民立德立功立言中，在实现中华民族伟大复兴中国梦的征程中，成就自我、实现价值。

是为序。

中国社会科学院副院长

中国社会科学院博士后管理委员会主任

2016 年 12 月 1 日

摘 要

在现代民主社会，应急管理和预算管理是与政府施政过程密切相关的两项重要议题。应急管理一直以来就是各国政府的固有职责，公共预算也已成为提升政府施政能力的重要政策工具。当前，无论从提升应急管理水平来看，还是从完善公共预算管理来看，实现应急管理与公共预算管理两者之间的“无缝对接”必不可少，并且极其重要。

中国是一个突发事件频发的国家。从2003年“非典”公共卫生事件，到2008年南方多省的冰雪灾害以及四川省汶川大地震，再到2013年11月发生的青岛市输油管道爆炸事故，近年来发生的一系列事件都表明我国已进入突发公共事件高发时期。有证据表明，各类突发事件平均每年给我国造成的经济损失占GDP的6%~8%。

长期以来，我国按照“急事急办，特事特办”的原则，依靠“一方有难，八方支援”“对口支援”等措施临时筹措应急资金，应急管理过程与公共预算制度呈现出“两张皮”现象。如今，面对频繁发生以及损失惨重的各类突发事件，依靠政府进行“突击式”应急的方法已不再适用，深化应急管理改革迫在眉睫。本书认为，推动我国应急管理改革的重要切入点是改进预算管理制度，通过增强预算制度的应急管理功能，进而从根源上摆脱应急管理与公共预算制度相脱节的问题。

应急管理与公共预算在本质上是相互关联的，在实施应急管理和公共预算管理的过程中，各级政府应致力于实现两者的“无缝对接”。从字面上理解，应急预算管理就是应急管理与公共预算之间的融合过程。应急预算不同于常规预算，风险概念的引入是应急预算最重要且特别的元素。应急预算管理特别强调风险概率、风险后果、风险损失三个核心概念，常规预算通常关注确定的公共服务单价及数量信息。无论是投入导向的预算（投入数量乘以投入价格等于预算需求），还是绩效预算（基于评价结果配置资源），都不同于应急预算。总之，应急预算概念创新了常规预算的话语体系，打破了对预算功能的狭隘认知，要求预算不仅能够应对常规事项，也能应对突发事项。

一直以来，公共预算与应急管理之间的融合研究未被纳入主流文献的视野。当前学术界对应急管理与公共预算的分离式研究居多，在应急管理方面，更多地就如何加强机制建设、完善管理过程等层面展开研究，而将应急管理嵌入标准预算程序的理论分析相对较少。这些研究在很大程度上忽视了这样一个主题：预算为何应该以及如何才能作为应急管理的有效工具？中国作为突发事件频发的国家，应急管理体系在实践中暴露出来的弊端，已经日益紧迫地将这个问题摆在了我们面前。聚焦于应急预算进行融合式研究，进而形成有效的应急预算管理制度框架，不仅在实务层面，而且在理论层面也是一个有待突破的重要议题。

公共预算制度是应急管理改革的重要实现平台。实施应急预算改革，使应急管理过程既符合合规要求又能产生应有的绩效，是提升我国应急管理水平的重要载体。应急预算改革要求将应急管理的全过程严格融入公共预算的标准程序中。一般来讲，公共预算制度由一套逻辑严密、周而复始的标准程序组成，其中主要包括四个阶段：预算准备与编制、预算审查与提交、预算执行与控制、预算评估与报告。

实施应急预算改革是我国公共预算制度创新的重要切入点，具备重大理论价值。在实践中，公共预算制度务必要满足政府两项职能的管理要求：一是常规性公共事项；二是突发性公共事项。对于包括中国在内的一部分国家来说，公共预算通常可以在管理常规事项时显得游刃有余，但依旧无法发挥其应对突发事项的功能属性。由于我国预算制度远未完善，其在应急管理过程中的作用受到进一步制约。本书的研究意在实现应急管理与公共预算管理之间的链接，赋予公共预算功能以“全面性”，在一定程度上强化公共预算的施政力量。

简而言之，应急预算制度是实现应急管理和公共预算之间紧密融合的重要平台。本书以《中国应急预算管理与改革》为题进行研究，以剖析应急预算制度的功能、账户和程序三个维度为主线，展开对国内外应急预算管理与改革的深入研究，力求全面而精准地分析应急预算制度及其在应急管理中的应用。

本书共分九章：第一章是绪论部分，重点阐述该研究主题的背景以及相关的文献综述。第二章引入公共预算和应急管理两大议题，以理论阐述为主，分析两者的关联性及融合过程。第三章主要构建了应急预算的概念框架和制度框架。书中从功能、账户、程序三个维度阐述应急预算体制，为提出我国应急预算管理与改革的要点奠定理论基础。第四章重点阐述美国、日本等国家和地区应急预算管理的实施情况，并总结了有益经验。第五章展现了我国应急管理实施过程中的现有预算制度，并分别进行了利弊分析，在此基础上，提出我国应急预算改革的总体思路。第六章深入分析了我国预算制度的应急管理功能现状，并提出功能强化措施。第七章提出第二个改革建议，即设立应急预算账户。第八章强调建立健全我国应急预算管理程序，真正将应急管理过程“融入”预算管理程序中。本章探讨了事前编制突发事件损失预算的相关问题。第九章通过比较针对突发事件管理的保险手段和预算工具，主要阐述了应急预算与保险制度的关联性，最后提出加强保险制度和应急预算改革两者应协同进行。

综观全书内容，既整合了现有关于应急预算制度特定角度的理论研究成果，又通过典型案例分析和国际经验分析，集成了当今以公共预算制度为依托实施应急管理的重要实践经验，具有较大的理论创新价值和现实指导意义。

关键词： 突发事件；应急管理；应急预算；常规预算

Abstract

In modern democratic societies, emergency management and budget management are two important processes of public affairs, which are closely related with governance. Emergency management has always been inherent responsibilities of governments, and public budget has become an important policy tool to enhance the government's administrative capability. Currently, in point of enhancing the level of emergency management, or viewing from the improvement of the public budget management, achieving both "seamless" is essential and extremely important.

China is a country with frequent emergencies. From 2003 "SARS" public health event to the 2008 snow disaster in southern provinces, and then Qingdao pipeline explosion occurred in November 2013, a series of events indicates that China has entered a period of high incidence of public emergencies. There is evidence that the average economic losses caused by all types of emergencies is about 6%~8% of GDP.

For a long time, our country is in accordance with the principle of "tonight on everything", relying on "a difficult one, PPlus support", "targeted aid" and other temporary measures for raising emergency funds, emergency management process is "mismatch" with the process of public budgeting. Today, relying on government "assault-style" emergency approach is not applicable any longer, when facing all kinds of emergencies that are frequent and suffer huge losses, deepening reform of emergency management is very necessary. According to the views of this book, improving the budget management system is an important entry point to promote China's emergency management reform, by enhancing emergency management functions within the budget system, and thus the " disconnect" between emergency management and public budget system will not be in existence, which is the root of the problem.

There is interrelation between emergency management and public budget naturally, in the process of implementation of emergency management and public budget management, governments at all levels should strive to achieve the " seamless" between them. Literally, the emergency budget management is the process of integration between emergency management and public budget. The emergency budget is different from regular budget, the element most important and special of the emergency budget is the introduction of the concept of risk. Emergency budget management particullarly stressed the three core concepts of risk probability, risk consequences, the risk of loss, the regular budget often focuses on confirmed information of the price and quantity of public service. Both the input-oriented budget (put the number multiplied by input price equal to the requirement of budget resources) and the performance budget (based on the results of the allocation of resources), are different from the emergency budget. In short, the concept of emergency budget brings innovation for the discourse system of the regular budget, breaking the narrow cognition about the function of the budget, the budget is not only required to respond to routine matters but also emergencies.

All along, the integration study between the public budget and emergency government is not included in the acute vision of mainstream literature. In the current academic, the study of emergency management and public budgets has been carrying out separately, in emergency management, more studies are on how to strengthen the construction of mechanisms and improve the process of emergency management and other aspects, the theoretical analysis of the integration between emergency management and the budget process is relatively less. These studies largely ignored such a theme: Why should the budget and how it can be used as an effective tool for emergency management? As a country with frequent emergencies, the exposed disadvantages of China emergency management systems in practice, has been putting these problems before us increasingly urgent to this issue in front of us. Focusing on the integrated research into emergency budget, and forming an effective institutional framework is an important problem without breakthrough yet, not only in the practical level, but also in theories.

Public budget system is an important platform for emergency management reform. Emergency budget reform, so that the emergency management process is in line with compliance requirements and can produce the necessary performance, is an important carrier for enhancing the level of emergency management. One requirement of the emergency budget reform is that the whole process of emergency management must be integrated into the strict standard procedures of public budgets. Generally speaking, public budget system is made up of a set of standard procedure that is logical and cycle, which mainly consists of four phases: budget preparation and budgeting, budget review and submission, budget execution and control, budget assessment and reporting.

Emergency budget reform is an important entry point to innovation for our public budget system, and there may be major theoretical value. As practice requirements, public budget system should be sure to meet the needs of government management, that is in charge of the regular public matters and the sudden public events. For part of the countries, including China, the public budget can often seem at ease in managing for routine matters, but still be unable to play its functional properties in dealing with emergencies. Due to the imperfect nature of our budget system, the budget management's role for emergency management process is subjected to further restrictions. This study is based on the mechanism of links between emergency management and public budget management, arguing a newly proposed dimension of "comprehensive function" for public budget, and emphasizing on it, through which to strengthen the power of public budgets in China.

In short, the emergency budget system is the important platform for achieving closer integration between the emergency management and public budget. In this book, "China's emergency budget management and reform" as the subject of studying, giving an in-depth study of the domestic and international emergency management and budget reform, under the main line of the function, account and procedure, which are the three dimensions of understanding the emergency budget system, and strive to analysis on emergency budget system and its practical value in emergency management fully and accurately.

The content of this book is divided into nine chapters. The first chapter is the introduction, which focuses on the background and related literature review of the study. The second chapter is the introduction of two topics of public budget and emergency management, is consist of theoretical exposition, and the analyses are conducted on the correlation and integration between them. The third chapter is mainly to build the conceptual framework and institutional framework of emergency budget. In this book, the emergency budget system has been stated through three dimensions of function, account, process, and then analyzes of management and reform of emergency budget. The fourth chapter focuses on the implementation of emergency budget management in United States, Japan and other countries or regions, and draws on the useful experience. The fifth chapter shows the existing budget in the process of implementation of the emergency management system, the pros and cons of budget, based on this, the general idea of proposed emergency budget reform in China is putted forward. The sixth chapter analyses on the status of emergency management functions of the budget system, and proposes measures to strengthen the function. The second proposal of reform is putted forward in the seventh chapter, namely the establishment of a emergency budget account. In the eighth chapter, the establishment of a sound procedure for emergency budget management is emphasized, the prosess of emergency management will be integrated into the budget management process really. This chapter covers in particular the related issues on the emergency loss budget that is prepared in advance. The ninth chapter focuses on the association between emergency budget and the insurance system, through comparing the both tools of insurance and budgeting for incident management, and finally proposes to strengthen the insurance system, that is to keep in tandem with the reform of emergency budget.

Throughout the content of the book, there has been an attempted integration of existing theoretical researches on the emergency budget system based on specific perspectives, and integrates the significant practical experiences in the implementation of emergency management relied on public budget systems today, through the depth analysis of typical cases and international experiences. The study would have increased significant innovation on theories and the significance guiding practice.

Key Words: Emergency; Emergency Management; Emergency Budget; Regular Budget

目 录

Contents

第一章　绪　论

关于中国应急预算管理与改革的研究是一项典型的应用研究。

第一节　问题的提出

中国是一个突发事件频发的国家。进入21世纪以来，从2003年“非典”公共卫生事件到2008年南方多省的冰雪灾害以及四川省汶川大地震；从2012年北京市“7·21”暴雨灾害，到2013年11月发生在青岛市的输油管道爆炸事故，到2014年3月发生在晋济高速公路的燃爆突发事故，一系列的事件都表明我国已进入突发公共事件高发时期。据社科院发布的最新调查数据，2000~2013年我国百人以上的群体性安全事件共计发生871起，意味着平均每个月发生5起。据统计，在自然灾害方面，我国最近15年平均每年约3亿人（次）受灾，直接经济损失超过3000亿元，仅自然灾害造成的经济损失就占到GDP的1.5%左右。有证据表明，各类突发事件平均每年给我国造成的经济损失占GDP的6%~10%。

频繁发生的各类突发事件，对社会经济生活造成极大的负面影响，我国将面临应急管理的严峻考验。我国《突发事件财政应急保障预案》规定，根据灾害程度不同，采取不同的财政收入和支出政策快速拨付资金；按照现行事权、财权划分原则，分级负担；按照“急事急办，特事特办”的原则，及时拨付应急资金，专款专用，禁止挪用截留。财政应急资金重点加强应急物资储备建设、灾害监测网络建设、预警系统建设、灾害恢复重建能力建设、应急管理工作法制化建设、应急队伍建设、专业机构应急指挥能力建设等工作。根据我国预算法规定，各级政府按照本级一般公共预算支出额的1%~3%设置预备费，实行流量式管理用于应急开支。长期以来，我国按照“急事急办，特事特办”的原则，依靠“一方有难，八方支援”、“对口支援”等措施应对突发的紧急公共事件。实践表明，对于偶尔发生的一般类型突发事件，这种传统的应急管理方法在一定程度上是可以应对的。随着我国各类突发事件日益频发，尤其是自然灾害、安全生产事件在发生概率和风险损失上有上升趋势，临时筹措资金的“抱佛脚”式应急方法已不再适用，深化应急管理改革迫在眉睫。

我国针对突发事件的应急管理过程，由于缺乏与公共预算管理的对接机制，导致事前缺乏预估和准备，呈现临时“抱佛脚”的事后应急倾向，结果势必会影响处置事故以及控制经济损失的效果。笔者认为，应急管理与公共预算管理之间相脱节，主要表现在我国现有的公共预算体系在管理功能上尚未实现“全口径”。我国公共预算制度起步较晚，虽然在2000年后经历了数十年的黄金改革期，但还存在诸多不完善之处。在管理和涵盖对象上，我国预算制度主要局限于应对常规性公共事项，如安排公务员工资、配置公务员办公设备等，而对于突发事项没有一套严密而有效的预算制度安排。基于此，通过改革预算管理制度，加强应急管理和公共预算的充分对接，进而提升应急管理水平，已是当务之急。

实践证明，只有将应急管理过程融入适当的公共预算程序中，在突发事件发生之前进行预估并编制应急预算，才能最大限度地降低突发事件可能产生的损害。当前，无论出于有意还是无意，很多国家已经把应急管理过程与公共预算流程融为一体。这些国家通过不断推进应急预算制度改革，依靠公共预算的标准程序进行应急管理活动，成效显著。

简言之，基于管理实践和理论创新的迫切需要，以及我国与国外应急预算管理之间的差距，本书以《中国应急预算管理与改革》为题，以应急管理与公共预算的“融合”过程为主线，对我国应急预算管理与改革展开系统性研究。

第二节 研究目的及意义

一、研究目的

本书研究的主要目的在于：通过开创性地构建应急预算理论框架，改进现有的应急预算制度安排，推动并引导我国实施应急预算改革。

二、研究意义

近年来，从国际范围来看，一方面，应急管理的实施无不得到公共预算制度的支持，在现实中主要表现为公共预算积极承担起应急管理的重任。在突发事件发生前、发生后和发生之时所采取的所有应急管理活动，都在公共预算的制度框架下进行，如向相关规划或活动拨付资金。即在实践中，应急管理与公共预算已经以某种形式结合在一起，两者表现出较为紧密的兼容性。另一方面，在理论研究上，国内外有关应急管理与公共预算之间链接机制的研究十分欠缺，导致实践中应急管理与预算管理之间的结合即使存在，也是非常零碎、偶然和不稳定的。理论研究与实践要求之间的明显错位，不利于指导应急管理实践和提升政府应急管理能力。本书有关应急预算管理与改革的研究内容恰恰填补了这一空白。

在理论研究上，应急预算管理作为一个全新的问题，尚属介于应急管理和公共预算之间未经开垦的“处女地”，需加以深入探讨。

其实，国内已有针对突发事件的财政视角研究，2003 年“非典”以后，围绕公共卫生事件以及自然灾害的应急财政研究产生了一批有意义的成果。可惜的是，近十年来的研究尚未深入应急管理与公共预算的“交叉地带”——应急预算。换言之，当前关于应急预算的理论分析极其有限，仅有的表述也非常粗浅，致使在突发事件发生之前，我国缺乏应有的预算筹划，依然采取“事后救火”的应灾机制。近年来，我国已进入突发事件频发期，并且在 2008 年汶川大地震等突发事件中遭受了巨大的生命财产损失，因而应急管理与公共预算相脱节的状态不应该再持续下去。基于现实的紧迫需要以及拓宽预算管理功能的迫切要求，本书对应急管理和公共预算之间的开创性“融合式”研究意义重大。

总之，实施应急预算管理既是公共预算创新的重要切入点，也是降低应急管理整体成本、改进政府应急管理水平的重要平台。针对中国应急预算管理与改革的研究具有较大的理论创新价值和实践指导意义。

第三节　应急预算的文献基础及简要评析

一、国内文献简述

1. 关于应急管理的最新认知

王宏伟（2010）认为，“应急管理”不仅意味着要对灾害或灾难进行处理，而且要对其进行有效的预防，事发后要快速地恢复。它绝非只是对警察、消防、医疗急救等一线处置者的技能要求，还与应急决策者、应急管理者相关。此外，灾害之所以发生，是因为它超出了我们的承受、控制能力。但是，“应急管理”却包含着这样一层含义，即我们对于灾害有控制的能力。这存在着一个明显的悖论：灾害的发生是因为超出我们的控制能力，而我们进行应急管理的目的就是控制灾害的发生。

即便如此，人们仍未找到一个更为恰当的词语去替代“应急管理”。当前，人们对应急管理内涵的理解不深入、不统一，也不全面。综合相关定义，应急管理具备以下一些基本要素：第一，与应急管理对应的客体是各种突发事件，包括自然、人为以及技术因素导致的突发事件；第二，应急管理包括对突发事件的减缓、准备、响应和恢复四个阶段（或活动）；第三，应急管理在本质上强调协调和整合。基于中国关于突发事件的分类，应急管理就是为了预防与应对自然灾害、事故灾害、公共卫生事件和社会安全事件，将政府、企业和第三部门的力量有效组合起来而进行的减缓、准备、响应与恢复活动[①]。

2. 对应急管理与公共财政之间的关联研究

我国学者对应急管理的相关问题已有较长的研究历程。最早可追溯至1997年，如徐闻惠、张成福（1997）对危机管理理论的产生背景、危机的决策机制等进行了论述，比较系统地研究了突发事件的危机管理。龙丽民等（2005）分析了我国城市地震灾害的特点及防治对策。高建国等（2006）分析了我国地震应急预案的情况。国内学界细致地研究应急管理与公共财政之间的影响问题比较晚，2003年之后明显增加。

（1）关于突发事件对经济体乃至公共财政的影响方面。代表性的观点基于正面作用和负面作用分为三类：一是分析突发事件对经济体及政府财政状况有利的一面，该观点认为，突发事件可以实现"化腐朽为神奇"。如张昌廷等（2010）通过阐述19世纪法国著名经济学家巴斯夏提出的"破窗理论"（打碎一块玻璃，提供了无数金钱和就业机会，得大于失），来分析自然灾害带来的正面效应，并主要分别通过有形商品和无形商品具体分析自然灾害带来的市场商机。[②] 二是强调负面作用。如王维舟（2004）指出，突发事件对财政运行产生了巨大的冲击，即突发性地增加财政支出，减少财政收入，并增加了平衡预算的难度。[③] 三是把相关灾难分类。如樊纲（2003）指出，不同的灾难对于经济总需求及经济活动总量的影响是不同的，并把灾难分为"需求刺激型灾难"以及"需求抑制型灾难"。他认为，战争、洪水、地震、台风等应是"需求刺激型灾难"的例子，而传染性疫病灾难则为典型的"需求抑制型灾难"。[④]

（2）关于应急管理的财政视角研究。基于财政视角研究突发事件的管理控制问题，其实早已有之。例如，多吉才让（1996）在《救灾救济》中认为，社会救济标准是按照最低生活水平制定的，因而应明确"最低生活水平"。郭显光（1998）用层次分析法构建了一个救灾支出分配模型，主要用于冬令春荒的分配。2007年以后，国内基于财政视角的突发事件研究逐步增多。

关于应急管理的财政应对措施方面，史予（2003）分析了重大自然灾

① 王宏伟：《应急管理理论与实践》，社会科学文献出版社2010年版，第69页。
② 张昌廷、林涵：《自然灾害的经济分析》，《湖北经济学院学报》（人文社会科学版）2010年第4期。
③ 王维舟：《突发事件与公共财政》，《理论与现代化》2004年第2期。
④ 樊纲：《"灾难经济学"新解》，《北京日报》（理论周刊），2003年6月6日。

害给保险公司和国家财政带来的沉重负担，提出应探索发行巨灾债券。[①]郭福厚（2005）以洪涝灾害为例，论证了建立洪水保险机制的必要性，提出了建立自然灾害保险救助体系的设想。[②]孙婧（2006）分析了政府在不同自然灾害中的救助方式及作用，以及市场应发挥的作用。[③]祁毓（2008）分析了我国自然灾害频发的现状和财政支出的数据，提出了财政支持自然灾害救助的政策建议。[④]王振宇（2008）从财政的视角分析了汶川地震中反映出的农村公共产品供给、税收制度、横向转移支付等方面的问题，并提出了相应的对策[⑤]。冯俏彬（2012）在其关于应急财政的专著中，通过构建公共产品提供中政府、市场、志愿部门的理论框架，提出构建我国应急管理资金保障体系的"风险分散，责任共担"原则。专著以自然灾害（特别是汶川地震）为例，研究了我国应急管理中财政资金、银行资金、保险资金和捐赠资金的现状、国际经验和改进对策，构建了立体化的灾害资金保障体系。[⑥]

关于财政应急机制方面代表性的文献有：赵要军等（2007）分析了我国地震应急机制及财政应对地震灾害的现状，指出应建立地震类突发事件的公共财政应急机制，包括常态运行机制和非常态运行机制。[⑦]陈华等（2008）分析了突发性公共危机事件的应急机制现状和构建公共财政应急机制的制约因素，提出了构建财政应急体系的对策。[⑧]施绵绵（2008）对目前我国公共财政应急反应机制的现状、问题等进行了分析，提出了建立公共危机应急机制的对策等。[⑨]冯俏彬（2012）认为，与政治体制（联邦制还是单一制）无关，各国在处理自然灾害的财政管理方面存在基于自然灾害本身而发生的一致性与规律性。她以此为基础为加强我国应急财政管理提出了制度设计方案，如准备金制、中央与地方财政救灾事权划分、两条控制线、财政救灾项目的标准化等。她在著作中指出，财政救灾主要包

---

① 史予：《浅议巨灾债券在我国的应用》，《金融观察》2003 年第 4 期。
② 郭福厚：《试论建立洪水保险机制的必要性》，《水土保持科技情报》2005 年第 4 期。
③ 孙婧：《灾害救助方式的政府决策》，《中国减灾》2006 年第 10 期。
④ 祁毓：《我国自然灾害救助财政投入现状、问题及对策》，《地方财政研究》2008 年第 1 期。
⑤ 王振宇：《汶川自然灾害与财政作用机制的合理构建》，《地方财政研究》2008 年第 6 期。
⑥ 冯俏彬：《应急财政：基于自然灾害的资金保障体系研究》，经济科学出版社 2012 年版。
⑦ 赵要军、陈安：《地震类突发事件中公共财政应急机制分析》，《灾害学》2007 年第 4 期。
⑧ 陈华、刘荣：《公共危机财政应急机制构建：以汶川地震为例》，《地方财政研究》2008 年第 6 期。
⑨ 施绵绵：《公共危机的财政应急机制探究》，《现代经济》2008 年第 9 期。

括三个层面：一是用于救灾的资金准备；二是各级政府在救灾方面的财政关系，包括救灾的事权划分与财力配置两个方面；三是政府对受到灾害影响的企业、家庭、个人、社区等所给予的救济与帮助，具体为各类项目。[①]

3. 对应急管理与公共预算之间的关联研究

由于种种原因，基于预算概念框架研究应急管理的文献目前国内比较缺乏。姚小林（2008）认为需要对公共财政的应急进行立法，通过修改《中华人民共和国预算法》和《中华人民共和国突发事件应对法》，细化分级分类公共权力主体的财政应急权责，重构中国特色社会主义的公共财政应急立法体系。王雍君（2011）的研究指出，好的预算应是绩效导向的，上要“顶天”（联结政府战略与政策），下要“立地”（通过具体的规划管理，把政策意图转化为实际行动），上下联动。与政策脱节的预算是没有灵魂的预算（因此必然迷失方向）；与规划脱节的预算是不具有实用价值的预算。同时他认为，与年度预算体制相比，中期基础预算（MTBB）中的两个关键成分（以及其他成分）——中期支出框架（MTEF）和财政政策报告（筹划），有利于应对难以预料的变化（例如，重大自然灾害、恐怖袭击威胁和经济衰退）对未来（应急）开支的影响，对于管理财政风险意义重大。[②]

4. 对应急预算理论的相关研究

（1）对应急预算的初步认识。刘尚希和陈少强（2003）认为，应急预算是公共危机状态下的公共收支资金安排，建立应急预算是公共财政应急反应机制的重要内容。应急预算在性质上属于预算，不是在公共危机到来的时候才编制，在形式上也属于滚动预算，每年编制，滚动修改。王维舟（2004）认为，应急预算是专门应对突发事件、化解社会风险的预算，建立应急预算制度是财政应急机制的核心环节。他还指出，应急预算是在发生突发事件时对平时预算的修正，只有在发生突发事件时才能进入执行状态。[③] 刘胜军（2007）开创性地提出，编制应急预算是一项系统工程，应按照应急管理的缓解、准备、反应、恢复四个阶段分别提供资金支持。在预算准备阶段，应急预算的编制应深入分析和谨慎评估未来时期可能发生

① 冯俏彬：《应急财政：基于自然灾害的资金保障体系研究》，经济科学出版社 2012 年版，第 50-57 页。

② 王雍君：《中国公共预算改革：从年度到中期基础》，经济科学出版社 2011 年版，第 260 页。

③ 王维舟：《突发事件与公共财政》，《理论与现代化》2004 年第 2 期。

的突发事件损失支出。[①] 王雍君（2010）认为，从中国目前的情况看，控制财政风险最重要的措施之一是在年度预算中建立或有储备，因缺乏全面的风险报告与披露制度，只有当或有风险转化为实际损失而加诸政府财政后，才临时性地安排开支去冲销损失，这种“临时抱佛脚”的突击式做法是危险的。[②] 该观点为应急管理的预算制度安排提供了启迪，实施应急预算体制的基本要求应是建立专门的账户。

（2）应急预算缺陷分析。范祚军和张旭（2010）总结认为，目前应急预算制度的缺点主要包括：预备费提取、使用不合理，预备费提取比例较低，不足以应对特大灾害，且对预备费中的应灾比例也没有明确的规定；现有应急资金只是机动预算，并没有专门的预算机制且一般性预算中用于国防、医疗卫生等方面的支出包括了部分应急资金，使应急资金支出无法准确显示；应急资金来源缺乏多样性；对应急资金支出项目国家没有出台相关条例或细则，地方政府应急预算安排制度性不强，缺乏细致的执行规范；现行预算体系重救助与重建、轻预防的问题明显；灾情评估与预算编制结合不到位，无法根据灾情级别制定相应级别的应急预算；财政系统内缺乏专门的应急管理机构。[③]

（3）应灾预算。2008 年“5·12”汶川地震灾害发生后，部分学者提出构建和完善我国的灾害预算制度。为了更好地防范灾害发生并减少灾害产生的损失，周克清（2010）提出需要构建完善的应灾性预算制度。应灾性预算既不是应急预算，也不是特别预算，而是涉及一般预算、基金预算和国有资本经营预算等的预算制度。关于应灾性预算的属性，周克清指出，应灾性预算是政府经营预算的组成部分，既涉及政府一般性预算，又可能涉及基金预算及国有资本经营预算。[④] 其原因是：应灾性预算需要考虑灾害预防及常规性救援救助与灾后重建等，其主要资金应由一般性预算来安排；而重大灾害的救援救助与灾后重建，其资金来源更广泛，不仅涉及一般性预算资金，而且涉及中央国有资本经营预算收入、中央分成的新增建设用地有偿使用费及其他收入。

---

① 刘胜军：《政府会计在危机管理中的变革》，硕士学位论文，西南财经大学，2007 年，第 40 页。

② 王雍君：《公共预算管理》，经济科学出版社 2010 年版，第 370 页。

③ 范祚军、张旭：《关于灾害应急体系“财政预算保障机制”问题研究》，http：//www.chinareform.org.cn/forum/crf/70/paper/201010/t20101027_48776.htm，2010 年 10 月 27 日。

④ 周克清：《论我国应灾性预算制度的软肋及其完善》，《中央财经大学学报》2010 年第 12 期。

二、国外文献简述

发达国家由于对突发事件的研究和预防开展得较早，相对于发展中国家积累了更多的经验。近年来，国外学界和实务界不断提出与应急预算管理相关的新观点。在实践中，国外较早地把应急管理过程嵌入预算流程来实施。

1. 关于应急管理的观点

应急预算改革方向与应急管理的内涵密切相关，国外尤其是美国对应急管理问题已有很详尽的讨论。

（1）概念方面。美国应急管理学家戴维·麦克恩泰尔（2004）认为，“应急管理”（Emergency Management）这一术语本身就是不恰当的、自相矛盾的。其原因有三：一是应急管理学者更加关注“灾害”（Disasters），而不是“紧急事件”（Emergencies）；二是“应急管理”突出了被动反应性，似乎它只与一线的响应者有关；三是“应急管理”意味着我们拥有应对灾害的控制能力。[①] 在英文中，“紧急事件”通常是指在人们日常生活中经常发生、通常不会造成严重影响的紧急情况，如小型火灾等。但是，学者们使用“应急管理”一词主要指对各种灾害或灾难的管理。[②]

为了准确理解应急管理的概念，威廉·沃等（1988）认为应注意五个方面：第一，应急管理是一个持续性的过程；第二，应急管理应通过对问题进行前瞻并推测可能的解决方式，来努力减少危机情境的不确定性；第三，应急管理一向需要依靠的基础是未来可能发生什么；第四，应急管理是一种教育活动，它意味着相关人士必须知晓程序的存在并理解程序；第五，应急管理应该包括演练，特别是响应和恢复阶段的演练。[③]

（2）针对突发事件实施应急管理的观点表述。根据理查德·马斯格雷夫（Musgrave，Richard A.，1959）的定义，财政联邦制理论为在市场失灵

① David A. McEntire, “The Status of Emergency Management Theory: Issues, Barriers, and Recommendations for Improved Scholarship”, *FEMA Higher Education Conference*, June 8, 2004, pp.1-20.

② 王宏伟：《应急管理理论与实践》，社会科学文献出版社 2010 年版，第 68 页。

③ William L. Waugh Jr., “Current Policy and Implementation Issues in Disaster Preparedness”, In *Managing Disaster: Strategies and Policy Perspectives*, edited by Louise K. Comfort, Durham, NC: Duke University Press, 1988, pp.111-125.

的特定环境下政府进行财政干预提供了宽泛的理由。[①] 针对突发事件（特别是重特大突发事件）的管理和控制，通常可以认定为典型的市场失灵领域，政府应急管理极端重要。Schneider（1995）指出："当自然灾害发生时，几乎没有人质问政府是否站出来进行干预，取而代之，广大公民往往把这种形势理所当然地认为是严重的公共问题，需要政府立即行动起来。"[②] Schneider（1995）认为，灾害事件发生的规模、不确定性、爆发力以及非常发性这些因素，构成了政府管理干预的前提条件；通过长时间的实践，现代的灾害应急反应过程已经融进了一系列的行为或活动，这些行动已得以鉴别、定义，以及分配至各反应机构，并且各级政府分别加以整合承担。皮克特和布劳克（Pickett and Block）认为，应急管理的目的就是对危机做协调统一反应，包括：预防或缩小可能的威胁；当不能防止时，能够快速有效地做出反应；尽可能快地恢复常态。

（3）关于应急管理的阶段（或活动）划分。当今，应急管理领域通常按照一个普遍适用的框架来给这些行动进行分类，这个框架最早由美国国家领导者协会（NGA）在 1979 年研究讨论应急准备事项时提出。这一分类方法被称为全面应急管理（CEM），它把现代灾害管理区分为四个阶段：减缓（Mitigation）、准备（Preparedness）、响应（Response）和恢复（Recovery）。[③]

就在 NGA 发布报告后的不长时间，作为美国新组建的专门负责执行国家灾害政策的领导机构，联邦应急管理局（FEMA，1997）研发出了沿用至今的综合应急管理系统（IEMS）。这套系统基于各项应急活动，针对几乎所有的灾难，是各级政府实施全面应急管理的有效执行方案。[④]

南澳大学罗伯特·希斯（2004）提出的危机管理 4R 模型——减少

---

① Amy K. Donahue and Philip G. Joyce, "A Framework for Analyzing Emergency Management with an Application to Federal Budgeting", *Public Administration Review*, Vol.61, No.6, Nov.-Dec., 2001, pp.728-740.

② Schneider Saundra K., "Governmental Response to Disaster: The Conflict between Bureaucratic Procedures and Emergent Norms", *Public Administration Review*, Vol.52, No.2, 1995, pp.135-145.

③ National Governors' Association, *Emergency Preparedness Project*: *Final Report*, Washington, DC: National Governors' Association Office of State Services, 1979.

④ Federal Emergency Management Agency (FEMA), Partnership for a Safer Future Strategic Plan FY1998 through FY2007, with Operational Objectives through FY2003, September 30, 1997.

(Reduction)、预备 (Readiness)、响应 (Response) 和恢复 (Recovery)①，成为各国构建自身公共危机管理体系的理论基础。

2. 关于突发事件与应急预算

(1) 关于公共预算对突发事件的影响。Barro (2006)、Borensztein 等 (2008) 指出，一场灾难确定性的特征在于对生产能力的消耗，由于这种消耗相对于受影响国的收入和财富来说足够大，从而能大大降低国民消费水平和福利水准。② 在公共预算对于应急管理的影响方面，爱伦·鲁宾在其著作中表示，预算对外部环境的变化具有能动适应性的特点，这是预算制度灵活应变性的表现。③

(2) 公共预算与应急管理过程的融合性的观点。尽管国外没有严格意义的应急预算概念，但是依然无法否定西方发达国家在应急管理与公共预算融合方面已走得更远。处理灾难事故需要外部资源，并且要放弃常规组织路线。④ 从而学界已经认识到，在处置各类突发事件过程中，预算支持的方式不是固定的。毫无疑问，未来可能发生的突发事件所带来的经济损失，实质上就是政府的一项隐性负债，而政府在安排财政资源的实操层面，并没有充分考虑到这项负债。Auerbach (2008) 认为，将来的隐性义务对短期的预算工具只有较小的影响，随着经济学的逐步发展，有关责任和义务的狭窄视角将是一个相当严重的不足⑤，也就是说，在应对目前看不见的偿债义务上，预算工具应有所改进。

也有研究表明，预算制度对于应急管理的作用是有限的，甚至某些国家对于编制事前预算很不积极。应急基金对于增加政府储蓄来说特别有用，但是仅仅依赖政府预算账户，对于减少重大事故来说激励不够、效果

---

① Emergency Management in Australia. Concepts and Principles, Commonwealth of Australia, 2004, p.10.

② Barro, Robert J., "On the Welfare Cost of Consumption Uncertainty", NBER Working Paper, No. 12763, pp.12-14. National Bureau of Economic Research, Cambridge, MA, United States, 2006, pp.1-10.

③ [美] 爱伦·鲁宾：《公共预算中的政治：收入与支出，借贷与平衡》，叶娟丽、马骏等译，中国人民大学出版社 2001 年版，第 24 页。

④ Donahue Amy K. and Philip G. Joyce, "A Framework for Analyzing Emergency Management with an Application to Federal Budgeting", *Public Administration Review*, Vol. 61, No. 6, November/December, 2001, pp.728-740.

⑤ Alan J., Auerbach, "Federal Budget Rules: The US Experience", NBER Working Paper, No. 14288, National Bureau of Economic Research, Cambridge, MA, United States, http: //www.nber.org/papers/w/14288, 2008, p.22.

不明显。[①] 当然，有些批评者也提出过度依靠应急财政补贴机制会挫伤购买足够市场保险的积极性，以及削弱采取相应行动的激励，而这些行动往往能减少各类自然灾害的损失。[②] Heipertz 和 Nickel（2008）指出，对于发达国家来说，自然灾害造成的经济损失在国内收入中分量较少，仅仅超过 GDP 的 2%。[③] Hochrainer（2009）也认为，相对于大规模经济衰退导致的福利损失来说，自然灾害产生的经济影响有限。[④] 随着人口老龄化和保健成本的激增，许多国家社会保险政策形成的压力不断膨胀，相对而言，自然灾害只能对财政稳定和可持续性构成较小的威胁。欠发达国家也注意到，对自然灾害提前进行预算安排，很有可能缩减国际社会提供的灾后补助规模以及带来的其他好处。[⑤]

（3）关于实施应急预算的观点。当前，突发事件日益频繁发生，各国采取了不同的预算管理制度加以应对和处置，并在实践中摸索出丰富的经验教训。从现有文献来看，诸多成果支持通过改善预算管理来加强应急管理，无论是账户层面还是程序层面，都体现了应急管理导向的预算制度改进。George L.Ward（2009）曾指出，当不可预见的事件发生时，如 2001 年发生在美国的“9·11”袭击事件，传统的联邦预算程序就不适于加以处置了。[⑥] Phaup 和 Torregrosa（1999）指出，如果在灾难发生之前就核定了总损失成本，政府就能够确定所需的预算储备额度，这些储备用来补偿和减少灾难的发生，以及其他风险控制措施。这些储备将鼓励和支持政府增

① Marvin Phaup and Charlotte Kirschner, “Budgting for Disasters: Focusing on the Good Times”, *OECD Journal on Budgeting*, No.1, 2010, pp.15–20.

② Veronique de Rugy and Allison Kasic, “The Never-ending Emergency: Trends in Supplemental Spending”, *Policy Comment*, No.18, 2011, p.19.

③ Heipertz M. and C. Nickel, “Climate Change Brings Stormy Days: Case Studies on the Impact of Extreme Weather Events on Public Finances”, in “Fiscal Sustainability: Analytical Developments and Emerging Policy Issues”, Papers Presented at the Banca d'Italia Workshop Held in Perugia, Italy, 3–5 April, 2008, http://www.bancaditalia.it/studiricerche/convegni/atti/fiscal_sustainability/session_4/Nickel.pdf, accessed 24 June, 2009, pp.613–629.

④ Hochrainer Stefan, “Assessing the Macroeconomic Impacts of Natural Disasters: Are There Any?” Policy Research Working Paper 4968, World Bank, Washington DC, June, http://gfdrr.org/index.cfm?page=Reports/Publications&ItemID=72, accessed 25 June, 2009.

⑤ Borensztein Eduardo, Eduardo Cavallo and Patricio Valenzuela, “Debt Sustainability under Catastrophic Risk: The Case for Government Budget Insurance”, *Risk Management and Insurance Review*, 2009, Vol.12, No.2, pp.273–294.

⑥ George L. Ward, “Emergency Appropriations and the Fiscal Response to September 11”, *Policy Perspectives*, 2009, pp.2–9.

加财力支出，补偿各个家庭在灾难减少环节上的投资不足，从而政府将进一步改善国家财政资源的分配以及选民的福利水平。[①] Paul L. Posner（1999）认为，中央（联邦）政府必须对应急管理的一定资源需要做出反应。显然不是要不要进行应急支出的问题，而是回归到这些应急开支应该在预算程序的哪个节点进行确认。通过设立一项应急储备，国会可以通过把这项资助作为年度预算资源分配的过程，确保应急开支需求在预算分配过程的更早阶段得到确认。[②] 他同时认为，设立储备基金的建议大概可以归为两大类别：政府范围的资金储备和特定机构的资金储备。

当然，也有反对实施应急预算的理论分析。Donahue 和 Joyce（2001）指出，目前普遍的实施现状是通过补充拨款的途径为灾难减轻以及恢复建设提供资金保障，补充拨款比常规拨款具有更少的限制和约束，比较容易操作，但是这种模式助长了事后行动，而不是在灾难发生之前就采取相应措施。[③]

三、文献评析及本书研究范围

1. 文献评析

（1）应急预算概念和体制框架依然混乱。实际上，在国内学术界开拓性使用“应急预算”[④] 概念十多年以来，后期的理论研究对原来十分有限的研究成果并没有明显提升。至今，理论界对应急预算的理解还不够深入，似乎应急管理的一切问题都需要通过编制预算来解决，而通过编制预算就能解决应急管理的任意相关问题。甚至在一些基本问题上也尚未形成共识，众说纷纭。例如，从最近几年的相关文献来看，对应急预算概念的阐述要么晦涩高深，故弄玄虚，抓不住要点；要么只是只言片语，人云亦云，不知其实质。应急预算概念层面的混乱，非常不利于我国推动应急预

① Phaup Marvin and David Torregrosa, “Budgeting for Contingent Losses”, in Roy T. Meyers (eds.), *Handbook of Government Budgeting*, Jossey-Bass, San Francisco, CA, United States, 1999, pp. 699-719.

② Paul L. Posner, *Budgeting for Eergencies: State Practices and Federal Implications*, Washington: GAO September, 1999, pp.4-31.

③ Donahue Amy K. and Philip G. Joyce, “A Framework for Analyzing Emergency Management with an Application to Federal Budgeting”, *Public Administration Review*, *November/December*, Vol. 61, No. 6, 2001, pp. 728-740.

④ 国内使用“应急预算”概念通常认为是始于 2003 年“非典”公共卫生事件。

算体制改革，进而无助于增强我国政府的应急管理能力，无助于我国公共预算应急取向的理论突破。同时，对于应急预算理解的不到位，使学术界无法对其进行深入研究，往往停留在“编制应急预算”的改革建议上，至于实践中怎么编制、要达到什么要求之类的关键命题，也只是纸上谈兵，缺乏操作性。当然，理解概念的角度是多样的，要非常精准地界定应急预算的概念依旧是困难的，但这种困难并不能阻止本书对应急预算概念及制度框架进行更深入的研究。本书以功能、程序、账户三个层面为主线，通过深入分析和梳理应急预算概念，逐步形成一套较为全面而严密的应急预算管理制度框架。

从西方国家应急管理的实践中可以发现，预算制度（规则和程序）在应急管理过程中发挥了关键作用。然而，这些国家仍然没有把应急管理过程充分纳入完整的预算管理链条中，即缺乏一套系统的、规范的应急预算流程。例如，在多数情况下，各国分别为突发事项建立了相关应急储备账户，但是在应急专户的管理和使用标准方面并不严密，缺乏相应的预算程序进行必要的制约。笔者认为，即使在那些预算体系较发达的西方国家，也仅仅是实施了应急取向的预算管理制度，尚未建立真正的应急预算制度。

一般来讲，应急预算比应急取向的预算管理制度更为系统、规范，改革要求也更高，虽然两者在涵盖范围上有所重合，并有错位，但两个概念之间不能画等号。换言之，实施了应急取向的预算管理制度并非应急预算改革的终点。

（2）对应急预算管理的研究仍然薄弱，尚未提出实质性的中国应急预算改革思路。应急预算管理是一个内涵丰富、操作技术要求颇高的预算管理制度。当前对应急预算理论的整体研究依然相当匮乏，现有相关研究呈现出片面化、零碎化的特征，致使各国在应对突发事件时公共预算制度常常遭受巨大的“颠簸”。在现有学术文献中虽然已经认识到应急预算管理存在的不足，但对适合我国的应急预算改革方向缺乏深入探索。目前相关文献普遍认可我国用于应急管理的财政资金主要包括三个方面：其一是常规储备资金，即正常年景下各级财政准备用于应对突发公共事件的资金，其中自然灾害应对主要反映在预备费、救灾资金以及救灾物资储备资金上。其二是在年度预算下，负责突发事件应对的相关职能部门的预算安排，如灾害管理部门的防灾减灾支出。在现行预算科目下，很难将这部分预算资金从相应部门的整体支出中分离和统计。其三是突发事件发生时的财政专项拨款，这是当前应急管理预算资金的主力。[①]

从上述文献可知，涉及公共预算视角的应急管理研究比较薄弱。实践表明，我国这种应急管理财政保障机制在操作过程中存在诸多问题，主要的表现在于公共预算尚未发挥出对应急管理积极应对的作用，而更普遍的是频发的突发事件对公共预算管理造成了更大的混乱。从根本上，造成这种状况的原因还是与我国公共预算和应急管理相脱节有关，要加强对应急管理的预算筹划，加强对公共预算与应急管理之间“交叉地带”的理论研究。

（3）没有厘清财政（预算）与市场（保险）手段的应急联系。总体来看，公共预算与市场保险制度都可以作为管理突发事件的机制设计，前者是应急管理的财政手段，后者是市场手段。若是基于初步分析，很容易得出两者是对立的观点，因为在政府财政风险管理理论中，用来削减、转移风险的往往是市场手段，这其中就包括保险制度，但风险无法避免时，政府通常会主动承担风险，即利用公共财政（预算）负担相关风险损失。实际上，在应急管理事务中，公共财政手段和市场手段是需要密切配合的，这种配合性在西方多个国家表现突出，在其应急管理过程中，公共预算制度与保险制度的发展和改进是协同进行的，两者并驾齐驱。国外尤其是主要发达国家（如新西兰、美国、日本等）针对突发事件的保险制度异常发达，这些国家在设计应急预算制度的过程中，借助保险制度发展的有利条件，把公共预算与保险制度结合起来，推动应急预算管理进程。Marvin Phaup 和 Charlotte Kirschner（2010）指出，基于对大量事实的考量，市场不完全、存在一定的风险以及完成有效规制的困难，往往能促使政府直接为财产所有者提供保险。在这些情况下，政府保留和承担了灾难的风险，预算账户务必要得到认真管理，与商业合同一样达到预算和节约的效果。[②]

在应急预算改革过程中，保险制度能够起重要支撑作用的主要因素在于，保险制度具备天然的操作优势。经过很长时间的演进和积淀，保险制

① 冯俏彬：《应急财政：基于自然灾害的资金保障体系研究》，经济科学出版社 2012 年版，第 50–63 页。

② Marvin Phaup and Charlotte Kirschner，“Budgeting for Disasters：Focusing on the Good Times”，*OECD Journal on Budgeting*，No.1，2010，pp.15–20.

度现已形成较好的风险评估技术，能够应对保险市场中的“逆向选择”和“道德风险”问题。良好的风险评估技术是实施应急预算的必要因素，而解决“逆向选择”和“道德风险”问题对于降低突发事件发生的概率及减少风险损失意义重大，这符合应急管理的直接目标。在计算过程中，在保险制度设计比较到位的国家甚至可以简单地认为，损失支出与保险费的差额就等于应急预算。①

当然，保险制度与预算制度的衔接过程通常是通过政府保险或再保险等操作手段进行的。实践表明，单纯意义上的私有保险制度很难应对重大突发事项的应急管理。

2. 主要研究范围

本书以理解应急预算制度的功能、账户和程序三个维度为主线，展开对国内外应急预算改革的深入研究。基于相关文献成果，本书研究的主要范围正是目前学术界研究的不足之处。

第四节　研究思路及方法

一、研究思路

本书的研究思路是：一方面，我国目前的应急管理面临挑战，各类突发事件造成了较大的直接经济损失，从合规性和绩效性角度分析，要有效提升应对突发事件的能力，需借助预算工具改进应急管理机制。另一方面，作为政府施政利器的公共预算，其功能尚且不全，超越常规性公共事项向突发性公共事项拓展是我国公共预算创新的重要方向。因此，应通过构建应急预算体制，形成应急管理和预算管理的“对接机制”——应急预算（见图 1-1）。应急预算制度框架构成我国应急预算改革的理论基础。

① ［美］爱伦·鲁宾：《公共预算中的政治：收入与支出，借贷与平衡》，叶娟丽、马骏等译，中国人民大学出版社 2001 年版，第 262 页。

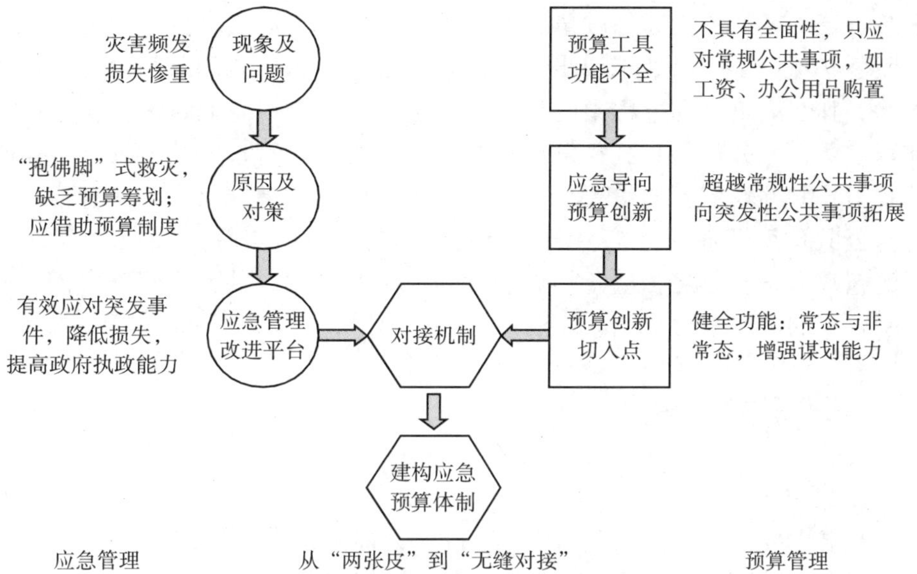

图 1–1　应急预算管理与改革问题的研究思路

公共预算制度是应急管理改革的重要实现平台。实施应急预算改革，使应急管理过程既符合合规性要求，又能产生应有的绩效（降低应急管理活动整体成本等），是提升我国应急管理水平的重要载体。我国已走过一段较长时期的应急管理改革历程，公共预算在应急管理过程中已经或正在产生极为关键的积极作用。但由于种种原因，至今没有实现其与应急管理的"无缝对接"，即两者的紧密融合。应急预算改革要求将应急管理的全过程严格融入公共预算的标准程序中。一般地讲，公共预算制度有一套逻辑严密、周而复始的标准程序，其中主要包括四个阶段：预算准备与编制、预算审查与提交、预算执行与控制、预算评估与报告。

实施应急预算改革是我国公共预算制度创新的重要切入点，具备重大理论价值。实践要求公共预算制度务必要满足政府两项职能的管理要求，一是常规性公共事项；二是突发性公共事项。党的十八大提出要加强全口径预算审查和监督，进一步涉及公共预算全面性命题。从常规事项管理扩展到非常规事项管理是预算功能全面性的基本要求，完善预算的应急功能是我国公共预算的重要创新内容。对于包括中国在内的一部分国家来说，公共预算通常在针对常规事项管理时显得游刃有余，但无法发挥其应对突发事项的功能属性。近 15 年来，我国经历了部门预算改革、国库支付制度改革等一系列重大预算改革，取得了一定的改革成绩，但依旧无法改变我国公共预算制度尚处于初步发展阶段的现状。由于我国预算制度的不完善性，其在应急管理过程中的作用受到进一步制约。总而言之，实施应急预算改革，充分赋予和真正发挥我国公共预算应急管理的功能属性，是加强我国公共预算创新的重要切入点。本书的研究意义主要在于实现应急管理与公共预算管理的链接，赋予公共预算功能以"全面性"，强化公共预算的施政力量。总之，应急预算制度是应急管理和公共预算管理之间"紧密融合"的重要平台。

二、研究方法

1. 案例研究

本书主要包括 2001 年美国"9·11"恐怖袭击事件、2003 年全球"非典"（SARS）公共卫生事件、2008 年四川省汶川大地震、2011 年日本大震灾等实例，还涉及 2013 年青岛市输油管道爆炸等事故灾害。总之，本书的研究内容没有局限于某类突发事件，基本囊括了自然灾害、公共卫生事件、事故灾害和社会安全事件四大类别的突发事件，符合研究主题中应急预算对应于综合应急管理的理论要求。事实上，美国"9·11"事件是应急预算的助产士，正是因为有了"9·11"事件，才有了应急预算这个新兴的、交叉的、吸引我们共同致力于其中的研究学科。在随后发生的全球"非典"（SARS）公共卫生事件、中国汶川大地震、日本大震灾中，各国对应急预算理论进行了借用和丰富，例如，在一定程度上可以认为，我国政府先后提出的应急管理过程中"急事急办，特事特办"、"对口支援"、"特殊党费"等筹款机制，也是应急取向的预算制度安排。笔者在研究过程中未将目光和视野局限于单个突发事件，而是始终关注各类突发事件的发生和发展，关注应急预算在其中的表现与具体做法，且在研究中尽量做到抽象与一般化，以保证研究结论的普适性要求。

2. 比较研究

首先，正如公共预算管理领域内的其他情况一样，当我们还在黑暗中摸索的时候，在一些发达国家和地区早已有了成熟稳定的制度与做法。以应急预算为例，中国台湾地区与日本实施应急预算的理论和实践非常丰富，美国和其他 OECD 国家也都分别有适合本国价值观和传统的做法。对于这些资料的分析和学习借鉴，极大地帮助笔者开阔了视野，廓清了制度设计的方向。其次，在研究账户层面的应急预算时，本书通过引入案例的方式，对或有负债（如政府贷款担保）与意外事件分别进行了阐述，并通过比较分析得出，为两者分别编制意外损失预算，可以在一定程度上降低针对不确定性事项管理的整体成本。最后，本书研究的主题是应急预算，但并没有局限于应急预算，保险制度依然成为本书重要的研究内容。本书把保险制度当作应急预算管理体制的一部分，并将其与应急预算进行了比较分析。当然，所有的比较研究目的都在于系统学习与有选择地借鉴。

3. 文献研究

应急预算虽然是一个新事物，但却是基于我国现行制度与体制结构本身的。因此，笔者认真学习和参考了大量国内外文献。特别地，在关于其他国家和地区（尤其是 OECD 国家）的经验部分，笔者登录了美国、日本、世界银行等许多政府或国际组织的网站，下载、整理并翻译了相关资料，尽可能避免了使用二手资料可能带来的问题。

4. 田野调查

在开展该主题的研究之前，笔者曾随同中央财经大学的一个研究团队，先后数次到 2003 年“非典”（SARS）、2008 年南方省份冰冻灾害重灾区进行调研，如湖南、北京等省市。通过实地考察、到财政部门调研等途径，获取了一些图片信息和第一手文献资料。

5. 计量研究

在本书中，笔者使用了统计、模型等计量方法，以对相关资金量进行测算及对相关问题进行说明。如在分析账户层面的应急预算时，在按“规划”安排应急资金的部分构建了应急规划支出模型。

第五节 本书的研究特色、难点及不足

一、研究特色

其一，与现有相关研究成果不同，本书把应急管理与公共预算管理之

间的“交叉领域”——应急预算——作为研究主题，视野新颖，应用性强，研究思路清晰，对应急管理、公共预算分别面临的操作困局拿捏准确，率先提出两全的化解之策——构建应急预算。通过构建应急预算体制可以改变应急管理和公共预算“两张皮”的现状，实现两者“无缝对接”，满足应急管理改革和预算制度创新的要求。

其二，本书独辟蹊径，采用应急管理与公共预算“融合式”研究的方法，率先构建了应急预算概念和制度框架，填补了理论空白，并基于国内外实践经验，提出中国应急预算管理与改革思路，具有较大的理论创新和实践指导价值。本书以功能、账户和程序三个维度为应急预算分析主线，提出中国应从增强应急管理功能、设置应急账户及规范应急预算程序三方面着手应急预算管理与改革。

其三，本书提出了一部分原创性学术见解，并探讨了应急预算管理方法。本书对应急预算概念的界定和深化研究，创新了常规预算的话语体系，打破了对预算功能的狭隘认知，要求预算不仅能够应对常规事项，也能够应对突发事项。本书开创性地提出，通过把突发事件“发生概率”与“单次损失”相乘，来确认并编制应急预算。提议基于“轻重缓急”优先性排序，按“规划”安排应急管理支出。把保险制度纳入应急预算管理框架进行研究也是本书的特点。

二、研究难点

本书在展开国内应急预算管理与改革研究时，依旧是处在我国预算制度尚不健全，综合应急管理理论在国际上方兴未艾、在国内尚未正式实施的时期。在这样一个国内外理论背景下，研究公共预算管理与应急管理“紧密融合” 的问题，以及如何处理好我国应急预算改革与建立健全常规公共预算体系之间的平衡关系，一直是本书研究与写作过程中的难点。

三、不足之处

尽管本书可能取得了一些理论突破，但从全书内容来看仍然存在一些不足之处。主要表现在：

第一，以“第三部门”为核心的非政府组织（NGO）在应急管理事务中正在发挥越来越重要的作用，但笔者在研究应急预算问题时，受时间、精力和学科背景的局限，暂且仅以政府部门为应急管理主体。

第二，本书对国内外捐赠资金虽有涉及，但在账户层面应急预算研究中，未将其作为应急财力的重要分析范围。这部分资金规模巨大，主要由中国红十字会等组织管理和支配，由于受制于数据来源、其他干扰等因素，本书没有把它纳入“预算内”考量。

对应急预算命题还有待深入研究的层面，笔者暂且将这一部分研究任务留待未来进行。

综观全书内容，既整合了现有关于应急预算制度特定角度的理论研究成果，又通过案例分析和国际经验分析，集成了当今以公共预算制度为依托实施应急管理的重要实践经验，具有较大的理论创新价值和现实指导意义。

第二章　公共预算与应急管理：关联及融合

应急预算管理的实质就是应急管理与预算管理之间的融合过程。与当前理论文献存在的对相关问题分离式、片面化的研究不同，本章内容开启了对公共预算与应急管理理论的“融合式”研究，比较全面地分析了两者的联系和关联过程。基于公共预算与应急管理存在着天然的关联性，在实践操作过程中把突发事件纳入预算管理范围十分必要并具有可行性。同时，正如本章分析指出的，公共预算与应急管理实现“无缝对接”，将两者“融合”运用在应急管理过程中能够带来诸多利好，如降低应急管理整体成本。基于此，把应急管理全过程融入预算基本程序应是应急预算管理的本质要求。

第一节　关于公共预算

一、公共预算及其重要特征

公共预算是财政计划、控制和公共实体评估程序的一个基本组成部分。从本质上讲，公共预算是分配资源以实现公共实体目标的工具，也是促进计划制订与实施的管理工具和控制资金以确保实现预定目标的工具。预算作为一个极为重要和复杂的系统，包括了许多构成要素，最基本的有预算过程、预算制度、预算文件、时间跨度、分类系统、预算方法、会计与报告和预算参与者。其中，最重要的要素（核心部分）是预算制度。预算制度可以定义为在行政和立法框架下，用以规范预算过程的正式和非正式的规则、原则的集合。广义的预算制度还包括受规则、原则约束的预算程序和相应的实施机制。

公共预算具有一般预算的许多特征，但其在一些重要方面区别于家庭和企业预算，表现出特殊性。主要表现在五个方面：①在公共预算管理过程中，拥更多的参与者；②在公共预算中，政府官员花费的是公民的钱；③公共预算要求可靠和公开；④公共预算在财政年度开始之前确定，一年甚至两年有效，其弹性较小；⑤公共预算面临很多约束，包括支出的目的和期限的规则，以及平衡和借贷的限制。①

二、公共预算辨析

严格地讲，公共预算概念区别于国家预算、政府预算。根据已有研究成果，表 2-1 总结了三者的异同。考虑到国际通用性以及研究主题的需要，笔者在本书中选取了公共预算的概念。

表 2-1　公共预算与国家预算、政府预算的比较

概念比较	国家预算	政府预算	公共预算
基本使用情况	中国于 20 世纪 90 年代中期前使用	中国从 1998 年开始使用	西方从 20 世纪 90 年代公民社会理念复兴、“第三部门”兴起时开始使用
主要涵盖对象	各级政府（广义）预算、政府部门预算、单位预算（包含非公共需要且自筹经费的所有单位）	各级政府（广义）预算、政府部门预算、单位预算（满足公共需要，但尚未包括民间非营利组织）	各级政府（广义）预算、政府部门预算、单位预算（满足公共需要）、“第三部门”预算
特点及差别	国家与政府的涵盖范围基本一致，进而国家预算与政府预算混同	政府预算的单位预算既不包括国家预算中“非公共需要且自筹经费”的单位预算，又不包括公共预算中“第三部门”预算	除公共预算包括“第三部门”预算外，公共预算与政府预算基本相近，可通用

① ［美］爱伦·鲁宾：《公共预算中的政治：收入与支出，借贷与平衡》，叶娟丽、马骏等译，中国人民大学出版社 2001 年版，第 7 页。

续表

概念比较	国家预算	政府预算	公共预算
社会组织形态	在“全能型”国家模式中，社会只有一个经济主体，即国家；居民个人及企业依附于政府（组织）；对居民个人利益极度忽视	国家三要素中居民与政府利益“一元化”发生根本转变；公民与政府之间的委托—代理关系突出	在现代社会中，“第三部门”即民间非营利组织涌现，满足社会公共需要
对应的经济背景及财政框架	计划经济 传统财政	市场经济 公共财政	

资料来源：马蔡琛：《国家预算、政府预算和公共预算的比较分析》，《中国财政》2006 年第 2 期，第 58–59 页。

如表 2–1 所示，国家预算、政府预算和公共预算对应的范围或涵盖的主要对象是不同的，然而三者都涵盖各级政府（广义）预算和政府部门预算。其中，各级政府（广义）预算是根据政治学文献对政府分类来界定的[①]，该预算范畴囊括了行政编制和执行、立法审查和批准程序。同时，在我国目前复式预算的背景下，各级政府（广义）预算在范围上主要包括公共财政预算、国有资本经营预算、社会保障预算、政府性基金预算及预算稳定调节基金五个部分，如图 2–1 所示。

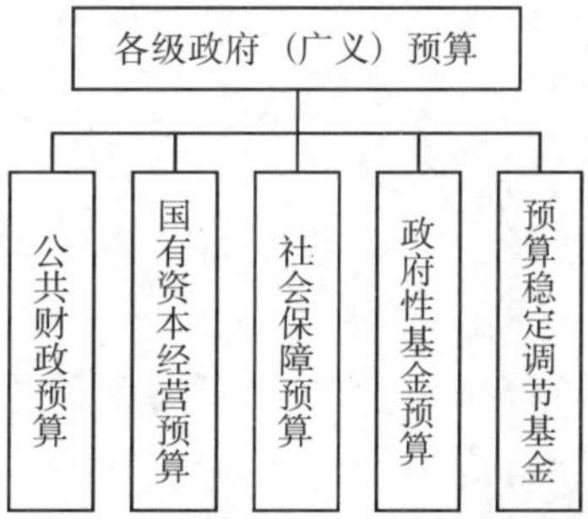

图 2–1　各级政府（广义）预算组成

① 这种分类把政府分为广义和狭义。广义的政府是指全部国家机构，包括立法、司法和行政机关；狭义的政府一般只包括中央和地方各级国家机关的执行机关或国家行政机关，有时甚至仅指行政机构。

三、公共预算的基本维度

通常地，公共预算被区分为四个基本维度：

第一，它是在法定经济和社会需求之间分配稀缺性公共资源的一项政策工具。资源是有限的，正是因为公共预算发挥着配置的“指挥棒”作用，在公共资源管理控制过程中，常常可以达到一种理想状态，即对资源总额富有成效地调控、区分政府活动的优先性以及确保资源的有效使用。

第二，一个预算是一项管理或行政的工具，或两者兼具。它确定了提供公共项目和服务的方式与途径；它建立了评估活动效率和效果的成本或标准（或两者兼具）；正是预算过程确保了所有法定的项目和活动每年至少接受一次审查或评价（或一个周期内）。预算可以成为施政工具的前提，或者是发挥管理（行政）功能的前提，其现已成为合理划分政府与市场边界的适当工具，同时预算一直以来发挥着配置稀缺资源的政策功能，最为关键的是，预算本质上是政治性的、法定性的，换言之，预算是一套经过充分协商达成的法律制度。

第三，一个预算是指导一个国家、一个地区以及一个城市经济增长、投资和发展的工具。在国家和地区层面，政府预算是评价收入再分配、刺激经济增长和发展、促进充分就业、抑制通货膨胀以及维持经济稳定的首要工具。正是因为预算成为经济稳定发展的“调适”工具，在历史的长河中，预算常常被经济周期所“绑架”。[①]

第四，预算是一项记录（现在被称为财务管理）工具，确保政府部门对授权项目的收支负责，向公众提供它们遵守财政诚信和纪律的情况。[②]通常地，财务管理已然承担了主要的收支信息记录职责。换言之，预算的信息记录“身份”只是徒有虚名。

---

① 希克（2007）在分析预算的政治维度时指出，总统和国会是经济表现的“人质”，说明经济对预算有最终的决定作用。因为预算制定时，未来的经济状况是不确定的，那么在收入和支出预测中就会产生一些错误。实际上，由于现实中应急管理在保障公共安全及降低损失成本方面的意义如此重大，应急管理对预算管理过程有同样的决定作用，进而在一定程度上可以表述为：总统和国会也是应急管理（同经济运行周期一致，突发事件同样具备“灾害生命周期”）的“人质”。

② ［美］罗伊·T. 梅耶斯等：《公共预算经典（第1卷）——面向绩效的新发展》，苟燕楠、董静译，上海财经大学出版社2005年版，第480页。

总之，公共预算跨越了法律、政治、经济、管理多个学科领域。我国在建设社会主义市场经济的时代背景下，公共部门履行一切经济社会管理事务必须要遵循基本的法定程序。无疑，公共预算应该成为此项程序，只有通过它，公共部门才能有效执行如此繁多的综合性事务，应急管理事项也不例外。

第二节　关于应急管理

一、应急管理的含义

“应急管理”这一术语是一个外来词汇，我国最早是在核电行业开始使用的，1989 年 5 月 27 日，《人民日报》刊文首次提到了“核事故应急管理”。自 2003 年“非典”（SARS）公共卫生事件爆发以来，我国对应急管理给予了空前重视。当前，各国应急管理的实践整体上体现了综合应对各类突发事件的趋势，并呈现出以响应与恢复为基础向以预防及风险减缓为基础过渡的应急管理模式转变。[①]

应急管理涉及多个专业学科领域，最为显著的是：一是它具备公共管理的社会和政治属性；二是应急管理中涉及自然科学属性。美国应急管理的实践者对此早有研究，并将应急管理涉及的知识范畴区分为两大类：应急管理（Emergency Management）和技术操作（Technical Operation）。前者对应于作为公共管理理论与实务的应急管理，后者涉及作为技术响应的应急管理。技术响应与应急管理相互关联、相互支持，技术响应是应急管理的支持因素，但是两者性质不同。从本质上讲，技术响应不是应急管理本身。[②] 本书所分析阐述的应急管理主要是指作为公共管理理论与实务的应急管理。

美国国家领导者协会（NGA）在 1979 年研究讨论应急准备事项时，

① 王宏伟：《应急管理理论与实践》，社会科学文献出版社 2010 年版，第 67 页。

② Thomas D. Phelan，*Emergency Management*，Elsevier，2008，pp. 21-25.

提出全面应急管理（CEM）的概念并沿用至今。全面应急管理把现代应急管理分为四个阶段：

（1）减缓阶段——在灾难发生之前的较长时间内应从事的活动，这一活动主要用以阻止突发紧急事件发生以及减少发生时的破坏性，主要包括修复或消除灾害的致灾因子，减少灾害风险的脆弱性，以及避免可能产生的损失。

（2）准备阶段——在灾害发生之前的较短时间内需完成的各项活动，通过加强相关组织的准备工作和交流沟通，便于有效地应对灾难。

（3）响应阶段——在灾难事件发生后的很短时间内需立即采取的行动，主要是向受难者提供应急帮助活动以及避免进一步的威胁。

（4）恢复阶段——在灾后短期和长期内都应进行的活动，通过采取相关行动，使受灾害影响的社区范围内的居民生活状态和财产得到恢复重建，至少恢复到灾前的和谐状态。

二、应急管理辨析

严格来说，应急管理与危机管理、风险管理是三个不同的概念。有学者认为，应急管理的对象是突发公共事件。[①] 关于应急管理的定义众多，在不同的国家，称谓还有政府危机管理、突发事件应对、紧急状态管理等。有学者认为："应急管理是指关于应对造成大量人员伤亡、重大财产损失和损害社会稳定的极端事件的科学、技术、计划及管理的应用。"还有学者认为："应急管理是关于处理和避免风险的科学，包括灾害发生前的准备、灾害响应以及自然或人为灾害发生后的支持和社会重建。"

风险管理的对象是风险。风险的可管理性就体现在风险管理对于社会脆弱性的干预上。如水文信息的监控、日常的防灾设施建设、减灾教育、建设规划等都是减少社会脆弱性的重要手段。风险管理是一种常态管理，具有程序化决策的特征，决策者所面临的时间、信息、人力、技术等约束条件比较宽松，通俗地说，就是"平时管理"。

危机管理的对象是危机。关于危机管理的概念，国内外的专家和学者

---

① 孔繁琦：《明概念　晓区别　知联系——风险管理、应急管理和危机管理的概念辨析》，《现代职业安全》2013 年 9 月总第 145 期，第 77–79 页。

都有不同的界定。“事态已发展到无法控制的程度”是格林（Green）认为的危机管理的一个重要特征，若是根据这类观点，危机管理将被局限在非常狭隘的范围。如我国于 2003 年爆发的“非典”（SARS）公共卫生事件只能是突发事件，而不能称为危机。罗伯特·希斯（Robert Heath）则认为危机管理过程应该包括以下一些行为，如转移或缩减危机的来源、范围和影响，改进对危机的反应管理，迅速有效地减轻危机造成的损害等。

根据表 2-2，应急管理与风险管理、危机管理在实施主体和应对对象上是不一致的。应急管理的实施主体通常是政府部门；风险管理的实施主体包括社会、企业和政府部门；危机管理的实施主体在理论上是包括政府在内的所有组织单位。在应对对象上，应急管理对应的是突发事件；危机管理实际上也是对应于突发事件，只是其严重性更高而已；风险管理对应的是风险源，表明该阶段尚处于突发事件发生之前。

表 2-2 应急管理与风险管理、危机管理的比较

比较项目	风险管理	应急管理	危机管理
主体	社会、企业、政府	以政府为主，越来越强调政府与其他组织建立伙伴关系，共同应对灾害	所有的组织，包括政府，但其也是最为普遍的一类组织
对象	风险源	突发事件	危机
管理内容	风险辨识、风险评估、风险处置、风险沟通、风险监测与更新等	围绕突发事件全过程展开，既包括非常态情境下的救援、复位，事件发生后的重建、重构，也包括常态情境下的灾害减缓、响应准备及恢复准备等	围绕危机生命周期展开，包括减缓、准备、响应以及恢复等
核心	潜在的常态管理	政府的非常态管理职能，发展和执行应对灾害的公共政策，对突发事件的社会管理	非常规决策及行动、危机战略、公众沟通
目标	消减风险、预防损失等	减少发生概率和损失、恢复常态等	减少发生概率和损失、恢复常态等

资料来源：笔者汇总制作。

虽然应急管理与风险管理、危机管理存在各个方面的不同，但并不影响三者的固有联系。在一定条件下，风险源、突发事件及危机可以顺序或逆序转变。同时，根据风险发展以及危机生成规律，危机、突发事件和风险源呈一个“金字塔”形状排列。为形象地表述应急管理分别与危机管理、风险管理的层次关系，可通过图 2–2 展现三者的联系。

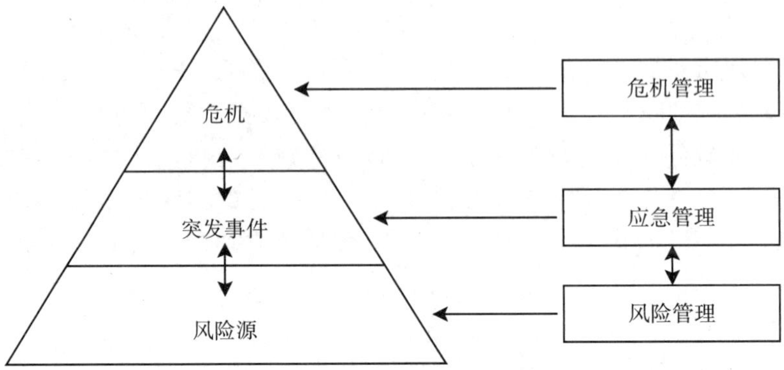

图 2–2　风险管理、应急管理、危机管理的转化关系

第三节　公共预算与应急管理的关联性分析

一、公共预算是应急管理的操作平台

公共预算是全面实施应急管理的资源支持平台。一般认为，应急管理的对象是多元化的，主体是突发事件，各国对突发事件的分类各有不同。基于各类突发事件产生危害的概率和程度，各国在制定应急管理战略目标和实施应急规划活动时有所不同，这种差异着重体现在对各类突发事项的资源投入上。我国应急管理的对象包括自然灾害、公共卫生事件、突发性事故灾难、公共安全事件四大类，在不同的时段和不同的地域，这四类突发事件给我国带来的危害程度是不同的，我国在制定年度应急管理政策时，在预算安排上必然有所侧重。针对特定类型突发事件的应急管理过程一般可以划分为四个阶段，并且每个阶段的任务都需要相应的预算资源支持。在实践中，基于不同的应急管理理念或处于不同的应急管理改革阶段，各级政府（或应急管理组织）对各个阶段的重视程度不同，这种差异可以从应急管理实施的资源投入规模上显现出来。一言以蔽之，应急管理是一个复杂的动态过程，其中涉及公共资源（常常体现为财政资金）的配置，实施全面的应急管理离不开公共预算的支持和保障。实践证明，要使应急管理政策达到比较理想的效果，并在成本上得到最大程度的节约，通过公共预算程序进行应急资源的规划和配置异常关键。对稀缺资源的有效分配是预算管理的本质特征，也正如预算专家艾伦·希克（Allen Schick）的观点，优化配置是公共预算的三大关键目标之一。基于此，公共预算正好为应急管理的有效实施提供了一个最佳操作平台。

此外，公共预算可以成为纠正应急管理偏差的激励—约束机制。在我国目前的应急管理实践中，虽然事前预防得到反复强调，但整体来看，事前预防的力度还明显不够，各级政府往往不愿意把资金投入到不那么紧迫，甚至可能不会发生突发事件的预防阶段，而在突发事件发生之后，政府承担了大量的救援和恢复任务，给人民生活和国民经济发展造成较大的经济压力。预防胜于救援。“预防不足，救援再补”所固有的种种弊端已充分展现出我国应急管理的不足。学术界认为，那种“有钱买棺材，无钱买药材”、“重救轻防”的倾向必须通过合理的激励—约束机制加以扭转。[①] 实践证明，公共预算常常可以充当这种激励—约束机制。例如，日本等发达国家政府在突发事件减缓阶段，通过编制年度预算[②]，或通过中期基础的预算框架，引导相当权重的财政资金落实到预防事项中去，从总体效果来看能极大降低应急管理的总成本，堪称应急管理的表率。当然，嵌入公共预算工具不单是为实现突发事件应急管理中倡导的预防为主、关口前移的理念，实际上，应急管理各个阶段和各个层面存在的大量问题都可以通过预算制度来规避。例如，为防止基层政府在自然灾害损失方面出现谎报和多报现象，中国台湾地区建立了将基层政府申请灾害财政援助资金与其申报真实程度紧密相连的“捆绑式”激励机制，促使基层据实申报。[③] 需要说明的是，公共预算能成为去除应急管理弊病的纠偏机制，主要归因于预算固有的法律权威性。基于预算的法律属性，可以通过适当的预算制度引导和强制预算资源合理配置，从而公共预算不单可以为政府履行职责提供资源保障，也是实现预算资源优化配置和有效行政的法定程序。

---

① 王宏伟：《应急管理理论与实践》，社会科学文献出版社 2010 年版，第 3 页。

② 如突发事件频发的日本，在针对自然灾害的应急管理中，通过实施补正预算制度，不断增强灾后重建和灾难预防能力。

③ 冯俏彬：《应急财政：基于自然灾害的资金保障体系研究》，经济科学出版社 2012 年版，第 86 页。

另外，公共预算是有效应急管理的逻辑前提和流程安排。针对突发事件的应急管理，学术界普遍认为其最高境界是“寓非常态于常态”，将突发事件消灭于无形。所谓“非常态”，对应的就是变化不断，难以预料；常态则是事物的正常状态，或其发展处于计划或掌控之中。十分巧合的是，预算管理的逻辑与其如出一辙，将预算管理直白地表述出来，就是对处在变化状态的未来不确定事项进行事先计划。[①] 从这个角度来看，预算管理与应急管理的真谛在逻辑上是完全一致的。这种一致性为公共预算支撑应急管理的实施奠定了坚实基础，并提供了极大的优势。因而，要实现最佳的应急管理效果，应借助公共预算加以实施，换言之，应把公共预算作为应急管理的一项利器。本书认为，政府应急管理纷繁复杂，只有整合到一个恰当的流程中，才能有条不紊地进行。好的流程可以大大提高应急管理的效率和有效性，节省资源，减少浪费和低效率。幸运的是，公共预算为整合应急管理流程提供了一个极好的平台，并且更进一步地使应急管理的一般流程和公共预算的一般流程很好地融合起来。

二、应急管理是公共预算的功能属性

应急管理是政府的重要施政内容，通过保护社会公众的生命、健康和财产，彰显政府的施政能力。在西方，自现代国家产生以来，应急管理就成为政府管理的核心职能之一。美国宪法开宗明义地指出，政府的目标是“保障国内安宁、规划共同防务、促进公共福利”。中国自古至今也非常重视对突发性公共事件的管理，如古代的帝王对“荒政”高度重视，因为灾害治理能力事关江山的稳固。当前，中国正处在社会转型阶段，经济发展不平衡，社会矛盾激化，社会道德滑坡，各类突发事件频发，甚至出现了某种“突发事件常态化”的趋势。在这种背景下，加强应急管理刻不容缓。

艾伦·希克认为，到 20 世纪 60 年代，美国预算问责主要经历了控制导向、管理导向和计划导向三个阶段。控制导向的问责聚焦于政府买了什

---

① 在现实世界中，严格地讲，所有未来的事项都不是绝对确定的，实施预算管理（尤其是预算编制过程中）的潜在逻辑和前提基础就是对未来事项的事先预测，正因为现实的这种不确定状态，预算执行总会与之前编制的预算有所偏差。

么东西，如人员、交通、供给品（即消费的物品），而不是政府活动的结果。换言之，责任是通过控制资源或投入方面实现的。在管理导向阶段，人们强调正在运作的项目的效率问题，根据预算实施结果来问责。计划导向的问责主要强调预算的长期视角，因为要显示当前预算决策的财务和项目结果的长期影响，预算的跨期视角往往是必要的。[①] 自 20 世纪 60 年代三个阶段形成以来，运用信息确保负责任的政府在预算上的额外改进已成为标准做法。有人认为 20 世纪 60 年代以来的这些努力构成了预算改革的另外的或新的阶段。一位学者提出要将 20 世纪 80 年代形成的联邦和州预算的减额优化视为第四阶段，把注重绩效衡量的问责作为第五阶段。

实践表明，随着预算管理制度的不断完善及深入推广，在控制、配置、计划、政策等传统预算功能的基础上，公共预算表现出一些新的功能，主要包括四个方面：一是公共预算日益成为限制公共权力滥用的“制度笼子”；二是公共预算在划分和确认政府与市场之间的边界上发挥着极为显著的作用；三是公共预算具备为纳税人提供各类公共服务的功能，这一层次主要体现为其提供公共服务的有效性，即真正达到服务民生的目标，所以这一功能也可以称为落实民生服务；四是公民教育的功能，有专家表示，越来越多的证据表明，通过参与或了解公共预算管理过程，有利于强化现代社会的公民教育。

特别地，公共预算在划分政府与市场合理边界的过程中，赋予了预算手段以应急管理功能。随着市场经济的日益成熟，我国政府包办、政企不分的现象日渐减少。在所有经济社会管理事务中，市场能办的事项交由市场去办，目前政府更多的是承担市场不愿意办、不适合办或者不能办的事项。根据国外经验以及理论分析，即使目前已有市场力量参与到突发事件的应急管理中，但针对突发事件的应急管理就属于政府承担或主导的公共事项。相应地，目前多数国家通过公共预算，将应急管理作为一项整体的社会管理活动划入政府的职能范围，市场在其中所起的作用比较小。在一些经济发达国家，更是在较深的层次上对应急管理活动进行了分工，即通过公共预算相应的制度安排，将应急管理事项在政府与市场之间进行切分。

在实际操作中，公共预算实施了更深层次的分工目标，主要是通过减缓、转移和承担三个途径达成。也就是说，第一，政府可以通过采取相关

① 陈建华：《把权力关进制度的笼子里　政府预算大有作为》，《财会研究》2014 年第 3 期。

预防活动减少突发事件的发生概率或者减小其发生的规模，从而从整体上减少政府的财政负担，而这些预防活动的融资来源也是可以通过市场解决的，如推动突发事件保险计划。第二，政府可以设计合适的预算制度，将突发事件应急管理各阶段发生的相应成本转移至市场。第三，应急管理职能通常由财政“兜底”，政府在前两项策略的基础上，直接承担应急管理的相关成本，如处置救援、灾后重建等事项所需资金多数由公共预算直接安排投入。总之，在公共预算承担划分政府与市场边界的职能时，针对应急管理事项，公共预算可以实现两次划分，实现职能边界的深入“切割”功能。

可见，公共预算现已发展成一套逻辑严密的法定程序，并已成为现代民主国家的主要施政工具，在应急管理事务中发挥着不可替代的作用。在长达30多年的计划经济时期，我国各级政府主要采用三个传统的施政工具，即指令性计划、对所有权的控制和以管制为核心的行政干预。各级政府尽管有自己的预算，但预算与其说是调控经济的工具，不如说是从属于计划、所有权控制和行政管制的“奴婢”。[①] 在应急管理领域，至今还保留着计划经济时期的“影子”，作为政府职能的重要组成部分，应急管理制度还有诸多需要完善之处。当前，我国已经历多次应急管理制度改革，并取得明显进展。即使在这种背景下，我国应急管理依旧倡导“急事急办，特事特办”的原则，在应对突发公共性事件时还依赖“一方有难、八方支援”的传统思维筹集资金，甚至使用行政手段保障救援资金的转移，如“特殊党费”、各省“对口支援”等。当然在非常时期，一定的行政计划手段是必要的，行政计划手段在近年来应对突发性灾害实践中发挥了明显的作用，如在2008年汶川大地震灾害中，从赈灾环节来看还是颇具成效的。不过，应急管理与预算管理之间脱节的问题不会长期存在，笔者认为，随着应急管理改革的深入推进以及我国公共预算体系的逐渐成熟，公共预算在我国应急管理过程中应该发挥支撑作用。

三、联结应急管理和公共预算

从相互联系的角度看，公共预算管理过程本质上就是政府的施政过

① 王雍君、张拥军：《政府施政与预算改革》，经济科学出版社2006年版，第67页。

程。作为政府不可推卸的职责，应急管理是政府的重要施政内容，同样需要公共资金的支持，应急管理的实施过程与预算过程存在着对应关系。

图 2-3 显示了预算过程与应急管理之间的关联性。[①] 预算的准备阶段主要包括预算形成和预算制定两个层面，一般来说，前者由行政部门主导，后者以立法部门为主。在预算准备阶段，预算的重心是准备、制定和批准预算年度的"财政计划"。预算准备结束后，预算过程即进入执行阶段，其重心转向"执行控制"。最后，还需要对预算执行情况进行审计和评估，以检讨结果和改进财政管理决策。

与公共预算流程相对应，一般来讲，应急管理也包括战略制定、实施和成效评估阶段。应急战略制定包括应急规划与政策编制、确定应急资源限额等。在应急实施过程中，主要包括减缓、准备、响应和恢复四项活动。当然，应急管理的成效如何，也应进行评估和总结，提供改进信息，在这个过程中审计部门和公众可以成为重要的参与者。

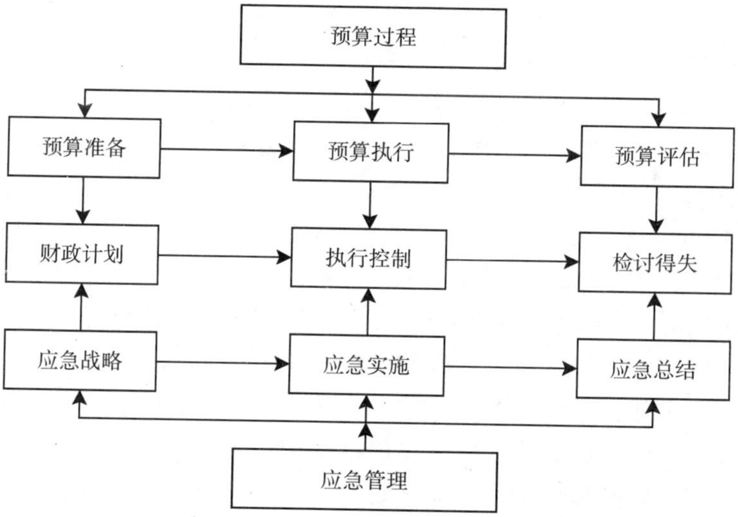

图 2-3　预算过程与应急管理之间的关联

① 王雍君、张拥军：《政府施政与预算改革》，经济科学出版社 2006 年版，第 3 页。

第四节　应急管理与公共预算之间需实现“无缝对接”

一、两者“无缝对接”的必要性

尽管应急管理与公共预算具备高度的关联性，但在政府应急管理过程中，将应急管理工作流程融入预算程序进而实现两者的“无缝对接”仍有必要。由于应急管理与公共预算之间的关联性非常突出，而且公共预算针对各类突发事件常常表现出适应性的一面，所以在现实中，应急管理与公共预算完全脱离的情形并不多见。在正常情况下，凡是具备基本应急管理制度的国家，一旦突发事件发生，政府将责无旁贷地参与到应急管理中。政府的一切行政行为都离不开公共预算的支持，各国公共预算在应急管理中发挥了一些积极影响，只是这种影响的施加途径、大小程度因各国具体情况而有所不同。在有的国家，应急管理与公共预算相结合的程度还处于极其混乱的初始阶段，两者衔接不够，体现为“两张皮”的状态，实现应急管理与公共预算之间的“无缝对接”迫在眉睫。而在一部分国家，公共预算制度已经经历了长期变革，其程序完备、功能强大，几乎能将任意施政活动纳入其中，在这些国家应急管理流程与公共预算程序得到了较好的整合。例如，美国的《1994年联邦粮食保险改革和农业部重组法案》修正了《格拉姆—拉德曼—霍林斯法案》的特别支付条款，允许为农业灾害提供常规拨款，实际上就是使用常规预算处理自然灾害损失。

当前，世界上几乎所有国家都面临着多种突发事件的挑战，应对突发事件已成为各级政府一项不可推卸的职责。“当自然灾害发生时，几乎没有人质问政府是否该站出来进行干预，取而代之，广大公民往往把这种形势理所当然地认为是严重的公共问题，需要政府立即行动起来”(Schneider,

1995）。[①] 近年来，我国突发事件呈现频发态势，继 2008 年汶川大地震之后，又先后发生了青海省玉树大地震、北京市“7·21”特大暴雨、2013 年 11 月山东青岛市输油管爆炸等突发事件，突发事件愈加频繁地发生，给我国应急管理改革带了挑战和机遇。为了维护社会安全稳定，使公众遭受更少的生命财产损失，在各次突发事件处置中，我国政府在现有公共预算制度环境下，不断加大人力财力投入，积极应对。

发生任意种类的突发事件都会给各国造成较大的经济损失，加强应急管理已是各国政府的必然选择。一方面，在应急管理过程中，尤其是突发事件发生的关键时刻，各国政府实施的相应对策和行动离不开大量财政资金的支持；另一方面，公共预算作为一项法定程序，其重要功能表现在通过列出财政支出来描述政府行为，把即将实施的任务与完成这些任务所必需的资源联系起来，以确保财政资金能用于各项政府职责，包括应对突发性事项。因此，无论是基于改进应急管理的需要，还是基于发挥公共预算应有的功能，都不允许应急管理与预算管理呈现“两张皮”的状况。并且，为应对突发事件日益频发的现实挑战，保持公共预算应有的严肃性，当今政府在应急管理过程中应充分遵循公共预算法定程序，实现两者的“无缝对接”。

二、两者“无缝对接”的要求

加强应急管理与公共预算的对接，在实务操作过程中，主要是将应急管理过程融入公共预算程序。将应急管理流程融入预算过程，要求政府整体、应急管理相关部门以及各部门所属支出机构的基本工作流程，应围绕预算的管理过程（预算准备、审查、执行、评估和审计）和运营流程（支出周期）而循序渐进地展开。图 2-4 显示了应急管理的一般流程和公共预算的一般流程的融合过程。

如图 2-4 所示，在预算准备阶段，政府应急管理核心部门应把主要精力放在制定和审查政策方面，各相关应急管理部门则应集中精力制定与总

① Amy K. Donahue and Philip G. Joyce, “A Framework for Analyzing Emergency Management with an Application to Federal Budgeting”, *Public Administration Review*, Vol. 61, No. 6, Nov.-Dec., 2001, p. 739.

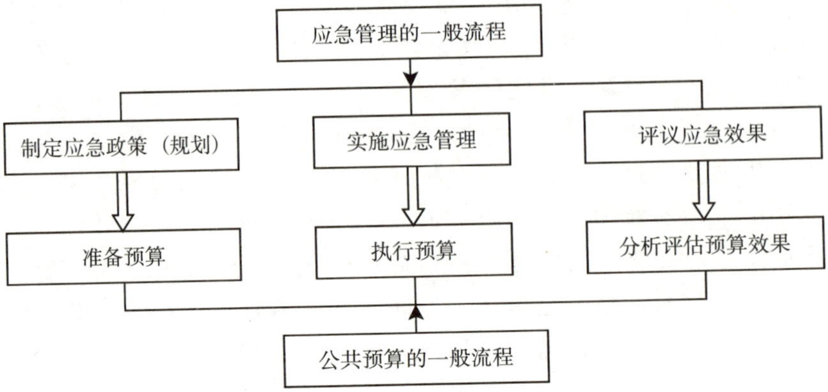

图 2-4　应急管理流程与公共预算流程的“融入式”对接关系

资料来源：王雍君、张拥军：《政府施政与预算改革》，经济科学出版社 2006 年版，第 203 页。

体应急战略相匹配的部门政策与战略计划，以及精心制定实现部门政策与战略目标所需开展的规划和活动[①]。在预算审批后的执行阶段，政府与各应急部门的工作重点转向执行既定的政策与战略，要求以预算作为推进应急管理的基本工具，确保应急政策和战略实施，并与其初衷相一致，还需随时留意与矫正工作进度，灵活处理执行过程中的偏差。在预算执行后，政府与各相关部门开展实质性的应急效果分析与评估，总结成败经验和教训，在这个过程中，审计部门与公众可以介入进来，从而更为专业、客观地评估和评议应急管理的成效。

三、我国的情况及对接建议

在我国实践中，应急管理流程与预算流程脱节的现象十分普遍而严重。[②] 许多政府部门和行政领导经常以应急管理需要为由，在预算执行过程中而不是在预算准备阶段，随意出台导致预算追加的政策和措施，冲击了正常的预算流程。另外，在预算准备过程中，制定应急规划和开展应急准备的工作经常不充分、不及时、不到位，形式主义的表面文章大大多于

① 规划（Program）通常可以看成各项活动（Activities）的集合。

② 当然，现阶段，即使在预算制度相对发达的美国等西方国家，依旧存在着基于应急管理需要而产生的补充拨款扩张的巨大压力，应急预算尚存在改革空间。

实质性工作，使预算编制无法及时得到充分有效的政策指导。与此同时，预算分析与评估以及对各阶段应急政策和规划的成败得失的检讨反思，也远未实质性地开展起来。凡此种种，显示政府的应急管理流程与预算流程的融合很不充分，应急管理与公共预算仍然是互不相关的“两张皮”。其实，在应急管理方面，中国各级政府的高层不乏精英，他们善于制定良好的应急政策与战略，也能提出不俗的应急规划与目标，但主要由于在政府整体、应急管理部门与数目庞大的支出机构层面上，均未实现应急管理流程与预算流程的充分融合，以至于应急管理的成效与目标相去甚远。这一普遍现象对现阶段的应急预算改革提出了严峻挑战。总之，我国当前迫切需要加强应急管理与公共预算的直接融合力度，深入推动应急预算改革。

要实现应急管理与公共预算之间的“无缝对接”，需要将应急管理的全过程真正融入标准公共预算程序中。这要求在公共预算的各个阶段，针对突发事件的发生特点进行制度创新，制定相应的规则，以达到控制预算总额、合理设计预算配置、提高相关预算资金运营效率等目标。需要说明的是，在实际操作过程中，首先，进行预算改革时要实现突发事项的“纳入”，具体可单独为突发事件编制平行预算，或是将突发事件可能导致的政府支出嵌入常规预算中；其次，基于国际通行的标准预算程序，将应急管理的流程融入预算程序中[①]。

① 与应急管理的阶段或内容不一样，流程一般是指实施主体从应急规划、应急实施到总结经验的一个完整过程，而应急管理的阶段或内容则表明应急实施过程中所需要进行的事项，如当前在国际上获得普遍认同的“4R”模式。

第三章 应急预算基础框架：概念和制度

理论与实践之间的关系通常可以形象地称为科学研究的“顶天立地”问题，两者在一定程度上的分离常常被视为一种“必要的恶”。但是必须看到，这种两相错位后果严重，如抽象的理论易于走向空洞和不切实际；而缺乏理论抽象的具体问题研究又难以一般化，很难具备持久的生命力。如今在国内外，已有公共预算与应急管理融合运用的实践例子，但在应急预算理论上尚未形成基本的理论框架。本章从功能、账户和程序三个维度构建应急预算体制框架的意义就在于此。期望基于对应急预算概念和制度框架的研究分析，在“顶天”与“立地”之间、理论与实践之间自然贯通，从而有助于深入分析我国应急预算的管理与改革问题。

第一节 定义及比较分析

一、应急预算的概念

严格地讲，在西方发达国家并没有精确的“应急预算”概念。国外较常使用的相关术语主要有雨天基金（Rainy-Day Fund）、预算稳定基金（Budget Stabilization Fund）、意外基金（Contingency Fund）、意外损失预算（Contingent Loss Budget）、补充拨款（Supplemental Appropriation）等。这些术语既与针对突发性公共事件的应急管理概念相联系，又几乎都属于公共预算的概念范畴，从而很容易识别它们与应急预算概念之间的关联。从应急管理的角度讲，雨天基金主要是针对未来可能发生的突发事件而设立的储备基金账户，是预算稳定基金的形象称呼。意外损失预算也是针对突发事件的一套事前准备和支付确认机制，编制意外损失预算是实施应急预算管理的重要内容。补充拨款往往是在突发事件发生之后或一项重要的项目亟须启动时，在预算的执行过程中对年度常规预算的额外追加，这当然是应急预算管理实施过程的重要内容，但不是全部。同时，补充拨款是除应急储备机制外的重要应急资金来源之一，有利于发挥预算的应急能动性以及拓宽应急预算的融资渠道，从这一角度来讲，补充拨款是应急预算制度的一项实施手段或实施过程。可见，应急预算与现有相关概念的区别也是相当明显的，正是因为这种区别，其中任意一个概念都无法像应急预算一样完整地阐述和表达应急管理与公共预算之间的“融合性”。

从字面上理解，应急预算管理就是应急管理与公共预算之间的融合过程。一般而言，应急预算可以理解为：在一定时期内，为实现应急管理目标所应实施的各项规划（活动）的财务计划，包括对所需支出和可用支出的预估，通常需要同过去若干时期进行对照，并说明未来的资源需求。当然，预算制度严格地讲就是法律，按此逻辑，应急预算同样可以理解为一套针对突发性公共事项进行管理的法定程序。总之，给应急预算下一个定义既容易又困难，容易的是从各个层面解释它都有一定的合理性，困难的是如何为其下一个全面而适用的定义。本书认为，从务实的层面而言，应通过构建合理的应急预算概念框架和制度框架，深化当前国内外学术界对应急预算制度的认知，进而推动我国应急预算管理与改革。为了更精准地理解应急预算的概念并付诸实践运用，一方面，要区分应急预算与常规预算的区别；另一方面，同多角度理解预算的概念一样，要多层面地剖析应急预算，形成管理体制。

二、应急预算与常规预算的比较

1. 两者的区别

应急预算不同于常规预算，风险概念的引入是应急预算最重要的元素之一。应急预算管理特别强调风险概率、风险后果、风险损失三个核心概念，常规预算通常关注的是确定的公共服务单价及数量信息。当前，理论界已提出诸多公共预算概念，可以列出一个足够长的公共预算清单，如分项条目预算、计划规划预算、绩效预算、投入预算、产出预算、结果预算、基础预算、建设预算、年度预算、中期基础预算（多年滚动预算）等，这是由于对预算划分的标准不一致导致的。从上述定义来看，应急预算与突发事件乃至应急管理形成了一一对应关系，在此，我们将未曾涉及突发性公共事务管理的公共预算制度都归入常规预算的类别。无论是投入导向的预算（投入数量乘以投入价格等于预算需求），还是绩效预算（基于结果配置资源），都不同于应急预算。总之，应急预算概念创新了常规预算的话语体系，打破了对预算功能的狭隘认知，要求预算不仅能够应对常规事项，也能够应对突发事项。

应急预算与常规预算之间的区别是主要的，尤其是测算总支出需求规模时，其公式和方法以及准确性是不同的。如表 3-1 所示，应急预算可以将突发事件发生的概率与单次产生的预期后果作为支出需求测算的依据，即通过风险值（基于风险是事件发生的可能性与影响程度共同作用的结果而测算）来衡量，用公式（1）表示为：应急预算=风险值=可能性×严重性。在数量上，应急预算也可以通过另一种衡量风险值的方法表示，即以突发事件致灾因子与环境脆弱性之积表示，用公式（2）表示为：应急预算=风险值=致灾因子×脆弱性。[①] 在计算应急预算的风险值时，由于针对的是未来可能发生也可能不发生的不确定事项，而且没有考虑到时间跨度因素（在未来才可能发生的）导致的数值误差，所以本数值相对于常规预算来说更为不准确；常规预算则是按照数量与单位价格（或单位时间报酬）相乘的逻辑推算出总额，用公式可以表示为：常规预算=数量×单位价格。例如，有关政府公务员工资发放的预算，常常可以根据人数以及当月平均每人的工资进行核算。常规预算因为针对的是常规性事项，具有现时性和确定性，因而数值常常比较精准。

公式（2）中，致灾因子主要表达了一种“机会”的概念，生活中常将致灾因子等同于风险或灾害，这是不科学的，如地震不同于地震灾害，洪水也未必等于洪灾。其实，致灾因子就是一个自然、技术或社会现象，我们可以根据诱致因素把它分为四类：自然致灾因子、技术致灾因子、生物致灾因子和人为致灾因子（NFPA1600，2007）。在应急管理学中，脆弱性

① 致灾因子（Hazard）通俗地讲就是危险源或风险源，该词来源于法文中的 hazard（意为一种掷骰子赌博）或阿拉伯文 al-zahr（意为骰子）。脆弱性（Vulnerability）一词来源于拉丁文 vulnerabilis，意思是“受伤”。参见 Damon P. Coppola and Erin K. Maloney，*Communicating Emergency Preparedness：Strategies for Creating a Disaster Resilient Public*，Taylor and Francis Group，LLC，2009.

表 3-1　应急预算与常规预算的计量方法比较

	常规预算	应急预算
计量方法	常规预算 = 数量 × 单位价格	公式（1）：应急预算 = 可能性 × 严重性 公式（2）：应急预算 = 致灾因子 × 脆弱性

注：①在编制预算的操作过程中，考虑到预算确定的其他决定因素如可支配预算资源，该表中三个公式的符号“=”仅代表计量方式，而并非要求数值相等。②常规预算的计量方式也不是唯一的，如绩效预算的计量方式往往与资源投入的绩效挂钩，在这种情况下，绩效评价结果在常规预算的确定上往往很关键。

主要衡量人或事物相对于致灾因子的易损性。通常将脆弱性区分为物理脆弱性、社会脆弱性、经济脆弱性和环境脆弱性。一般而言，一些致灾因子是不可控制的，而对于脆弱性，人们却是大有可为的。当前世界上许多国家倡导综合性防灾、减灾政策，主要目的就在于降低各类脆弱性，提高全社会的应急管理能力。①

计量应急预算的两个公式从不同的角度揭示了风险的实质：公式（1）便于人们对风险进行定量评估；公式（2）则便于人们认识风险形成的机理。两者之间只是关注的角度不同，但没有本质的冲突。削减致灾因子会减少风险发生的可能性，降低脆弱性会减少风险的严重性。例如，当我们动用高技术手段进行驱云消雨作业时，这无疑削减了城市洪灾的致灾因子，也降低了城市发生洪灾风险的可能性。②

2. 两者的联系

（1）应急预算与常规预算在功能目标上趋于一致。尽管应急预算与常规预算管理对应的公共事项几乎不存在交集，但两者在功能目标上应该并且可以实现一致。与本书第二章阐述的 20 世纪 60 年代美国预算的问责导向演变相一致，美国公共预算专家托马斯·D.林奇（Thomas D.Lynch，1995）认为，预算管理行为有控制、管理、计划三个主要目标。三个方面并非相互排斥，虽然不同时代的改革者试图强调其中的某一个目标，但其他目标并未因此消失。③

实际上，对应急预算而言，控制、管理、计划三大常规预算传统功能

①② 王宏伟：《应急管理理论与实践》，社会科学文献出版社 2010 年版，第 3 页，第 38–43 页。

③［美］托马斯·D. 林奇：《美国公共预算》，苟燕楠、董静译，中国财政经济出版社 2002 年版，第 36–39 页。

依然突出，只是应急预算在实现功能时与常规预算有一定不同，如在变量或手段，以及约束目标上。在控制功能上，应急预算与常规预算（并非所有的常规预算都能很好地实现控制作用）同样表现强劲，前者通过监控突发事件发生概率和严重性实现控制功能，即控制损失后果，后者则主要通过控制数量和公共服务单价来实现预算控制功能，主要表现为约束预算支付结果。在管理层面上，常规预算通过放松对下属机构（或人员）的管控，提供激励制度，挖掘管理潜能，进而降低公共服务支付成本，应急预算则是通过优化资源配置，降低应急管理整体成本。两类公共预算在计划层面的功能对照关系如表 3-2 所示，该表中的"时空节点"指应急管理的各个活动阶段以及各类突发事件。

表 3-2　应急预算与常规预算在功能上的对照关系

预算功能	常规预算		应急预算	
	变量或手段	约束目标	变量或手段	约束目标
控制	公共服务数量、单位价格	支付结果	突发事件发生概率、单次严重性	损失后果
管理	加大下属机构预算支配自主权，增强激励	节约公共服务支付成本	综合应急管理"时空节点"自由配置预算资源	降低应急管理整体成本
计划	突击式拨款融资	临时响应	平滑式预算融资	全过程应急管理

资料来源：笔者总结制作。

（2）应急预算与中期基础预算的关联。应急预算与常规预算是相通的，在现实财政生活中，常规预算只是应急预算的一种理想情况。[①] 以当前理论界极力推荐实施的中期基础预算（Madium-Tern Basis Budget，MTBB）为例，中期基础预算是 20 世纪 60 年代在德国等一些国家开始实施的预算模式，当前，它被更多的国家（尤其是 OECD 成员国家）采用，成为支持公共财政管理和促进公共政策的重要工具。由于中期基础预算改革是时间跨度导向的预算管理改革，尚未涉及应对突发性公共事项的功能导向层面，应该说中期基础预算属于常规预算的范畴。由于应急预算与常

① 绝对确定的所谓确定性事项（与常规预算相对应）在现实中并不存在。因而，就确定性而言，常规预算也可以被看成应急预算的一种特例，只是前者对应的常规公共事项发生的概率接近于 1 而已。

规预算之间的联系十分紧密，在此我们把应急预算同常规预算的其中一个模式——中期基础预算——进行比较分析。

一般而言，预算管理的时间跨度、准确性、程序要求这三个层面的因素，对于公共预算制度的分析和模式对比是非常重要的。从时间长度匹配、确定性要求以及法定程序层面看，中期基础预算对三个层面的因素进行要求和考虑，这相当于应急预算对三个因素的考虑。严格地讲，在应急预算与中期基础预算之间，两者对预算确定性要求的考虑最雷同，在法定程序和时间维度上两者平分秋色。因为应急预算最显著的特征是面临不确定性环境，而中期基础预算由于时间跨度而变得“不确定”。至于法律程序和时间维度两个层面，虽然中期基础预算与应急预算差异极大，但也不是最突出的主要因素。既然确定性是应急预算与中期基础预算之间最为相似的关键因素，那么从这个角度看，应急预算与常规预算之间是重合的，即“常规预算⊴应急预算”[①]；相应地，应急预算框架与常规预算也不矛盾，包容且支持常规预算，通俗地讲，应急预算框架对于常规事项依旧适合（甚至应急预算也适用于常规预算，极端地讲，因为同样遵循适当的法定程序，应急预算甚至可以替代常规预算），可表达为“常规预算+中期预算体制（中期基础预算）⊴应急预算框架”。

总之，应急预算与常规预算之间的相通性应是由预算的本质属性决定的。我们知道，预算本身就是对未来不确定性事务的提前筹划并做出相应安排，只是应急预算由于受外部环境因素的影响，其相对于常规预算而言不确定性更高一些。应急预算与常规预算之间的密切联系不仅体现为两者是相通相融的，还体现为它们之间的“归一”性，即应急预算管理往往可以降低突发事件损失，使灾害生命周期恢复到稳定状态。

3. 应急预算的优势分析

准确性是应急预算与常规预算的重要差别之一。然而，首先，应急预算能把所有的公共事项都放进适当的法定程序中进行预算筹划管理，最大限度地消除目前我国预算中存在的程序碎片化和范围功能非全面性问题，考虑到这些改进所能带来的利好结果，预算支出需求的精准性就显得不那么必不可少了。况且，预算本质上就是预估测算，数值只要满足基本的一致性要求而形成正确的指示性功能，就不违背预算的本质。

---

① “⊴”表示“等同于”，并非真正意义上的数量等价关系。

其次，在现实财政实践中，对于预算准确性的撼动早已不是来自预算模式等技术因素了，相对而言，来自人的力量从来就很大。换言之，财政机会主义因素现已成为影响预算数字准确性的最为重要的因素之一，这种消极的影响因素似乎非常持久。从我国近 20 年来始终存在的“预算超收”问题来看，财政指标预测人为操纵现象可见一斑。近 20 年来，无论国际风云如何变幻，也无论我国经济在这 20 年中反复出现了多少次上升、下行的运行周期，我国预算（收入方面）总是比实际收入低，几乎没有例外。个别年份甚至有高达 1 万亿元的超收余额，这不是能由预算收入预测技术方面的因素可以解释得了的，当然更不是应急预算体制（我国尚未真正建立）导致的预测结果，很显然，这是人为操作预测的结果。

最后，预算数据的准确性固然是利好因素，无论是对于政策筹划还是操作实施过程都十分有利和必要，然而预算支出的需求方面仅仅代表公共性事项对资源的需求单量，并不能代表更不等于最后的预算数据。进一步而言，最后的预算规模还需要从资源的可获得性层面来筹划，这是前提和基础。预算资源本质上就是稀缺的，稀缺已成为预算工作的永恒主题，没有稀缺就没有预算。[①] 预算资源在突发性公共事件发生时更显稀缺，在处于永恒变换过程中的现实环境下，无论政府采取的是应急预算体制还是常规预算体制，都将会遭遇预算资源更加稀缺的财政环境。然而，应急预算能通过制定一套在突发事项发生时限制全部突发事件应急管理的预算支出总额（以及各类突发事件的预算支出总额）的法定程序，对应急预算支出进行合理筹划，使得政府全部预算资源显得相对宽裕一些，稀缺压力不会那么大。换言之，应急预算有利于保障政府预算资源的供给，从而有利于保障最后确定的应急预算支出规模（相对于突发事件可能造成的经济损失而言，通常来说应急支出规模是不足的），从这一点来说，应急预算明显优于常规预算。

总而言之，根据应急预算与常规预算之间的差异，无论如何都不能否

① 认识到稀缺各有其不同，艾伦·希克对稀缺的状况进行了分类：缓和的稀缺是指“政府有着足够的资源可以继续已有的项目和切实兑现新项目承诺的情况”；慢性的稀缺是常规情况下预算的状态，指“在公共资源与完成服务的成本同步增长的情况下有足够的资金继续正在进行的工作”；急性的稀缺是指可得资源无法满足不断增长的项目成本；总体的稀缺是指可得资源极度不足，甚至无法满足法定的公共期望。见 Allen Schick，“ Budgets，Plans and Scarcity”，Paper Prepared for National Association for Public Administration，1969，p.12.

定应急预算的优势和存在基础。在应急预算制度中，通过资源可获得性筹划，并使可支配资源规模与应急支出需求进行协调，自然可以获得比较实际而合理的预算支出规模，进而有助于控制预算总额和控制财政风险。

三、与应急预算密切关联的重要概念

1. 风险（Risk）

“风险”一词由西班牙人或葡萄牙人传入英语中，最初是指“航行到未知的水域”。风险本身不是“灾难”或“突发事件”，而是后者发生的可能性，即突发事件发生的概率。

2. 突发事件（Unexpected Event）

突发事件是指突然发生的，造成或可能造成严重社会危害，需要采取应急处置措施以应对的自然灾害、事故灾害、公共卫生灾害、社会安全事件。[①] 国外对突发事件的界定与我国不完全一致，认为突发事件是一个比自然灾害更为广阔的分类，它包括发生的非常难以预测且会致使政府遭遇重大经济损失的所有事件，如恐怖事件、战争、经济危机、流行病以及核事故。[②]

3. 意外损失预算（Contingent Loss Budget）

严格地讲，意外损失预算是政府意外损失预算，也可称为突发事件损失预算。意外损失是将来牺牲的资源，在现行政策下可以预见到它们会产生，但是其规模和时间都不确定。给意外损失编制预算就要求我们现在确认一些资源，用于将来补偿政府保险中遭受的损失。那些把个人（个别区域）经济风险分散到大量居民中（如本地行政区域）的公共风险项目是政府意外损失的主要来源。

4. 减灾基金（Disaster Relief Fund）

减灾基金是美国为应急活动以及紧接着的恢复重建项目提供资金的非年度账户。减灾基金也用来为美国其他联邦机构的重要使命提供报销。就目前的预算实践来说，通常通过年度常规拨款法案为减灾基金注资，然后

① 参见《中华人民共和国突发事件应对法》，中国法制出版社 2007 年版。

② Marvin Phaup and Charlotte Kirschner, “Budgeting for Disasters: Focusing on the Good Times”, *OECD Journal on Budgeting*, No.1, 2010, pp.15-20.

在账户被确认为有花完资金的风险存在时，通过补充拨款的形式为该基金提供额外资金。①

5. 补充拨款（Supplemental Appropriation）

补充拨款一般是指在年度拨款法案以外追加拨款的法案。当资金需求非常迫切以至于难以延期到下一个常规拨款法案中实施时，补充拨款在最初的项目或活动预测以外提供预算授权（包括最初拨款法案到期后的新项目授权）。补充拨款的优势在于涵盖了那些因没有足够的时间授权而未能包括在常规法案中的项目。② 需要注意的是，一直以来美国通用的补充拨款与我国每年全年陆续实施的预算调整是两个不同的概念，前者主要指基于新的活动和项目导致的预算追加，仍需遵循严密的法定程序，后者通常是在预算执行过程中由于之前预算编制的不准确而导致的调整，我国预算调整比较频繁并且调整过程不够严谨。例如，2003 年 4 月，为满足"非典"防治活动需要，财政部出台《关于中央部门调整 2003 年预算支出确保"非典"防治经费的紧急通知》（财预〔2003〕71 号），绕过了全国人大的基本审查程序，属于典型的行政部门主导的预算调整过程。

第二节　设计应急预算管理的制度框架

一、"三位一体"的应急预算体制

1. 应急预算与应急取向的预算管理制度

通常，为适应应急管理需要，凡是涉及应急融资来源、分担主体等多项预算管理层面的内容，都可以认为是应急取向的公共预算制度。应急预算则是适应应急管理改革和公共预算管理创新的需要，要求标准预算程序涵盖应急管理各个纵向阶段的规划（或活动）。第一，应急预算严格地对

① Bruce R. Lindsay et al.，"Federal Emergency Management：A Brief Introduction"，CRS Report for Congress November 30，2012，p.10.

② ［美］托马斯·D. 林奇：《美国公共预算》，苟燕楠、董静译，中国财政经济出版社 2002 年版，第 342 页。

应于应急管理全过程；第二，应急预算管理中通常需要设置专门的应急账户；第三，应急预算是一套严密的法定程序。严格地讲，正规的应急预算体制至少要同时满足这三个方面的制度要求。

从涵盖范围、可利用手段和要求上比较，两者是存在区别的。应急取向的预算管理可以包括市场保险制度和政府保险体制、信贷担保、国有组织捐赠、预算稳定基金、预备费制度、补正预算制度、特别预算制度等多项制度安排，该概念比较宽泛。而应急预算制度常常包括预算稳定调节基金、预算预备费等预算储备制度（美国等西方发达国家常常以各类基金的形式作为应急储备），因为应急预算的本质就是要通过设立应急储备，在突发事件发生之前编制应急预算账户。美国、日本等多个国家还通过补正预算和特别预算制度实施应急管理。基于此，严格地讲，应急预算制度主要由储备制度和有关预算调整程序组成，范围较为狭窄。相应地，从手段上看，一般来讲，前者包括减少或逃避预算承担责任、提高预算灵活性乃至对突发事项的适应性等任意预算管理手段，后者主要局限于预算储备和预算调整等手段。目前，在公共预算体系最为发达的美国，其应急取向的预算制度主要包括追加拨款、取消支出、延期支付、重新立项、建立与使用应急基金和准备金、资金间的调拨等。[①] 从预算管理要求上，应急预算高于应急取向的预算管理，前者在一个标准预算程序中运作，后者则主要解决应急管理资金的来源问题，并非要求将全部过程纳入预算程序。

总之，应急预算比应急取向的预算管理制度更为系统、规范，改革要求也更高，虽然两者在涵盖范围上有所重合并有错位，但两个概念之间不能画上等号。换言之，实施了应急取向的预算管理制度并非应急预算改革的终点，尽管当前包括中国在内的大多数国家已有相应的预算制度基础。

由于尚未构建起与应急预算管理相适应的制度框架，缺乏应急预算完整理论的指导，应急预算与应急取向的预算管理制度在理论上混为一谈，在一定程度上导致我国应急预算管理与改革无从下手。在应急管理实践过程中，我国依旧是“临时抱佛脚”，局限于“突击反应”式的应急管理[②]，

① ［美］爱伦·鲁宾：《公共预算中的政治：收入与支出，借贷与平衡》，叶娟丽、马骏等译，中国人民大学出版社 2001 年版，第 257–279 页。

② 在英文中，反应（Reaction）不等于响应（Response），从而更不等同于应急管理的全部阶段（或活动）。响应包括的活动实际上都发生在突发事件到来之前，正如西方应急管理学界的一句名言：在反应前行动。

实施非常碎片化的预算管理制度，常常沉醉于应急取向的现有预算制度安排，或者只是在现有预算制度的基础上修修补补，而不是推行真正意义上的应急预算管理。例如，近年来，国内关于自然灾害预防和救助方面的研究比较多，但多数仍局限于突发事件中的自然灾害、公共卫生事件等，没有开展适合于各类突发事件的全过程应急管理的相关研究。[①]

从西方国家应急管理的实践中可以发现，预算制度（规则和程序）在应急管理过程中发挥了关键作用。然而，这些国家仍然没有把应急管理过程充分纳入完整的预算管理链条中，即缺乏一套系统的、规范的应急预算流程。例如，在多数情况下，各国分别为突发事项建立了相关应急储备账户，但是在应急账户的管理和使用标准方面并不严密，缺乏相应的预算程序进行必要的制约。笔者认为，即使在那些预算体系较为发达的西方国家，也仅仅是实施了应急取向的预算管理制度，尚未建立真正的应急预算制度。

2.“三位一体”的应急预算体制框架

目前，国内外对应急预算概念的理解还停留在比较零碎的阶段，从而很难构建起健全的应急预算管理框架。基于现有研究成果，一方面，尚未严格界定应急管理的覆盖范围，从而也无法在实践中准确而全面地确定应急预算的功能定位；另一方面，尚未提出将应急管理与预算管理“深度融合”的理论，从而也不会理解应急预算在程序上的要义。即便有一些国家已经开始针对突发事件编制应急预算账户，达到了将突发事件纳入预算管理的目标，但仍然无法实现对突发事件的“融入式”预算管理。

在应急管理实践操作过程中，需要一套预算体系作为支撑。正如预算管理专家指出的，为了识别和凸显灾前预算的潜在收益，需要修订预算模式，以便确定并将当前的预算资源分配至未来的灾害减缓和恢复活动中。这需要为当前使用的资源分别按开支和亏空建立账户，以便在支出和收入方面的激励有所改变。同时，也需要采取适当的程序，以此来限制政策制定者的机会主义行为（Marvin Phaup 和 Charlotte Kirschner，2010）。笔者认为，应急管理功能、应急预算账户以及应急预算程序共同构成应急预算管理体制的制度框架。为直观起见，可以通过流程图的形式展示这种“三位

① 根据我国目前的统一划分，突发事件主要包括自然灾害、公共卫生事件、重大事故灾害、社会安全事件四大类。

一体”的应急预算体制，如图 3-1 所示。

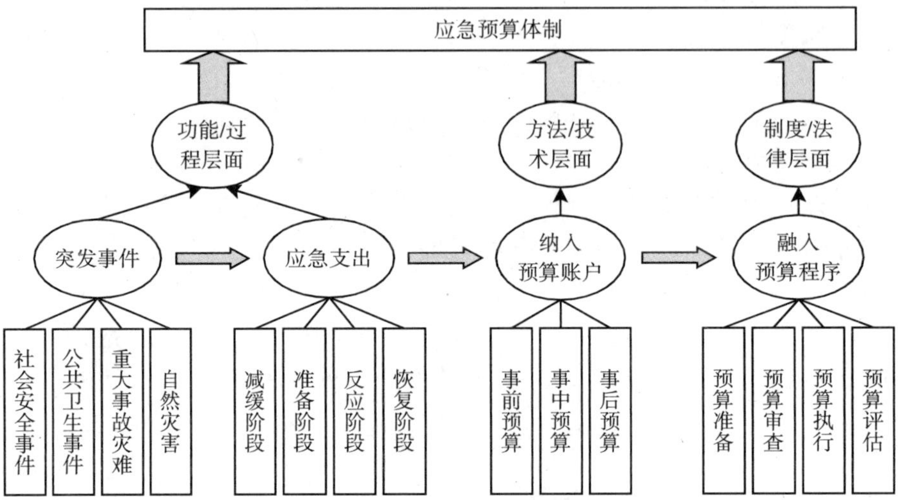

图 3-1 “三位一体”的应急预算体制

该制度框架依次从功能、账户和程序三个层面描述了应急管理与公共预算之间从“对接”到“融合”的过程，界定了应急预算管理的核心内容和基本要求。总之，构成应急预算管理制度框架的功能、账户和程序三个层面缺一不可。

二、功能层面的应急预算

1. 功能导向是应急预算区别于其他预算的重要特征

应急预算是与应急管理相对接的功能导向预算。在功能层面，应急预算制度与综合应急管理相对应，提升应急管理能力是应急预算改革的根本目标。也就是说，应急预算制度应对应于我国划分的社会安全事件、公共卫生事件、重大事故灾难和自然灾害四类突发事件，并确保在应急管理的减缓、准备、反应和恢复四个阶段分别发挥预算的资源配置作用。

可见，应急预算与常规预算不仅在预估规则上有所区别，它们在适用对象上也是严格区分的。应急预算的一个极为关键的特征是以应急管理为功能导向，突破了当前各类预算模式的内在价值取向。

如图 3-2 所示，基于预算制度对投入、成本、过程、产出以及成果的不同关注程度，可以把预算管理分为不同的模式。以投入为导向的预算模式如条目预算（Line-Item Budget）、以产出为导向的预算模式或以成果为导向的预算模式如绩效预算（Performance Budget），均是针对常规性事项的预算管理；应急预算以功能为导向，适合存在极大不确定性的突发事项。

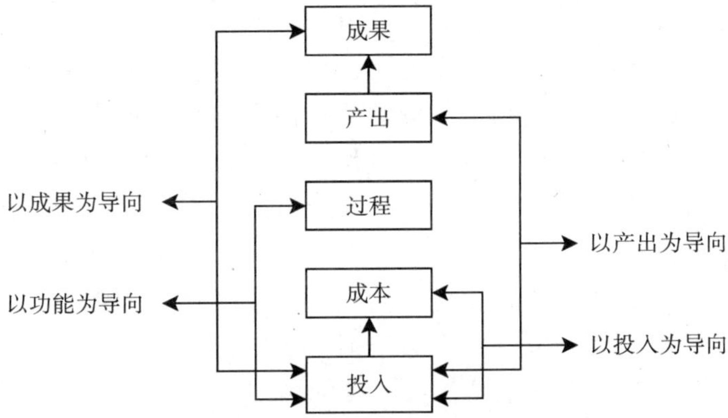

图 3-2 四种不同导向的预算管理模式

注：在以功能为导向的预算管理模式中，“过程”实际上可以理解为应急管理的各个阶段，如当前普遍认同的应急管理“4R”过程。

资料来源：彭健：《政府预算理论演进与制度创新》，博士学位论文，东北财经大学，2006 年，第 187 页。

2. 应急预算功能的扩展

1979 年，美国卡特政府成立联邦应急管理局（FEMA），将救灾与民防的功能进行整合。FEMA 的成立体现了美国应急管理的一种全新理念，即“综合性应急管理”（Comprehensive Emergency Management，CEM）。① 其中，主要有全风险管理、全过程管理两层含义。第一，从横向来看，应急管理的对象由单一灾种向灾种多样化转变，也就是说，FEMA 通过将各个下属机构协调起来，应对不同类型的灾害（突发事件）；第二，从纵向来看，应急管理应该是一种全过程的管理，也就是说，联邦应急管理局无论应对任何一种灾害，都要经过减缓、准备、响应与恢复四个阶段。2007 年，维恩·布兰查德编写的《应急管理与相关术语、定义、概念、缩略语、组

① 联邦应急管理局的首任署长约翰·马西提出了“一体化的应急管理体系”（IEMS）概念，强调将自然风险准备与民防融合起来，使指挥、控制与预警功能适用于各种突发事件，包括应对核打击。

织、项目、指导、执行命令与法律指南》收录了对综合性应急管理的多种解释。其中的两个解释为：

（1）综合性应急管理就是一种管理应急计划与活动的整合性方法，包括所有的四个应急阶段（减缓、准备、响应与恢复），包括各种类型的紧急事件与灾害，包括各个层次的政府与私有部门。

（2）综合性应急管理意味着在所有的应急活动阶段中，整合所有的行动者，应对所有类型的灾害（NGA，1978）。

有学者分析认为，应急管理的综合性有三重含义，是一个“工”字形结构：首先，就应急管理的主体来说，坚持全社会共同参与的原则，主要包括政府、军队、非政府组织、企业和个人等；其次，就应急管理的客体来说，它包括自然风险、技术风险与人为风险，就我国对突发事件的分类而言，涵盖了自然灾害、重大事故灾害、公共卫生事件和社会安全事件四大类，体现了“全风险”的原则；最后，就应急管理的过程来说，它包括减缓、准备、响应与恢复四个阶段，体现了“全过程”的原则。简言之，综合性应急管理的特点就是全参与、全风险、全过程。[①]

相对应地，作为应急管理与预算管理的联结体，应急预算的功能导向应紧扣应急管理的内容实质，综合性应急预算应得到充分认知。就实施来说，首先，应急预算管理过程的参与主体应是多样化的，从政府层面而言，可以认为，凡是与应急管理事务相关联的机构或成员都是应急预算的参与者，政府预算核心部门以及应急管理预算申请单位（如卫生部）作为最直接的参与人，分别承担着应急预算的准备、申报等事项。严格地讲，非政府主体（如非政府组织等）也是应急预算的参与和实施主体[②]，这些民间或市场主体通常在应急管理过程中承担了大量的职责和事务。笔者认为，一般来说，正是由于应急预算参与主体的多样化，通过应急预算相关机制建设，才能有效地实现突发事件风险消除、转移、减缓等各项目标。

其次，综合性应急预算应是面向各类突发事件以及应急管理的各个发展阶段的。应急管理对突发事件进行横向分类和纵向分期，十分有利于把规划（或活动）的理念引入应急预算管理过程，使其能够按规划配置和管理资源，最终有助于实施预算管理。当前，国内学术界理解应急预算时的

① 王宏伟：《应急管理理论与实践》，社会科学文献出版社 2010 年版，第 76 页。

② 相关内容暂不作为本书的研究对象。

视野十分狭窄，多数情况是停留在某类突发事件（如地震灾害）或是应急管理某个阶段（如反应阶段）的活动，缺乏综合功能维度的应急预算概念。由于在应急功能上比较零碎，不具备基本的全面性和准确性，极大地约束了应急预算理论框架的建立，更无法达到通过改进预算管理提高应急管理有效性的目标。

三、账户层面的应急预算

在应急管理功能的基础上，应急预算首先应是一个账户，构建一个应急预算账户是实施应急预算改革的重要内容。在国内外（尤其是国内）现有应急预算研究成果中，有大量的文献是基于账本视角进行应急预算制度研究的。长期以来，即使在公共预算体制已经非常发达的美国，联邦政府也常常通过在预算执行过程中依靠补充拨款进行突发事件的救助管理。近年来，美国开始一方面寻求编制意外事件损失预算，另一方面试图参照州和地方政府事前建立的应急储备账户，以此减少对调整预算的依赖。在我国复式预算下，构建应急预算账户需要处理好与现有五个预算账户之间的对接和融合。[①]

由于应急管理是一个包括减缓、准备等多个阶段管理活动的过程，所以各阶段活动对预算资金供给的要求以及资金在相应阶段产生的应急管理成效，通常不同[②]。一般地，在实践中作为应急预算管理的核心内容之一，需要构建应急预算账户体系，即不能把政府应急管理寄希望于一个账户（在应急管理实践过程中，大多数国家往往主要依赖于某个预算账户或基金）。大致的原则应是，突发事件响应与恢复活动的资金账户需同预防与减缓活动的账户分设，两类（或好几个）账户应相互牵制，在设立几个账户的前提下，对应急管理的预算账户管理进行综合考核。概括而言，应急预算账户体系的设置原则可以表述为“账户分设、相互牵制、综合管理”。

---

① 国内通常把复式预算分为一般公共预算、国有资本预算、社会保险基金预算、政府性基金预算四个账户，2014 年新修订的《预算法》也明确规定：“预算包括一般公共预算、政府性基金预算、国有资本经营预算、社会保险基金预算。”本书还考虑了我国新设置的中央预算稳定调节基金预算。

② 例如，在突发事件减缓阶段和响应阶段，两者对资金供给的及时性和规模，甚至拨付方式的要求都是不一样的。响应阶段往往迫切需要资金，资金量大而集中，适用相对灵活的支付方式。

四、程序层面的应急预算

既然建立了应急预算账户，正常地讲应对其进行严密的管理，这就需要一套标准的预算管理流程。应急预算本身也是一套法定程序，促使应急管理过程遵循这套程序是应急预算管理的实质。换言之，实现应急管理与公共预算之间的“无缝对接”要求应急管理遵循适当的预算程序。

实践表明，要让应急预算制度真正发挥应急管理的功能属性，通常有两个步骤：一是将可能发生的突发事件纳入预算管理对象；二是要将应急管理过程融入预算管理程序。实际上，“纳入”与“融入”是不一样的，前者通过专门的预算账户来保障，后者则通过应急预算这套程序来实现。从预算管理的要求来看，“纳入”比“融入”提升了一个层次，只有将应急管理过程真正“融入”适当的公共预算流程中，才能实现应急管理的功能属性。两者也是相互联系的，将突发性事项纳入公共预算视野，是实现应急管理与公共预算管理程序之间紧密融合的前提和基础。总之，“纳入”与“融入”既相关联而又有所区别，将应急管理过程融入应急预算程序是实施应急预算管理的关键环节。

第四章 应急预算管理的国际实践：经验与启示

当前，应急管理已成为各国政府面临的共同考验。进入21世纪以来，国内外突发事件频发，似乎当今世界已越来越显现出罗森塔尔（1989）所描述的“4U”特征：不可预测性（Unexpected）、不可规划性（Unscheduled）、前所未有性（Unprecedented）、不可控制性（Unmanageable）[①]，公共安全形势不容乐观。就国外而言，从美国2001年“9·11”恐怖袭击事件、2005年卡特里娜飓风灾害，到2010年印度海啸灾难，再到2011年日本大地震，各类突发事件无不给各国带来巨大的经济损失。2004年12月，由苏门答腊地震引起的特大海啸危及多个国家，据联合国估计，此次海啸大约造成30万人死亡或失踪，150万人逃离家园。针对频繁发生的突发事件，各国应高度重视应急管理改革。

无论出于有意还是无意，很多国家已经通过改革预算制度，开始把应急管理过程与公共预算管理流程融为一体。预算工具在应对突发事件上发挥着不可替代的积极作用，美国、日本等发达国家的表现尤为突出。为了比较全面地了解国际上应急管理过程中预算改革的一般经验，我们选取了两类国家（地区）作为分析对象，一是实行联邦制的美国和澳大利亚，二是实行单一政体的日本和我国台湾地区。本章第五节对“9·11”恐怖袭击事件的拨款应对情况进行了较为详细的阐述。希望通过对这四个国家和地区应急预算管理实践的深入分析，助益我国推进应急预算改革。

① U. Rosenthal, *Coping with Crises: The Management of Disasters, Riots and Terrorism*, Charles Thomas Publisher, 1989, pp.1–50.

第一节　美国的实践

一、美国紧急事件拨款适用的事件类别

美国 1990 年《预算执行法案》（BEA）的一个突出特征是为紧急事件花费准备预算资金。然而，该法案没有定义一个紧急情况应由什么组成，从而就此问题观点不一。通过分析近年来得到紧急补充拨款资助的事件，国会预算办公室（CBO）得出结论：这些事件的共通之处在于都存在一定的不确定性。灾难以及其他紧急形势往往产生突然且不可预期的巨额资金需求。以 1999 年得到紧急拨款支持的波斯尼亚维和行动和 2000 年的计算机病毒变异为例，两者的代价到底有多大事前很难被确定。2001 年“9·11”袭击事件拨款是更能说明这一观测结论的悲壮例子。

美国管理与预算局（OMB）将紧急支出做出了可操作性的定义，即一项必须费用，该费用是“突发的”、“紧急的”以及“不可预见的”，并且是“非永久的”。[①] 通过插入一些模糊的定语来描述甚至决定一个紧急情况，从而增加了紧急支出定义的解释空间。[②] 在 OMB（1991）的提议下，任意紧急开支要获得紧急事件拨款授权，务必要同时满足下述五个条件：①开支是“必要的”；②需要紧急拨款的情形是“突发的”；③事态是“不可预知的”；④对紧急事件拨款的需求是非常“紧迫的”；⑤需要紧急事件拨款的形势是“不可持久的”。[③]

2008 财年总统预算第 217 页的前景分析部分描述了总统的建议，即把紧急开支需求的定义写进法律，这个定义将确保只有那些达到较高标准的

---

① ［美］雪莉琳·琳内·汤姆金：《透视美国管理与预算局》，苟燕楠译，上海财经大学出版社 2009 年版，第 154 页。

② 例如，基于“具体情况”，利用“常识判断”，“总体事实和情况是否显示一个真正的紧急情况”以及“是否在现存可利用的资源水平上满足需求”。

③ Report on Costs of Domestic and International Emergencies and on the Threats Posed by the Kuwaiti Qil Fires，OMB，June 1991.

事件才能被认定为紧急事件进而享受特殊性。遵循总统的这个建议将明显增强法定的预算纪律，紧急开支的标准如下：

（1）必需的开支：一项重要或关键的支出，而不仅仅是有用的或受益的。

（2）突发性的：迅速地产生，而不是日积月累地慢慢形成。

（3）紧急的：强压的及迫切的，需要立即采取行动。

（4）不可预知的：作为一项潜在支出需求的时候，无法预见或者察觉（那些没突破每年赈灾平均花销的紧急事件，则不能被认为是“不可预知的”）。

（5）非持久的：开支需求本身应是临时的。

预算文件声明，上述定义修订了很多年前开始使用的紧急事件认定标准，并规定任意一项被确定为紧急事件需求的开支申请，必须要满足所有这些标准。这项建议列明了同样的解决方案，即用来控制紧急事件分配资金的各项规定。尽管通过设计标准不可能完全消除政策制定者考虑列为紧急开支时的主观评判因素，但各项设计标准仍然有助于制止滥用紧急开支。

目前，美国紧急事件拨款主要用于五类紧急事件：①战争/军事行动；②人道主义援助；③自然灾害；④恐怖袭击事件；⑤国内社会动乱。自1990年BEA实施以来，紧急补充拨款在多种形式下被批准，应用于多种事项，从旱灾到战争，从地震到骚乱。表4-1汇总了1991~2007年，一些受助于紧急事件拨款的典型事件。21世纪以来发生的例子，如应对2001年9月11日发生在美国的恐怖袭击事件而进行的拨款。[①] 这段时期，通过紧急补充拨款途径融资的紧急事件绝大多数是自然灾害，因为很多自然灾害正好都符合由OMB制定的紧急事件支出认定标准。

表4-1 美国1991~2007年获得紧急拨款的主要事件

年份	主要事件	紧急事件类别
1991	沙漠防护屏障运营及沙尘暴	自然灾害
1992	洛杉矶骚乱	国内社会动乱

① George L. Ward, “Emergency Appropriations and the Fiscal Response to September 11”, *Policy Perspectives*, 2009.

续表

年份	主要事件	紧急事件类别
1993	中西部洪灾	自然灾害
1994	洛杉矶地震灾害	自然灾害
1997	波斯尼亚自然灾害	自然灾害
1999	科索沃 Mitch 飓风	自然灾害
2000	计算机病毒变异	国内社会动乱
2001	“9·11”恐怖袭击	恐怖袭击事件
2005	卡特里娜飓风（新奥尔良）	自然灾害
2007	伊拉克和阿富汗战争	战争军事行动

注：计算机病毒变异即 2000 年“千年虫”灾难，由于涉及人为因素，按照美国对紧急事件的分类，本书暂把该事件列为国内社会动乱。

当然，并不是所有的紧急补充拨款都用于这些类别的紧急事件，这些紧急事件也不是都符合 OMB 的认定规则。梅耶斯（Meyers，1994）描述了国会如何迅速地具备一种倾向——表现为通过 BEA 中的相关规定更加宽泛地解释紧急事件。他指出：“想当然地，关于紧急事件，不同的观察者有不同的解释，尽管 1991 年已经极力为响应紧急事件而专门区分了拨款开支。比如说，为资助伊拉克战争的一项补充拨款法案，往往包括用于美国士兵培训福利以及生命保险增加的紧急开支。”

同时，为了挽救一项通过其他途径难以获得资金的特别项目，《预算执行法案》（BEA）设计了一套规则，可以把非紧急事件转换（或定义）为紧急事件，从而使其能够获得紧急拨款。

二、应对紧急事件的拨款途径及各自特点

1. 应急管理资金的三个来源

美国应急管理资金来源渠道很广，尤其是在“9·11”事件之后，对于应急资金的投入毫不吝啬，利用各种渠道集中资金，为应对突发事件提供强大的资金后盾。从“9·11”事件后至 2006 年，“反恐”拨款高达 4300

亿美元。从总体上看，除社会捐助资金外[①]，美国应对突发事件的资金来源主要包括三个方面：

（1）年度联邦政府财政预算。包括联邦政府每年从国家财政预算中得到的用于行政部门履行防灾救灾义务的资金，以及拨付给专业突发事件救援机构（联邦应急管理局，FEMA）的预算经费。前者相当于中国政府的年度预备费，美国《预算执行法案》对此项准备金不设上限，预留了极大的空间和弹性。后者为美国联邦应急管理局的年度预算，专门用于应急救援机构的灾害预防、保护、反应、恢复和减灾，以及突发事件救援队的各项支出，自 2007 年以来，此项年度预算每年都超过 32 亿美元。

（2）联邦灾害应急基金和总统灾害救助基金。2007 年，美国国会通过了新修订的《斯坦福减灾与紧急救援法案》（*Robert T. Stafford Disaster Relief and Emergency Assistance Act*）。该法案提供的主要财政援助是成立联邦政府应急管理局的减灾基金。[②] 根据该法案，美国联邦政府建立专门的减灾基金（DRF），由联邦政府应急管理局（FEMA）提出申请并负责管理。与此相类似，各州政府和地方政府也要依据相关法案设立灾害预备金（MDRs）。[③] 作为美国应急资金的主体部分，联邦灾害应急基金每年拨款已达 23 亿美元；总统灾害救助基金由联邦应急管理局管理，并直接对总统负责。

（3）总统和国会特批资金。在一般情况下，特批资金由总统在突发事件发生时向国会提请，国会表决后由白宫直接下拨。同时，该项资金大多数来自联邦年度总预算，在特殊情况下进行预算外特批。

2. 适用于紧急事件的拨款程序

联邦机构是通过紧急拨款程序获得资金支持的。相应地，根据国家受托责任办公室（GAO，1996）的观点，紧急事件拨款程序主要包括三个途径：

---

① 主要由各种非政府组织的基金会募集和管理，这是一个很重要的渠道。基金会平日接受捐款，危机时投入救灾和重建。近年来每年的捐款达美国 GDP 的 2%以上，数额可观，成为应急救灾的重要资金来源。

② Bruce R. Lindsay et al.，“Federal Emergency Management：A Brief Introduction”，CRS Report for Congress，November 30，2012，p.10.

③ 联邦政府曾经仅仅是建议地方政府各自设立预算稳定预备金（Modest Financial Reserve Funds），又称为雨天基金（Rainy Day Funds），但实施情况不容乐观，尤其是使用方向不固定。后来，联邦政府要求地方政府建立了固定用途的灾害储备基金（Mandated Disaster Reserves，MDRs）。

第一个途径是联邦机构通过年度常规拨款程序获得资金支持。很多个用于应对灾害或重大危机的基金都是通过传统的拨款程序获得资金的，联邦应急管理局（FEMA）是最为典型的通过这套程序获得资金的联邦机构。FEMA主要是提供灾害或其他紧急事件的减缓活动，并作为联邦政府最为主要的紧急事件响应者，这一机构每年都可以获得指派的拨款。

第二个途径是意外紧急拨款法案，GAO（1996）把这项法案定义为由国会指派的紧急事件基金，其使用依赖于总统对紧急事件的认定情况。一旦总统认定这些基金，在意外紧急拨款与紧急事件补充拨款之间就几乎没有什么明显区别了。相应地，只要国会和总统对意外紧急拨款法案进行了官方认定，国会预算办公室（CBO，1998）就把这些意外基金归为标准的紧急拨款之列。

第三个途径是通过补充拨款程序。补充拨款属于自由处置基金，由法律程序通过后用于紧急事件或危机形势。整个20世纪90年代，绝大多数紧急事件基金都是通过这套机制获得拨款的。

3. 紧急事件拨款程序的特点及对比

（1）竞争性的紧急事件拨款。有竞争的应急拨款制意味着，要消除BEA中规定的由紧急事件享受的扣除例外。根据这种选择，紧急事件拨款不再享受优待，而是和其他用于自由处置储备基金的补充拨款进行充分竞争，并且紧急开支必须遵循抵扣规则（CBO，1998）。

2001年9月11日后美国发生的一系列事件，使竞争制的拨款程序存在的典型问题暴露无遗。在恐怖袭击发生后，随机导致大量的建筑物毁损以及人员伤亡，从而产生了第一笔损失成本。作为应急响应，马上拨付了400亿美元资金，这发生在稍后更大的损失成本得到确认之前。这之后，针对阿富汗塔利班组织的大规模军事行动又形成了第二笔巨额成本。在邮政设施和政府大楼发现炭疽病毒袭击时，由于需要加强邮包处置，生产抗生素，以及阻止受影响的设施产生传染，这就产生了第三笔成本。这一系列事件对预算程序的冲击是无法预见的。

（2）紧急事件基金。大多数州由于难以获得应急基金支持，都设立了类似的雨天基金——基于应急目的而预留下来的超收收入。特别地，正如GAO于1999年的一份报告所指出的，州政府设立储备基金的主要合理化因素在于受信贷市场和预算平衡规则的限制。当然，联邦政府并不像众多州政府那样受到这些限制，采取州政府常用的应急储备基金制度可以带来很多好处（GAO，1999）。第一，能使预算过程更为公开透明。第二，在联邦机构之间设立应急基金，可能会减少对补充拨款程序的依赖，以及为更迅速地响应紧急事件提供便利的资金保障。第三，国会预算办公室 CBO（1998）指出，建立应急储备基金的好处还在于储备基金能够更明显地揭示应急资金需求，从而促使政策制定者在应急资金支出和为之而抵消的项目之间建立更为直接的联系。第四，设立储备基金也可用来激励实施灾难规避或减缓的活动，以及促进实施联邦政府行动的备选方案，如通过州或地方政府、私人保险公司来承担应急相关事项。简言之，设立应急储备基金的过程，可以促使政策制定者持续地考量紧急事件，甚至可能鼓励他们发展一系列防灾措施。

（3）紧急事件补充拨款。紧急事件拨款程序与传统的预算程序之间存在一些不同。第一，紧急补充拨款可以由总统或者国会分别提出，但是必须由两者共同授权通过。获得紧急事件拨款的三个可选途径中，通过常规拨款程序来实施紧急开支往往是国会的主要选项。1991~1999 年，国会通过常规预算程序，提议向应急基金提供超过 220 亿美元的拨款，而总统仅仅提议不到 75 亿美元的紧急开支。根据 CBO 的相关报告，在 20 世纪 90 年代，批准了 34 部包含补充拨款或扣押的法案，涉及资金总额达 1380 多亿美元。

第二，CBO（2001）在报告中指出，补充拨款程序的第二个特征在于，与常规拨款程序由参众两院的单个下属拨款委员会进行管辖控制不同，补充拨款牵涉大量的归拨款委员会管辖控制的下属委员会的一些项目，它们带着不同的目的并提出各种需求。拨款授权者在考虑补充程序时，不得不应对迥然不同的资金需求项目之间的所有问题，需要对紧急事件和非紧急事件进行统一考虑，并且在各类需求加起来已经严重超额时当机立断，授权通过补充拨款法案。

第三，与传统预算程序的不同点还在于，紧急拨款程序中存在很多的不足。Donahue 和 Joyce（2001）指出后者最为明显的不足时是这样描述的："当前紧急拨款程序激励在安全事件发生后进行救灾支出，而不是在灾难可能发生的某个适当时点进行资助。"他们写到，这一激励主要产生于两个条件：一是那些不确定的事件在今天富有竞争性的拨款程序中难以获得资金支持；二是存在这样一种假象：当灾难事件发生时立即获得积极响应。[①] 他们还指出，从长远而言，如今的紧急拨款预算规则不利于增加对突发事件减缓和预防活动的融资，而这些活动通常可以降低未来的应灾资金需求。尽管当前的紧急拨款流程可能便于灾后获得必要的响应和恢复资金支持，但作为着力于长远预防的富有智慧的灾难响应机制，紧急拨款程序是一个彻头彻尾的劣等规则。在一些情况下，尤其是在对一次紧急事件的界定存在分歧时，补充拨款程序这个方面的特征往往成为制约拨付补充基金的障碍。

实践表明，基于竞争的有限拨款的应急事件拨款机制很难处置那些花费巨大的意外事件。同样地，在可选的应急储备基金制下，国会完全不可能为“9·11”恐怖袭击事件后恢复重建阶段所需的资金准备足额的基金支持。在巨型突发事件发生的情况下，紧急拨款程序比这两个传统预算程序表现得更优越。

在选择任意一项紧急拨款方案时，不得不考虑到在部门或机构内部的优先性转变问题，这种转变是由于恐怖袭击事件的巨大冲击造成的。在雨天基金和有竞争的拨款程序两个选项下，政府很多的项目和服务将得不到提供，因为资金已涌向了安全、国防、减灾、反恐活动。当拨款转移发生时，个人的工资收入最容易受到影响，从而变得异常混乱。然而，两个选项的一个优点就是使联邦预算程序更适于应对变化中的需求和优先性。

三、BEA 对紧急事件补充拨款的影响

在 1990 年 BEA（《预算执行法案》）之前，当紧急事件发生时，国会和总统几乎对补充拨款进行资助没有任何限制。在这种情况下，当这些事件需要花费的资金增加时，自由决定的资金经常被挤占，而这些事件只是被使用最宽松的定义确认为紧急事件。1974 年的《预算与扣押控制法案》是对紧急事件支出进行控制的早期尝试，该法案明确规定[②]，总统申请的预算和国会的预算决议两者的合计有一个限额，未来财政年度在该限额下

① Donahue Amy K. and Philip G. Joyce, “A Framework for Analyzing Emergency Management with an Application to Federal Budgeting”, *Public Administration Review*, Vol. 61, No. 6, November/December, 2001, pp.728-740.

② Congressional Budget Office, *Supplemental Appropriations in the 1990s*, Washington, DC: CBO, March, 2001, p.2.

可以为意外事件以及不可预计、无法控制的支出进行资助。也就是说，事后可能还需要的额外资金应通过补充法案加以解决（CBO，2001）。

1990 年以前，在授权实施紧急补充拨款时，通常缺乏必要的财政限制。国会认识到了这一点，并力图削减紧急拨款数量。通过修订 1985 年《预算平衡和紧急赤字控制法案》的相关内容，对紧急事件的定义进行了限制（GAO，1999）。然而，直到 1990 年 BEA 实施之后，所有这些制约措施才被植入紧急拨款流程中。

James Thurber（1997）表示，BEA 的一个负面效果是，“在发生紧急事件或者国内外局势发生急剧变化时，财政政策的灵活性下降了”。然而，法案为紧急需要网开一面，不设立支出上限，在波斯湾战争的例子中，所有花费都被定性为紧急需求，从而不受国防开销上限的约束。BEA 中允许存在开支上限的例外情况，导致对紧急事件拨款各个层面的观点有相当大的改变。

Wetterau（1998）把开支限额描述为：BEA 通过允许无法预期的经济波动，以及不可预知的整个项目的成本上升，从而设定了可修正的赤字目标。从 1991~1993 财年，BEA 给国防支出、国内事务以及国际性项目分别设置了开支限额。如果开支规模超过了这些限额的任意一个，则基金将自动取消，但是只要这些项目的花费在限额之内，任何开支将不得通过扣除其他项目来弥补。在发生战争或者灾难的时期，总统有权授权在限额之上进行开支，而不用扳动自动扣除的开关。Wetterau 描述的程序用来帮助国会降低预算赤字规模，到 1990 年为止，BEA 不经过一定的修正将无法实现降低赤字的目标。

艾伦·希克注意到，BEA 的实施对补充拨款具有相当大的影响。他观察到，在过去的 10 多年来，补充拨款的种类和规模有所下降，主要得益于《格兰姆—鲁德曼—霍林斯法案》以及 BEA 中相关的法规限制。在国会提议补充拨款时，几乎所有可获得的资金都在 BEA 规定的限额之内，这种情况正好证实了上述观点。

BEA 规定，只有国会和总统为被认定的紧急事件共同实施一项拨款，才允许其突破开支限额。艾伦·希克认为，国会几乎不能突破支出限额来进行花销，除非在危急情况下。在 1990 年以前的补充拨款法案中，一个很普遍的现象是：随同大量的正常拨款，越来越偏向于对补充拨款的依赖，不过得益于 BEA 中严格的预算限制，这种倾向将得到一定程度的制止。

尽管BEA中设定了开支限额，它仍在关于紧急事件定义的解释方面预留了一些空间。在1998年，国会预算办公室（CBO）提出，在预算程序法案中关于“紧急事件”的解释并不明了。在自1991年开始实施的预算法案中，只要经过总统和国会共同认定，任何开支都可以被列为紧急支出（CBO，1998）。换言之，如果总统和国会共同认为紧急事件存在时，就可以获得资金支持。尽管如此，BEA已经对紧急拨款的过程造成了一定的制约。

四、补充拨款：美国式特别预算模式

1. 20世纪80年代以来补充拨款的一般趋势

（1）规模增长明显。在过去的25年中，美国国会和总统已经每年批准1~8部补充拨款法案。这段时期，补充拨款减去任意取消款项后的拨款净值从1988年的低至13亿美元变为2009年的高达1970亿美元。总体趋势反映出补充开支规模自1998年开始急剧增加。据统计，美国补充性开支规模从1980年的460亿美元增至2009年的1740亿美元（已按通胀率调整过的补充拨款净值）。这种增长态势取决于这样的背景：自20世纪90年代末期开始，与补充开支不相适应，没有实施足够的抵扣（通过取消其他项目来抵消补充的支出）。在补充拨款过程中取消的项目支出水平每年并不一样，其中在1981年、1986年和1995年的抵消支出尤其较大。在1995年，批准的抵消项目支出达189亿美元，而补充开支有64亿美元。然而，从2000年以后，只取消了很少的开支被用来抵消补充开支，但2006年是一个例外。在2006年，批准取消的支出总计达348亿美元，但是除去取消的支出后，补充拨款净值仍接近940亿美元。[①]

（2）使用方向发生变化。过去25年里，另一个有意思的趋势是补充性开支的使用目的发生了巨大的变化。在20世纪80年代，几乎一半的补充拨款用于强制性权利项目，如失业补偿金，其余的开支则用于自由决定的项目，主要是对民生开支的增加。随着20世纪80年代“滞胀”经济局

① CBO，Data on Supplemental Budget Authority for the 2000s，Washington，DC：Government Printing Office，2010，http：//www.cbo.gov/ftpdocs/66xx/doc6630/SuppApprops.pdf，pp.1-5.

面的结束，以及为保障全部的人力开支增长而成立专门的机构，补充性拨款的主要目的很快转向了为自然灾害减缓项目提供资金。[①] 1990 年后，接近 100%的补充拨款用于自由决定性支出。通过观测已成为新的自由决定性开支一部分的补充开支，可以看出补充开支增长的真实数据。1998 年后，通过补充拨款来达成的自由选择性开支比重激增。在 2009 年，几乎达到 13%的新自由决定的开支是通过补充拨款程序实现的，相比 1990 年 0.9%的比例，增长明显。

2. 补充拨款与紧急事件拨款的关系

美国补充拨款是特别预算制度的典型表现形式。很多人混淆紧急事件资助资金和补充拨款，其实它们不是一回事。补充拨款是指在一个财政年度的一定时期为某个机构的项目或活动提供额外的资金支持，这些事项由于太紧急而无法拖延至第二个预算年度。在这个单独的补充拨款法案中，有些基金项目被分配给紧急事件，其余的则不是。虽然有些时候在常规的拨款过程中已经包括了紧急事件救助资金，但根据政府受托责任署（GAO）发布的研究报告，大部分紧急事件救助资金不在常规预算中拨付（见图 4-1）。

在 2009 年，通过补充拨款程序提供的资金总额为 1967 亿美元。其中共有 1920 亿美元作为紧急事件拨款，其余的约 50 亿美元尽管通过补充拨款程序进行开销，但实际上并没有用于紧急事件。类似的情况也发生在 2006 年，如图 4-1 所示，联邦支出中共有 1650 亿美元用于紧急事件，这意味着 700 亿美元的紧急事件支出是通过常规预算程序实现的。

3. 控制紧急补充拨款的思路分析

从 20 世纪开始，美国在联邦一级不断致力于平衡预算，因而在预算执行环节对补充拨款的控制非常重视。美国控制补充拨款对联邦财政赤字的影响的努力，主要在两个方面取得成功：一方面，很多补充拨款由尽可能缩减其他方面的开支来补偿；另一方面，政府提前为不可预料的突发事件开支制定预算，来缩小补充拨款的规模。

（1）编制应急预算。缩减其他方面开支的措施势必会影响到政府其他方面公共服务的有效提供。同时，缩减计划中本身可能包含一些能降低突

① Congressinal Budget Office, *Supplemental Appropriations in the 1990s*, Washington, DC: CBO, March, 2001, p.10.

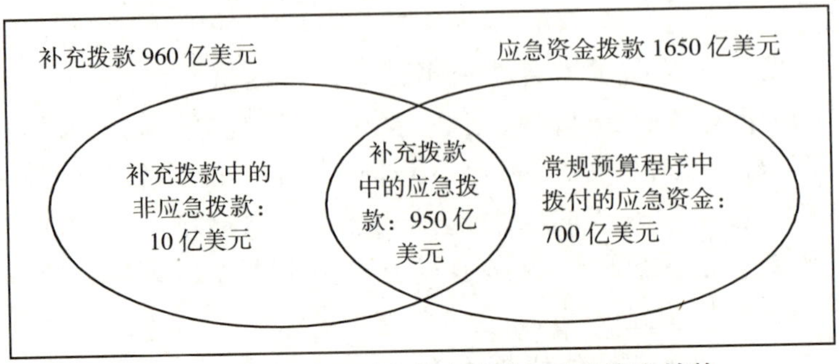

图 4-1 美国 2006 财年补充拨款与应急资金拨款

资料来源：国会预算办公室（CBO），2007；GAO，2008。数字已被取整。

发事件发生概率的预防性支出，这些用于缓冲未来紧急需要的储备资金提前就被政府用于补充拨款，从而开创了一种向未来透支的后果。因此，在飓风、战争和地震等引发的突发事件不断增多的情况下，要想让补充拨款有所减少显得越来越困难。在目前的情况下，联邦政府一个可能的举措就是提前预测为突发事件支付的规模并制定预算，而不是放任在紧急情况下加大补偿拨款的规模，从而加大赤字的规模。近年来，美国联邦政府将曾由补充拨款支付的几个重大项目，逐年转为由常规性预算资金支付，其中包括农业方面的粮食歉收以及洪水、飓风和地震后的恢复项目。

（2）预留应急基金。为了事先规划可能的紧急支出需求，以降低提出补充预算的次数，美国联邦政府正在考虑设置紧急支出基金的合宜性，以便将所有的紧急支出拨款都合并在单一基金账户内。此项提议的支持者认为，设置基金不仅可以提升突发事件响应的速度与效率，也能增加紧急支出预算执行的透明性。就基金的数额大小而言，在维持足够的紧急经费和避免过多的闲置资金二者之间必须取得适当的平衡。美国某些州政府的做法是将基金的数额维持在年度岁入的某一固定比例，如密苏里州“预算平衡基金”（Budget Stabilization Fund）的规模就是维持在前一年度岁入的2.5%~5%。也有的政府以历年紧急支出的平均值作为基金规模的基准，如美国联邦参众两院所提出的 1999 年《全面预算过程改革法》草案，即拟规定联邦政府应设置紧急支出基金，而基金内的数额应等于过去五年实际紧急支出的年度平均值。然而，由于紧急事件的不可预测性与不规律性，无论是采取固定的岁入比例还是历年紧急支出的平均值，都有其局限性，不能完全确保其储备金额的充裕性。

第二节　日本救灾的预算制度

由于所处的地理位置及其地形、地质、气象等自然条件的特殊性，日本是一个地震、台风、暴雨、火山等自然灾害频发的国家。为了减轻各种自然灾害对经济和社会发展的影响，"二战"结束后，特别是以1959年伊势湾台风灾害为契机，日本于1961年11月开始实施《灾害对策基本法》。在此之后，日本逐渐形成了一套集灾害预防、灾害紧急应对、灾后重建于一体的比较完善的综合性防灾减灾对策体制。[①]

一、应急资金准备与管理

1. 资金来源

日本各级政府均设有灾害管理的准备资金。灾后重建的资金来源主要包括三个方面：①地方政府层面建有复兴基金，基金来源于正常年度地方政府的财政盈余、平常投资或贷款的收益、个人和居民的捐款等；②发行特别债券[②]；③中央政府向地方提供的长期贷款，这部分贷款仅用于灾后重建。

2. 政府间资金分担与管理

日本实行地方自治，由都道府县、市町村两层地方公共团体担负自治功能。在应急救灾方面，地方政府通过资金支持发挥了最优先的作用，中央政府进行必要的支持和援助，无法替代地方政府的责任。

在灾害管理准备资金的使用上，中央政府的准备金主要用于整个国土安全和灾害预防，地方政府的准备金侧重于灾害发生后的应急响应和灾民救助。当中央需要动用准备金时，需由省厅首长向大藏大臣提交书面申请，然后由大藏大臣调整、编制准备金使用书，交至内阁审批。当然对于

① 参见日本内阁府防灾情报网站《防灾白皮书（2011年版）》附属资料4"战后防灾法制度、体制的进程"。

② 在日本各级政府都可发行专门的灾后重建债券。

已事先经内阁会议授权使用的准备金，使用时不需再送交内阁审议（苏彩足，2000）。

二、日本的防灾支出情况

在一体化的综合性防灾减灾对策体制中，日本政府有两大方面的财税支援措施：一是对重大灾害的财税援助措施；二是以预防为主的防灾支出常态化措施。这两个措施在灾害预防、灾害发生时紧急救助、灾后恢复和重建过程中发挥着重要的作用。表 4–2 列示了日本中央政府预算中的防灾支出额及其占比情况。

表 4–2　日本中央政府预算中防灾支出额及其占比的变化

单位：亿日元，%

年份	防灾科学研究		灾害预防		国土保全		灾后恢复重建等		合计
	预算额	占比	预算额	占比	预算额	占比	预算额	占比	预算额
1965	16.9	0.6	272.5	9.2	1577.7	53.3	1091.6	36.9	2958.7
1975	180.2	1.7	2025.5	18.8	5236.8	48.6	3342.1	31.0	10784.6
1985	257.8	1.2	5367.4	25.2	12113.9	56.9	3536.9	16.6	21276.0
1990	350.8	1.5	5935.4	24.7	15280.7	63.3	2453.5	10.2	24020.5
1995	373.2	1.3	6769.6	22.7	18567.1	62.4	4059.1	13.6	29769.1
2000	607.8	1.9	10676.7	32.6	18770.4	57.3	2727.4	8.3	32782.3
2005	303.3	1.2	7527.4	29.8	14967.2	59.3	2454.6	9.7	25252.5
2006	289.9	1.2	6496.0	27.0	14714.0	61.2	2548.4	10.6	24048.3
2007	96.9	0.4	6849.3	31.4	12287.6	56.4	2558.6	11.7	21792.4
2008	89.2	0.4	6648.9	31.8	11737.8	56.2	2419.6	11.6	20895.5
2009	—	—	—	—	—	—	—	—	—
2010	77.0	0.6	2164.7	17.5	7723.1	62.3	2438.0	19.7	12402.8
2011	80.4	0.7	2086.9	18.2	6748.5	58.9	2547.0	22.2	11462.8

资料来源：刘馨颖：《日本应对“东日本大震灾”财税政策探析》，国税总局税收科学研究所第 46 期研究报告，2011 年，第 3 页。

从表 4-2 中可以看出，进入 20 世纪 60 年代以来，日本政府公共事业经费中以预防为主的防灾财政支出已经常态化，所占比重已达 20%以上。如 2010 年和 2011 年的防灾预算额分别为 12402.8 亿日元、11462.8 亿日元，分别占中央财政公共事业经费的 21%、23%。并且，各项防灾支出还具有如下特点：

1. 防灾科学研究预算具有连续性，其占比虽小，但作用很大

在灾害预防中除了制定各种防灾政策，从事筑堤防洪、植树造林防沙等防灾事业外，进行与防灾有关的科学研究很有必要。由于这项研究属于基础性科学研究，所以政府必须持续不断地投入资金才能保证研究取得成果，并使其成果得以应用，从而达到防灾减灾、把灾害造成的损失降到最小的目的。为此，1960 年以后，日本中央财政每年安排防灾科研预算，其经费占比都在 1%左右。这项经费主要用于政府与大学、研究机构携手进行灾害发生机理及灾害预防的基础性科学研究，建立一套完整的各种灾害的基础资料和数据库，开展灾害预报、情报传输和管理的技术研究等。

2. 以预防为主的资金投入成为防灾预算的核心内容，并呈现常态化

以预防为主的资金投入由灾害预防和国土保全两部分组成。灾害预防预算主要投入在防灾基础设施建设、水土与山林保护、防灾教育与培训等方面，由中央各部委相关部门执行；国土保全预算主要由中央政府的国土交通省、农林水产省和经济产业省三部委执行，其投资重点用于治山治水设施与设备，公共设施抗震、抗洪等对策，农业、林业和水产业的基础设施建设等。总之，以预防为主的防灾预算是日本防灾对策中最基础的组成部分，其所占比重从 1965 年的 62.5%上升到 2011 年的 77.1%，对自然灾害频发的日本防灾减灾发挥了有效作用。

3. 灾后恢复重建投资具有规划性、连续性，重点放在受灾地区的民生事业、社会基础设施建设与实体经济发展上

日本政府极为重视灾后重建和复兴建设，不仅制定了许多相关法律法规来确保灾后重建的顺利进行，而且在各地方政府制定的地区防灾规划中，对预测可能发生的灾害制定了相应的灾后重建和复兴规划。当灾害发生后，相应的政府部门就会立即启动事先制定好的灾后重建和复兴规划，按照相应的程序开始实施。现有的灾后重建和复兴规划的主要内容包括：由中央政府负责投资修复或重建的受损的公共土木设施、文教设施、农林水产业设施等；中央和地方政府通过减免税、补贴等给予受灾的农林水产

业者、中小企业经营者、民众以灾害补偿或补贴等。

三、日本的补正预算及特别预算

在应急管理过程中，日本通常采用的一类预算模式是补正预算，2011年东日本大震灾发生后，日本决定自2012年起编制特别预算。[①] 2011年"3·11"9级强烈地震（日本定名为"东日本大震灾"）及其引发的海啸、福岛核泄漏等次生灾害，致使日本处于"二战"以来最为困难的时期。根据日本内阁府防灾担当部门的推测，地震和海啸等所造成的建筑物（住宅、店铺、厂房等）、生活设施（上下水道、煤气、电气、通信等）、社会基础设施（河川、道路、港湾、机场等）等的损失约为16.9万亿日元，是1995年阪神·淡路大地震损失（约9.6万亿日元）的近两倍。[②] 灾难的叠加效应也使金融危机后的日本复苏步伐受到影响。

1. 延续补正预算制度

为了紧急应对这场突如其来的地震灾害，经日本国会批准，政府提出4个补充预算案，总补充金额约21.6万亿日元（见表4-3）[③]，在财政上全力支援东日本地区灾后救助和重建工作。

从2011年4个补充预算案的主要内容可以看到，日本政府依照《东日本大震灾复兴基本法》（以下简称《复兴基本法》）、《应对东日本大震灾特别财政援助法》的要求，依法推进有规划、有重点的灾后重建事业。在2011年5月2日第1个补充预算案中，政府财政援助的重点放在了灾后救助、废弃物处理以及灾区公共服务及设施的恢复重建上；在7月25日第2个补充预算案中，政府财政支出的重点放在了灾后居民生活、设施的恢复重建以及核泄漏损失赔偿上；在11月21日第3个补充预算案中，政府财政支持的重点开始转向灾后居民的生活和养老、企业的生产、公共事业的建设等灾区全面恢复重建事业；在12月20日第4个补充预算案中，政府财政支持的重点转向了灾后更为具体的民生事业和实体经济部门的发展。

---

① 引自国税总局税收科学研究所研究报告2011年12月12日第46期《日本应对"东日本大震灾"财税政策探析》。

② 参见日本内阁府防灾情报网站公布的《东日本大震灾受灾额的推算》，2011年6月24日。

③ 即补正预算，关于补正预算参考本书第六章相关内容。

表 4-3 2011 年日本大震灾中的 4 个补充预算案

单位：亿日元

出台时间	主要内容		总金额
第 1 个补充案：2011 年 5 月 2 日国会通过	主要支出项目：		49107
	①灾后救助、废弃物处理等费用	8348	
	②灾后公共服务及设施的恢复重建经费	12019	
	③地方交付金（交付税）	1200	
	主要收入项目：		
	①削减既定经费等	37107	
	②公债收入	12000	
第 2 个补充案：2011 年 7 月 25 日国会通过	主要支出项目：		19988
	①核泄漏损失赔偿等经费	2754	
	②受灾民众援助及灾后重建预备经费	11774	
	③地方交付金（交付税）	5455	
	主要收入项目：		
	前年度剩余金	19988	
第 3 个补充案：2011 年 11 月 21 日国会通过	主要支出项目：		121025
	①灾后救助、废弃物处理等费用	4801	
	②公共事业费追加	14734	
	③地方交付金（交付税）	16635	
	④赈灾相关费用及灾后复兴交付金	40243	
	⑤养老金财源的补充	24897	
	主要收入项目：		
	①复兴公债收入	115500	
	②税外收入	1534	
第 4 个补充案：2011 年 12 月 20 日内阁通过	主要支出项目：		25345
	①灾害对策费用	67	
	②生活保护费等	1339	
	③老年医疗、育儿、福利费等	4939	
	④地方交付金（交付税）	3608	
	⑤中小企业资金支援	7413	
	⑥促进环保车普及对策费	3000	
	⑦农林渔业与食品业的重建必要经费	1574	
	⑧其他（灾后情报收集、泰国洪灾对策费等）	1530	
	主要收入项目：		
	①税收收入	11030	
	②既定经费中的未用国债费	12923	

资料来源：刘馨颖：《日本应对“东日本大震灾”财税政策探析》，国税总局税收科学研究所第 46 期研究报告，2011 年，第 5 页。

2. 开始编设特别预算

在2012财年开始之前，依照《财政法》，日本政府已经分别于2011年12月10日、12月24日通过了2012财年的政府预算法案，并提交国会审议、批准。日本根据《复兴基本法》和《为东日本大震灾后的复兴而实施的确保必要财源特别措施法》（以下简称《财源特别法》），为有效管理规模巨大、运用时间长久的“东日本大震灾”灾后重建财源，自2012财年起，日本政府开始同时编制政府一般预算和东日本大震灾复兴特别预算（见表4-4）。

表4-4 日本2012财年预算案概要

单位：亿日元

政府一般预算		东日本大震灾复兴特别预算	
收入项目	金额	收入项目	金额
税收收入	423460	复兴特别税	5305
其他收入	37439	其中：复兴特别法人税	4810
公债金	442440	复兴特别所得税	495
其中：建设公债	59090	一般预算转入收入	5507
赤字公债	383350	税外收入	118
		复兴债	26823
合计	903339	合计	37753
支出项目	金额	支出项目	金额
国债费	219442	东日本大震灾复兴经费	32500
公共财政支出经费	683896	其中：灾害救助等经费	762
其中：社会保障费	263901	灾后废弃物处理费	3442
文教及科学振兴费	54057	公共事业等追加费	5091
地方交付金（交付税）	165940	中小企业等融资费	1210
公共事业费	45734	地方交付金（交付税）	5490
国防费	47138	核泄漏灾害处理费	4811
中小企业对策费	1802	防灾对策费	4827
节能环保对策费	8202	其他（就业支援、住房融资、水产养殖业支援等）	6867
粮食稳定供给经费	11041		

续表

政府一般预算		东日本大震灾复兴特别预算	
支出项目	金额	支出项目	金额
经济危机等预备费	9100	国债整理基金转入收入	1253
复兴特别预算转入费	5507	东日本大震灾复兴预备费	4000
合计	903339	合计	37753

资料来源：刘馨颖：《日本应对“东日本大震灾”财税政策探析》，国税总局税收科学研究所第46期研究报告，2011年，第8页。

从2012财年预算案的主要内容可以看到：一是通过经常预算与特别预算的有机结合，政府正在有规划、有重点地将东日本大震灾复兴事业与让日本重生的国家基本战略作为一体化的事业加以推进。二是政府财政比较僵化，财政风险增大。两个预算收入项目中的公债（复兴债）收入均大于税收收入。特别是，政府一般预算中的税收收入已经连续四年小于公债收入，据统计分析，2012年公债依存度、国债偿还经费占政府一般预算支出总额的比重分别高达49%、24.3%。三是一般预算和特别预算的投资重点均放在了促进实体经济部门发展和节能环保领域。2012财年，与这两项预算支出密切相关的公共财政支出经费占比和东日本大震灾复兴经费占比分别为75.7%和86.1%，这有助于增强日本支柱产业和节能环保业的国际竞争力。四是增税与增发复兴国债作为灾后重建与复兴事业的必要财源已经法制化。从日本2011年补正预算和2012年特别预算设置来看，支援灾区的政府补充预算和特别预算公开、透明，将援灾特别预算与一般预算分开执行并有机结合，有利于预算的有效管理；不论援灾特别预算还是一般预算，政府始终把预算支出放在民生事业、促进国家具有优势的产业和中小企业的发展上，既有利于恢复重建又有利于拉动经济增长。

3. 利弊评析

对于日本而言，补正预算已成为其应急管理过程中最为常用的预算管理制度之一，国际上多数国家也普遍借用这一预算模式，其在操作上对于各国政府比较便利。特别预算制度是日本2012年才启用的新预算模式，对日本应急预算制度的完善意义非凡。

本书认为日本增设特别预算的优点在于，其是应急预算深入改革的重要内容。有迹象表明日本开始尝试实施分立式应急预算，有利于整合分立式、嵌入式两种应急预算模式的优势。从补充预算制度过渡到特别预算制度，通过设立新的特别预算有效缓解了补充预算制度固有的缺陷，这是应急管理在预算过程改进中的巨大飞跃，在全世界应急管理改革和公共预算创新方面树立了实践典范。通过与一般预算同步编制特别预算将针对突发事件管理的预算工作往前移，一方面提高了预算程序的严密性，有利于应急管理资金的全流程管理；另一方面为突发事件灾后恢复、重建预留了一定规模的资金，并防止被挪用。

对于推动应急预算管理而言，增设特别预算可能存在的不足有以下几点：

（1）日本在增设东日本大震灾复兴特别预算后，虽说在应急预算上有所突破，但实际上并没有形成较为明确的、统一的应急预算体系。例如，在政府一般预算和复兴特别预算中分别包括了应急管理资金，尤其是在一般预算中囊括了规模较大的其他灾害预备资金，这使该国发挥应急管理功能的预算资金比较分散。从而在应急预算制度的设计过程中，没有形成规范的“分立式”或者“嵌入式”应急预算。[①] 由于分散在不同的预算账户中，它们之间管理的流程及要求自然有所区别。这样不利于应急管理资金的有效调配和高效使用，也不利于控制用于应急管理的预算总规模。

（2）仅仅针对某次突发事件（如地震）进行提前预算，而不是针对全部突发事件做出预算筹划，使该国其他任意可能发生或已经发生的各类突发事件的管理依旧依托于补正预算模式。

（3）该特别预算仅把灾后恢复重建作为工作要点，而对日本最常发生的地震灾害缺乏全流程应急管理，即在减缓、准备、响应所需预算资金方面欠缺考虑。这样做的后果在于，作为专门针对地震灾害的东日本大震灾特别预算，仍然无法对可能再次发生的高震级地震灾害实施必要的全流程应急管理活动，如没有对该等级地震灾害再次发生的可能性和时间进行必要的估计与筹划。

① 关于“分立式”和“嵌入式”请参见本书第八章相关内容。

第三节　澳大利亚救灾中的公共预算

一、澳大利亚的灾害预算准备和预估

澳大利亚法律规定，州或领地政府除了需要严格地界定救灾项目外，还需公开承认接受联邦政府的救助，并制定和实施自然灾害战略，在灾后三年内提交灾害评估报告，每年 1 月 31 日前提交详尽的开支预算。表 4-5 是澳大利亚联邦紧急救援署（EMA）对 2008~2013 年林火减灾计划的资金预测。

表 4-5　EMA 对 2008~2013 年林火减灾计划的资金预测

单位：千美元

财年	2008~2009	2009~2010	2010~2011	2011~2012	2012~2013
NDRRA	328445	80040	80040	80040	89540

注：NDRRA 指“自然灾害救济和恢复安排”。

资料来源：Attorney-General's Department Portfolio Budget Statements.

二、各级政府在应急管理过程中的预算分担

在灾害管理方面，澳大利亚各级政府对各阶段任务有所偏依①，州和领地政府主要承担应急救灾的职责，联邦政府主要侧重于灾后的重建恢复，而事前的减灾责任则由双方共同承担。具体而言，在灾害的准备和预防阶段，联邦政府通过 EMA 以项目制推进全国的防灾减灾工作。现在正在执行的项目包括：“林火减灾计划”（BMP）、“自然灾害减灾计划”（NDMP）、“自然灾害复原计划”（NDRP）等。总的特点是“资金引领”，即联邦政府先行确定全国范围内的防灾减灾项目，然后通过部分或全部出

① 国际上普遍认同的应急管理四个阶段为减缓、准备、响应、恢复，简称“4R”。

资的办法，委托州和领地政府具体实施。以 2004 年开始实施的“林火减灾计划”为例，联邦政府设立了七年期、平均每年 500 万澳元的推进计划，联邦政府承担 1/3 的资金，所涉及的州和领地政府承担其余的2/3，不过对于偏远、贫困地区，联邦政府给予了一定的资金倾斜，必要时承担全部费用。

在具体使用上，立项时联邦政府拨付 50%的资金，其余的 50%依进度逐渐拨付；州政府获得资金后，一方面负责寻找合适的机构从事工程建设，另一方面匹配资金，此外还要每季度向联邦政府提交项目执行情况、预期进展和下季度的支出预算，以获得联邦政府的后续拨款。在灾后救济与恢复重建阶段，总的来看，是由联邦政府和州、领地政府共同提供资金，管理责任与资金责任首先落实在州和领地一级，只有在其资源不足时，联邦政府才依据“自然灾害救济和恢复安排”（NDRRA），经由澳大利亚联邦紧急救援署（EMA），按标准提供资金。

为便于联邦政府和州或领地政府之间清楚计算出各自的资金责任，澳大利亚设定了两条预算控制线：第一预算控制线为州财政收入的 0.225%，第二预算控制线是第一预算控制线的 1.75 倍。如果在一个预算年度内，州或领地用于救灾与重建的支出没有超过第一预算控制线，联邦政府将承担以上支出的 50%。如果超过第一预算控制线但在第二控制线之内，联邦政府承担超过第一预算控制线的 75%。

NDRRA 详细规定了 A、B、C、D 四类联邦政府的财政救灾项目，分别用于个人、企业、初级生产者、非营利组织和社区等，以赠款或贷款等方式，减轻其由自然灾害造成的直接困难、修复设施、恢复生产生活等。同美国一样，澳大利亚对于灾民个人和家庭的现金补助都十分谨慎，主要提供的是紧急粮食、衣物、房屋修缮等实体性救助和大量的“非现金性”援助服务，对企业的救助则主要以低息贷款或利息补贴为主。

第四节　中国台湾地区适于应急的预算制度

一、应急管理融资来源

中国台湾地区建立的应对灾害的资金准备机制共分四层次：①灾害准备金（不低于当年总预算支出的1%）；②第二预备金，法律规定如有重大灾害发生，可将总预算中与治水、防灾、修建有关的计划经费移缓济急，和调整预算相近；③特别预算，即如果还有资金缺口，可通过发行债务的方式来筹资；④各县、市等“地方政府”建立的灾害资金准备。

二、政府间应急资金分担与管理

从应急管理出资主体上看，台湾地区既有所谓的“中央政府”，也有所谓的“地方政府”，两者之间资金责任事先已有明确规定。同时，由台湾地区所谓“内政部”主管、2001年成立的“财团法人赈灾基金会”通过受理“政府”间捐款积累了庞大的资金，发挥了政策性金融的作用，对应急管理具有积极意义。

我国台湾地区实行的是“地方自治”体制，若有灾害发生，“地方政府”优先应对。首先动用本级灾害预备金，或通过移缓济急、调整本级预算来应对一切救灾需要。若应急所需资金超出按法律应计提的准备金，则应报请“中央政府”协助。“中央政府”在接到地方请求后，可拨付两类资金：一是用于灾害救助及紧急抢救的经费；二是复建经费。其中，紧急抢险的经费尽管可以预拨，但最后结算时要以“中央政府”最后核定的复建经费为基数进行计算和清算。

值得关注的是，台湾地区“中央政府”建立了将“地方政府”申请灾害财政援助金额与其申报真实程度紧密相连的“捆绑式”激励相容机制，利用一定的奖罚措施促使“地方政府”据实申报，有助于抑制“地方政府”夸大灾情、骗取“中央政府”资助的风险。

三、特别预算制度的实施特点

一般来讲，特别预算是针对紧急事件或者突发事件的发生而准备的，其编制程序较松散并且容易获得通过。我国台湾地区的特别预算制度在特殊的历史环境下形成，并历经多次改革（韦端，1991），先后被称为“非常经费预算”、“非常预算”，1998年改称为“特别预算”。特别预算制度与常规预算（台湾地区称为“总预算”）有所不同，主要体现在设置目的、编制和审批程序上。

表4-6描述了2003年应对“非典”（SARS）公共卫生事件时，各国及地区实施的不同的应急预算制度安排。我国和加拿大采取临时拨款的方式，新加坡及我国香港地区采取追加拨款（即补正预算）的形式，我国台湾地区主要通过特别预算安排应急资金。

表4-6　各国和地区2003年“非典”（SARS）期间特别预算安排情况

国家或地区	感染人数（人）	死亡人数（人）	应急预算资金安排			每人预算数（万美元/人）
			应急预算制度选择	本币	折合美元（万美元）	
中国	5327	349	预算内临时拨款	约100亿元	120919	22.69
加拿大	251	43	预算内临时拨款	100万加元	85	0.34
新加坡	238	33	补正预算	2.3亿新加坡元（另设基金100万新加坡元）	13946	58.47
中国香港	1755	299	补正预算	118亿港元（另设基金1.5亿港元）	153797	87.63
中国台湾	346	37	特别预算	500亿元（新台币）	155328	448.92

注：①汇率计算按2004年12月平均汇率。②最后一栏“每人预算数”的统计以感染人数为基础。

资料来源：世界卫生组织（WHO）截至2003年末的数据，并参见侯明菁：《台湾政府特别预算研究》，硕士学位论文，暨南大学，2006年，第36页。

研究表明，相对而言，我国台湾地区“非典”防治的应急预算资金规模最大，达到155328万美元，人均应急预算448.92万美元。目前，种种迹象表明，台湾地区实施特别预算日渐频繁，并且倾向于对非紧急事件（如基础设施建设）通过特别预算安排资金，导致特别预算与总预算混杂在一起使用。[①]

第五节 “9·11”袭击事件补充拨款简述

尽管目前学术层面尚未构建起应急预算理论，但不可置疑，目前国内外已有应急预算管理的实践例子。换言之，无论是出于有意还是无意，在实践中，应急管理与公共预算两者已经开始联结在一起。笔者认为，2001年“9·11”美国恐怖袭击事件是应急预算管理早期的典型实践。

2001年9月11日，恐怖分子劫持了四架商用飞机，迫使其中两架飞机撞向了位于纽约市的世贸大楼，完全摧毁了大楼结构。第三架飞机袭击了位于弗吉尼亚州阿灵顿的国防部，第四架在西部宾夕法尼亚州的偏远地带坠毁。几乎就在两个小时内，超过3000人丧生，飞机残骸遍布曼哈顿金融街，全国面临着恢复重建和不确定性，达数月之久。

本次紧急补充拨款过程主要呈现三个方面的特点[②]：第一，国会和总统面临危机反应迅捷，2001年9月14日早晨，在美国国会众议院代表会议上，国会代表C.W.Bill Young（来自佛罗里达州）提出了2001年应对美国恐怖袭击和恢复重建的紧急拨款法案（H.R.2888）。在当天下午的早些时候，该法案在众议院以422对0的表决结果得以通过，紧接着就在参议院通过。这个提案在当天很快转至白宫并在当天晚上之前呈递给总统。在9月18日，总统签署了该提案，使之成为正式的公共法规107-38。可见，该紧急拨款立法超短的立法和批准周期是其重要特征之一。

第二，国会在联邦政府提出请求之前主动提供资金支持，这一事实并不寻常。在大多数其他的拨款过程中，联邦机构最先向国会提出资金申请，然后由国会为紧急开支提供授权，这样才能获得紧急资助。在“9·11”的例子中，国会迅速确认了紧急拨款的需求，并授权拨付400亿美元给联邦政府。在这个非同寻常的背景下，国会授予预算管理办公室（OMB）相应职责，要求对联邦机构的资金需求实施审查并为执行相关任务提供拨款支

① 侯明菁：《台湾政府特别预算研究》，硕士学位论文，暨南大学，2006年，第36页。

② George L. Ward, “Emergency Appropriations and the Fiscal Response to September 11”, *Policy Perspectives*, 2009, pp. 2-9.

持。在国会方面，确实也保留了对拨款过程的审视权，如规定“预算管理办公室主任先向参议院和众议院提交关于为任意联邦政府机构或部门分配资金及使用拨款的计划，只有在 15 天后才可以把总拨款的 100 亿美元拨至相应机构或部门”（公共法规 107-83）。

尽管保有这样的审视权，但国会还是赋予了联邦机构宽泛的使用权限。国会规定紧急拨付的基金可以用于下述任意的活动：①联邦政府、州及地方政府预防可能存在的恐怖袭击并做出响应；②为反驳、调查或起诉国内或国际恐怖主义分子提供支持；③提升交通安全；④修复由于袭击事件毁坏的公共设施以及运输系统；⑤保障国家安全（公共法规 107-83）。

第三，还有一点非同寻常之处是总统获得了相当大的拨款授权。甚至在总统正式提出资金申请之前，国会就提供了相应的紧急事件基金授权，相当于给总统出具了一张完全根据需要自填数字的空白支票。

毫无疑问，“9·11”恐怖袭击事件发生之后，国会授权和由总统批准了 400 亿美元的联邦机构资助，联邦机构在当年 10 月中旬提交了超过 1200 亿美元的资金申请——3 倍于国会授权的拨付规模（Caruso 和 Rovner，2001）。在授权通过紧急事件补充拨款的同时，还提出这样大规模的资金需求，其中可能有几大因素：①袭击事件之后还弥漫着焦虑和惊恐的社会氛围；②国会提供的紧急事件类别的定义过于宽泛，直接为提出更大规模的资金申请打开了一扇门，而如果在更严密的紧急事件界定规则下，联邦机构不至于提出过分的资金需求；③联邦机构可能认为一旦本次灾难事件的整个负面影响显现出来，国会必定会同意提供更大规模的资金支持；④当时处于空前的灾难形势，拨款申请一般来说会经受更少的阻碍因素。另外，一部分联邦机构可能简单地把这次紧急拨款申请当成一个设立更多基金的机会，这些基金或者打算在 2002 年提出申报，或者已经申请拨款但失败了。

在发生紧急事件的形势之下，为满足相关机构的紧急资金需求，拨付资金过程中大量的传统预算规则都被暂时搁置在一旁了。结果，在机构内部，以及预算管理办公室（OMB）和机构预算官员之间常常存在的有用的信息反馈机制得到极大削弱。在某个部门，限定内部统计局仅仅在一天之内就确定本部门的资金需求，并提出基金设立申请。

9 月 18 日通过的拨款法案授权预算管理办公室（OMB）开始向联邦机构拨出相关基金。时至月末，OMB 只向两个联邦机构——国防部和财政部——拨付出第一笔51亿美元的资金，这两个部门由于袭击事件直接遭受惨重损失，国防部的总部大楼受到一定程度的损毁，而财政部多达1000人雇员的办公室位于世贸中心大厦（Budget 和 Program Newsletter，2001）。前期拨出的基金大部分用在了灾难减缓和恢复活动，以及那些与安全保障相关的活动上。国防部以及联邦应急管理局得到的拨款资金规模最大，表4-7展示了前期紧急拨款资金的分配情况。

“9·11”恐怖袭击事件后对基金的资金分配，和自联邦执行法案（BEA）实施以来明显的紧急事件开支呈现一样的趋势。1991~1999年向联邦政府的紧急拨款（以预算授权为准）总额超过1500亿美元。这段时期，国防部、联邦应急管理局（FEMA）以及农业部得到了紧急基金的大头。1991~1999年期间，由国防部和联邦应急管理局实际使用的应急基金分别为702亿美元、223亿美元（CBO，1998）。和“9·11”恐怖袭击事件的初始资金分配一样，在20世纪90年代，国防部得到了紧急拨款总额的近50%。在400亿美元拨付到位后，越来越清晰地发现国防部是该部法律的

表4-7 2001年针对“9·11”恐怖袭击事件的紧急拨款前期分配情况

部门/机构	资金规模（百万美元）	资助领域/活动
国防部	2500	增强情报机构和军事行动相关准备工作，以及修复国防部大楼
联邦应急管理局（FEMA）	2000	应急救助和灾害减缓项目
交通部	141	保障航空安全和法律执行
健康与人类保障部	120	医疗卫生需求
小商业委员会	100	灾难信贷
州立委员会	49	为逮捕恐怖分子设立奖励，应急准备
财政部	48	为来自世贸中心的雇员重新寻找办公地点，设立监控恐怖分子的基金
司法部	41	联邦调查局（FBI）及美国执法官服务、调研和安全保障
劳动服务部	20	促进就业，在灾害情况下的健康和安全监控
大众服务局	9	提升联邦建筑物的安全性能
能源部	5	提升国立实验室的安全性能

资料来源：George L.Ward，“Emergency Appropriations and the Fiscal Response to September 11”，*Policy Perspectives*，2009，pp.2-9.

主要受益者。

国会和总统就这400亿美元相互平分权力（分别负责授权200亿美元）。相应开支应符合法案的特别条款，“高于200亿美元，只能用在与发生在纽约、维吉尼亚州和宾夕法尼亚州的恐怖活动相关的灾难恢复活动和补贴救助上”（公共法规107-38）。尽管通过这个预算条款，相应的基金能够得到比较顺利的拨付，但预算管理办公室（OMB）仍旧对资金的到位率提出质疑和批评，尤其是指定拨给纽约市的钱到位率较低（本来已承诺给付200亿美元，但是到年终才只得到了大约100亿美元）（Caruso，2001）。

截至2001年12月，OMB已经拨出了近200亿美元的紧急资金。余下的200亿美元被附加到国防部2002年拨款法案中，称为“2002年9月30日截止的财年国防部以及其他目的拨付法案”。其他目的包括大量的由多数联邦机构承担的与“9·11”袭击事件相关的任务和项目。国土安全倡议机构得到了83亿美元的最终拨款，同样规模的资金用于受影响地域的恢复行动。

紧急拨款的最终图景显示，国防开支占有极大权重。在最后，国防部独自得到了最初400亿美元紧急事件基金的大头（达172亿美元）。纽约市所有受袭击事件影响的区域得到了111亿美元，国土安全倡议机构也同时得到99亿美元。

第六节　国际实践评析和启示

一、实践评析

通过对上述国家及地区在应急管理过程中预算改革的综合分析可知，在应急管理过程中，各个国家及地区采取了适当的预算管理制度，并就应急管理事项形成了一些比较固定的预算管理模式，如特别预算制度，从而对传统的预算管理形成了冲击和突破。基于对传统预算管理程序的选择和突破，各国和地区政府在应急管理事务中发挥了积极的作用，对于突发事件能够快速而有效地响应，并且在降低应急管理整体损失成本（包括生命代价）上有所作为。

从严格意义上讲，这些国家和地区的预算制度调整并非全方位的，并且时常突破常规，时常又因循守旧，不具有稳定性的应急预算举措。如补充拨款通常是美国的紧急事件融资途径，而在“9·11”袭击事件响应过程中，国会并未遵循补充拨款的惯用规则。① 换言之，这些国家和地区尚未整体实施真正意义上的应急预算制度，而是正着手于实施应急取向的预算管理制度创新。

另外，即使在预算制度比较发达的美国，在实施应急管理过程中预算管理程序尚且存在诸多不足和遗漏之处。例如，美国在紧急事件处置时惯用的补充拨款法案，依然无法解决应急管理减缓及准备资金配置激励不够的问题。

基于对各国及地区在面临突发事件威胁时实施的公共预算应对措施的比较分析，笔者认为，当前国际上应急管理功能取向的预算改革进展不一，整体推进应急预算制度尚需时日。

二、经验借鉴

1. 预算的应急管理功能导向突出

在应急对象上，虽然这些国家和地区对突发事件的分类与我国不完全一致（如美国既把战争及国际军事行动纳入紧急事件范围，又把一些非紧急事件作为紧急补充拨款的对象），但在整体上，应急管理对应的突发事件覆盖的范围是全面的。换言之，这种应急管理是综合性的，在应急管理实施内容方面，一部分国家和地区对减缓、准备、响应和恢复各个阶段都比较重视，分别安排了一定的应急资金。如澳大利亚通过设置相应的预算管理制度，对应急管理的各个纵向阶段进行了明确而适当的责任分工和资金分担，又如日本在应急资金的安排上也比较均衡。也有一部分国家和地区在预算制度设计上偏重于应急管理某个阶段的活动，如美国通过紧急补充拨款向响应和恢复阶段提供大量的资金支持。

2. 应急资金来源广泛并在多数情况下专设账户

如美国联邦政府的减灾基金（DRF）是为应急活动以及紧接着的恢复

① 从紧急事件响应结果而言却是理想的。

重建项目提供资金的非年度账户。就目前的预算实践来说，通常通过年度常规拨款法案为 DRF 注资，然后在账户被确认为有花完资金的风险存在时，通过补充拨款的形式为该基金提供额外资金。越来越多的实践已表明，各国准备开始或正着手于为突发事件预期的损失成本编制预算。如美国联邦政府早在 1992 年实施沙漠盾牌/沙漠风暴补充拨款计划时就附加要求，每年为应付灾害制定 3.2 亿美元的预算，并另外规定不需要补偿的紧急开支。这 3.2 亿美元预算的确定，是因为它与此前 10 年中每年实际用于此目的的数目相近，所以可以基于以往的支出情况预测和确定未来的预算规模。①

3. 预算管理程序严密而灵活

国际上一些发达国家及地区的预算管理制度已经比较健全，即使没有在完全意义上实施应急预算管理体制，但它们在应对突发事件时基本上能够比较规范而有效地管理预算支持资金。在应急管理过程中，相应国家及地区的相关机构已经开始秉持公共预算管理的思路和要求开展工作，并遵循预算管理程序筹划落实应急管理各阶段任务目标，从而把应急管理活动不同程度地嵌入预算程序。澳大利亚在应急管理规划和政策制定阶段，已经开始对可能发生的突发事件损失成本进行必要的预估。尽管实施的损失支出预估还没有覆盖所有突发事件的应急管理资金需求，而且难以十分准确，但是开展这种资金预测活动本身，对于政府相关机构做出适当的应急支出规划乃至推动应急预算改革意义重大。美国的补充拨款法案显示出预算灵活性的一面，如 2001 年美国恐怖袭击事件发生时，国会通过补充拨款程序非常有效地进行了资金应对。

总之，这些国家和地区均在应急预算管理方面取得了一定进展，并积累了一些应急预算管理的实践经验。然而，当前国际上在应急预算制度的理论研究方面依然比较薄弱，甚至尚未构建起一套比较完善的应急预算体制，这一制度短板已经影响到各国应急预算管理的顺利推进。我国应充分借鉴国际有益经验，取长补短，厘清思路，并结合多年来公共预算改革成果，积极推动应急预算管理和改革。

① [美] 爱伦·鲁宾：《公共预算中的政治：收入与支出，借贷与平衡》，叶娟丽、马骏等译，中国人民大学出版社 2001 年版，第 263 页。

第五章　中国通向应急预算之路：现有制度及改革思路

在包括中国在内的几乎所有国家，公共预算管理制度在应急管理事务中发挥了支撑性力量。尽管尚未实施真正意义上的应急预算制度，但各国都存在或正在增加一系列有助于应急管理的预算制度安排，在一定程度上赋予了公共预算以应急功能。进入 21 世纪，我国即刻进入公共预算改革的快速轨道，先后推动了以部门预算为典型的多项预算管理制度改革。这一阶段的预算改革取得的成绩是有目共睹的，但是我国一直以来没有在预算功能的全面性上取得新的突破。面临突发事件频发的现实考验以及健全预算管理制度的迫切要求，有理由认为，我国亟须在应急预算改革中有所作为。当务之急是，梳理现有预算制度的优势和不足，积极谋划改革思路，为实施应急预算管理奠定理论基础。

第一节　我国近年来推动的预算管理改革

一、公共预算改革的背景

在 OECD 国家，公共预算已成为政府最重要的施政宣言和施政纲领。我国从 20 世纪中期摆脱财政收支占 GDP 比率持续下降的梦魇后，政府预算的规模在经济崛起的背景下急剧扩大。从我国预算的成长性来说，其比当今世界大多数国家高出许多，我国预算规模已然崛起。随着我国预算规模的剧增，各级政府已逐步实现从依赖传统施政工具向依赖公共预算达成目标的重大转变，公共预算也已成为各级政府和政府部门宣示施政重点、承诺投入相应资源完成政策目标的最重要工具。

与此相对应的现实是，改革开放以来，我国的财政管理制度发生了一系列重大改革。从建立社会主义市场经济体制的目标出发，我国在 20 世纪 90 年代初已初步建立起分税制财政体制框架，同时力求从税制上规范政府与企业、居民之间的分配关系。然而，我国 30 多年前启动的内容丰富的财政改革侧重于预算收入管理方面，并没有触动传统的公共预算制度。而且由于预算规模越大，公众对支出的关注也就越多，人们日益强调政府对于其支出和整个财政管理的责任。因此，适时对我国传统预算制度进行改革，已具备充分的必要性和紧迫性。

二、近年来我国预算改革的重点及内容

在当时的大背景下，1999 年 5 月，财政部在天津召开预算编制国际研讨会，邀请来自美国、澳大利亚的预算管理专家介绍其预算编制经验，由此揭开了 2000 年以启动部门预算为标志的一系列当代中国预算改革序幕。表 5-1 列示了我国进入 21 世纪以来的十项主要预算改革措施。

表 5-1　2000 年来我国公共预算十项改革举措

序号	改革重点	简况
1	部门预算改革	2000 年，中央六个部委实施部门预算改革试点，其他部委及地方逐步推广，自此，政府整体和政府部门分别向全国人民代表大会提交各自的预算；部门预算改革有助于提升政府预算的透明度
2	预算分类改革	2005 年 2 月，发布《关于进行政府收支分类改革模拟试点的通知》，2006 年下半年启用新科目编制预算，自此我国政府预算引入与国际标准较为接近的功能分类和经济分类；从改革意义上讲，有助于监管者加强预算支出管理
3	支出标准定员定额制改革	基于支出控制和预算编制缺乏适当依据，特别对人员经费和公用经费设立开支标准；此项改革在一定程度上增强了支出控制
4	扩展预算管理范围	把大量财政资金纳入预算程序管理，中央批准的政府性基金纳入预算管理，从 2007 年起土地出让收支纳入地方政府性基金管理；此项举措从长远来看，有助于提高预算透明性，增强支出控制以及预算的经济调控能力
5	设立中央预算稳定调节基金	2006 年财政部安排 500 亿元建立中央预算稳定调节基金（地方尚未设立），稳定基金单设科目，安排基金时在支出方反映，调入使用基金时在收入方反映，基金的安排使用由预算程序管理和监督；设立基金的意图在于优化预算编制和管理，增强中央预算的平稳性，目前基金规模较小

续表

序号	改革重点	简况
6	增设国有资本预算	2008 年，试行中央本级国有资本经营预算，从 2007 年起，纳入试行范围的中央企业应向政府缴纳国有资本经营收益，各省、自治区、直辖市和计划单列市人民政府自行决定试行时间
7	财政国库收付制度改革	2001 年 3 月颁布《财政国库管理制度改革试点方案》，这是中国公共支出管理改革的一个里程碑式的纲领性文件，要求国库体制转向“以国库单一账户为基础、资金缴拨以国库集中支付为主要形式的集中收付制度”
8	财政信息化工程	即各级政府“金财工程”建设，主要包括财政业务应用系统，以及覆盖全国各级财政管理部门和财政资金使用部门的信息网络系统；根据原定计划，2008 年完成
9	《监督法》的颁布和实施	为加强立法机关对政府工作和预算事务的监督，2006 年通过《中华人民共和国各级人民代表大会常务委员会监督法》，2007 年 1 月 1 日起施行
10	修正《预算法》	《中华人民共和国预算法》于 1994 年第八届全国人民代表大会第二次会议通过，于 2014 年第十二届全国人民代表大会常委会第十次会议修正，自 2015 年 1 月 1 日起实施修正后的新预算法，标志着我国向建立现代财政制度迈出了坚实的一步

资料来源：笔者自制。

三、改革的主要成果和意义

经过近年来一连串小步慢跑式的改革，在打造预算系统的基础结构、建立适当的预算程序与规则以加强基本的合规性控制方面，当前改革取得了积极（但有限）的进展。

得益于部门预算、预算分类、定员定额、财政投资评审机制、扩展预算的覆盖范围和其他方面的预算改革，政府的直属部门每年都向立法机关提交本部门的年度预算，而在 2000 年前只是政府整体需要申报和执行预算；预算分类更加细致也更加合理，这使预算透明度有所提高，对预算资金的追踪监控也变得较为容易；预算准备阶段的时间延长到大约半年（过去只有 2~3 月），为财政部门和立法机关加强预算审批创造了有利条件；预算的全面性和完整性有所提高，处于正常预算程序之外的政府财政资金减少了，透明度与可监控性也随之提高。

尤其是 2007 年开始实施的《监督法》，对人大机关在预算与支出审查中的职责、作用以及履行职责的方式和方法做了较为详细的规定。多年来，立法机关在预算审查和支出控制中的力量已大为加强。[①]党的十八届三中全会公告中提及了改进预算透明度的问题，笔者坚信，相关预算改革严格实施后，必将有利于促进预算总量控制、配置效率、运营效率等多维改善。

东北财经大学吕炜教授（2013）曾表示，我国部门预算、国库集中收付、政府采购等一系列改革的推进，进一步增强了财政部门作为预算核心部门的权威地位，不断扩大了人大对政府预算进行监督和控制的作用，日益扩大了公民参与预算的方式和途径，逐步提高了预算编制和预算管理的规范性、科学性，所有这些成果都对实现公民对政府进行预算控制、提高政府的负责程度起到了积极作用。总之，通过对预算管理多个层面的改革，我国预算管理发生了空前的变化。

第二节　我国应急预算的制度安排

尽管我国应急管理过程中尚未与公共预算管理实现“无缝对接”（即两者充分融合），但正如前文所述，由于公共预算制度与应急管理具备自发的关联性，在我国现有公共预算框架下形成了一些适于应急管理的制度安排。总而言之，为了应对突发事件可能导致的一系列后果，我国已搭建了应急取向的预算架构，目前主要有两大部分：一是正常的年度拨款预算制度。本部分可分为预算准备金制度，以及年度预算草案中安排给各应急相关管理部门的常规部门预算资金。二是预算临时调整（拨款）制度。另外，我国在应急管理过程中，还没有有效借助国际上通行的预算流用制度、补正预算制度、特别预算制度以及预算稳定基金制度。

一、常规预备金制度

1. 预备金制度

根据《中华人民共和国预算法》的规定，各级政府应按年度预算支出

① 王雍君：《中国的预算改革：评述与展望》，《经济社会体制比较》2008 年第 1 期。

的1%~3%设置预备费，用于当年的自然灾害救灾开支及其他难以预见的特殊开支。例如在2012年我国中央本级预算支出为64120亿元，预备费规模应在641.2亿~1923.6亿元。表5-2列示了2004~2012年，中央与地方财政预备费的提取情况。应当说，设置预备费是现行政府预算对可能用于应急管理的资金的会计科目保障。但从现行情况来看，预备费的设置并不统一，管理机制也不完善，只是一项机动财力。[①]

表5-2　2004~2012年中央与地方财政预备费提取情况一览

单位：亿元

年份	中央				地方			
	本级预算支出	预备费	预备费所占比例（%）	预备费法定提取区间	本级预算支出	预备费	预备费所占比例（%）	预备费法定提取区间
2004	7201	100	1.4	72.0~216.0	—	—	—	—
2005	8438.0	100	1.2	84.4~253.1	23817.0	640	2.7	238.2~714.5
2006	9525.0	150	1.6	95.3~285.8	28488.4	640	2.2	284.9~854.7
2007	11062.0	150	1.4	110.6~331.9	35452.9	640	1.8	354.5~1063.6
2008	13205.2	350	2.7	132.1~396.2	47580.8	640	1.3	475.8~1427.4
2009	14976.0	400	2.7	149.8~449.3	61259.0	640	1.0	612.6~1837.8
2010	16049.0	400	2.5	160.5~481.5	73884.4	640	0.9	738.9~2216.5
2011	17050.0	500	3.0	170.5~511.5	83170.0	640	0.8	831.7~2495.1
2012	64120.0	500	0.8	641.2~1923.6	—	—	—	—

资料来源：肖秀灵：《应对突发公共事件的财政支出研究》，《特区经济》2012年第8期；2013年《中国财政统计年鉴》。

近年来，就自然灾害而言，我国在常规资金下安排了救灾资金（或维稳经费）和救灾储备资金。2007~2010年分别安排救灾储备金17141万元、250448万元、38457万元、131864万元。[②]

2. 预备费的优势

预算预备费是最常规的应急手段。在公共危机的初始阶段，预备费是

① 刘胜军：《政府会计在危机管理中的变革》，硕士学位论文，西南财经大学，2007年，第16页。

② 冯俏彬：《应急财政：基于自然灾害的资金保障体系研究》，经济科学出版社2012年版，第86页。

首位的应急手段，只有当危机状态超越了预备费的能力时才动用其他的应急手段。《中华人民共和国预算法》第六十九条规定，在预算执行中，由于发生自然灾害等突发事件，必须及时增加预算支出的，应当先动支预备费；预备费不足支出的，各级政府可以先安排支出，根据情况列入预算调整方案。因而在某种意义上说，预备费制度的强弱决定了是否需要启用其他应急手段，以及其他应急手段启用的时间。

近年来，预备费在应对突发事件的过程中发挥着举足轻重的作用。我国每年因突发事件而损失严重，早在 2003 年自然灾害、事故灾难和社会安全事件造成的直接经济损失就达 6500 亿元，相当于当年 GDP 的 6%。[①]实践表明，预备费正是各级政府有效处置突发事件最基本的财力保障。

3. 预备费的不足

普遍认为，预备费设置比例偏低，并且缺乏单独的管理。从预留规模来说，预备费通常是按照突发性支出发生概率较小的预估来设置的，至少说明三个问题：[②]

（1）缺乏风险意识，对突发事件的风险及其对财政可能带来的影响重视不够。在实践操作过程中，我国各级财政都按照一个比较低的比例来提取预备费。例如，1998~2007 年中央本级预备费占本级预算支出的比例最高仅为 1.89%，最低为 1.05%。[③]显然，如此之低的预备费难以满足日益增加的自然灾害救灾开支及其他难以预见的特殊开支。在我国，不仅预备费提取比例偏低，而且由于没有规定预备费中用于救灾支出的比例，用于救灾的预备费非常少。特别是在 GDP 增长速度的指挥棒下，地方政府对于救灾性支出的积极性非常弱，有些地方政府在财力匮乏的情况下，还将救灾性支出挪用于其他支出。[④]总之，由于大部分突发事件只是小概率事件，再加上政府危机意识和忧患意识不足，政府在预备费的提取上往往倾向于选择一个较小的比例，就算按照上限比例提取，由于基数本身小，预备费相对而言也比较少。[⑤]

（2）在规模确定的方法上不够科学。在预算编制过程中，对“不时之

---

① 陈泽伟、王超群：《科学应对突发公共事件》，《瞭望新闻周刊》2005 年第 32 期。
② 刘胜军：《政府会计在危机管理中的变革》，硕士学位论文，西南财经大学，2007 年，第 16 页。
③ 施绵绵：《公共危机的财政应急机制探究》，《现代经济》2008 年第 9 期。
④ 周克清：《论我国应灾性预算制度的软肋及其完善》，《中央财经大学学报》2010 年第 12 期。
⑤ 肖秀灵：《应对突发公共事件的财政支出研究》，《特区经济》2012 年第 8 期。

需”这样的突发性支出缺乏深入的分析和评估，基本上是经验的和随机的。有学者认为，考虑到现代社会的不确定性因素大大增加，现行法律规定的预备费上限显然已经到了调整的时候。

（3）预备费与年度预算同时安排，流量式管理的弊端明显。在突发性支出相对较少的年份，预备费需在当年花完，不能结转至下一年度，一旦真正发生数额较大的突发性支出，当年安排的预备费只能是杯水车薪，最后还得靠调整预算来解决问题。因此，当前的预备费机制大大削弱了财政的稳定性和可持续性①，更不用说发挥财政的“稳定器”作用了。

二、应急管理部门专项预算拨款

1. 针对突发事件实行分类管理

除各级政府在各个预算年度分别安排预备费外，在我国现有的公共预算制度下，向应急管理相关职能部门及辅助部门拨付正常预算开支，是向应急管理提供预算支持的另一个主要途径。当前，为了更便捷地处置专业性、技术性强的突发事件，我国明确了各类突发事件的责任主体，使各类突发事件与相关部门相对应，对突发事件实行分类管理。

从表 5–3 中可以看出，自然灾害救助的主责部门是民政部门；突发性事故处置的主责部门是安监部门；公共卫生事件应对的主责部门是卫生部门；社会安全事件处置的主责部门是公安部门。

表 5–3　我国突发事件的分类管理

突发事件类别	应对阶段		减缓、准备及恢复阶段
	主责部门	辅助部门	其他相关部门
自然灾害	民政部门	交通、气象、国土资源部门等	水利、气象、地震、城市建设部门等
突发性事故	安监部门	卫生、交通、公安部门	消防、水利、环保、工商部门等
公共卫生事件	卫生部门	交通部门等	公共交通、旅游部门等
社会安全事件	公安部门	卫生部门等	信访、社会保障部门等

资料来源：笔者自制。

① 刘胜军：《政府会计在危机管理中的变革》，硕士学位论文，西南财经大学，2007 年，第 16 页。

当然，各类突发事件与相关部门的对应关系不是非常明晰的，一方面，针对任何突发事件的有效管理都离不开多个部门的联动，主责部门通常只对突发事件的应急响应阶段来说是关键的，在应急管理的各个阶段，往往需要不同的部门分别介入。如自然灾害的减缓、预测和预警往往需要由气象、地震、防汛抗旱、国土资源等多个部门协调进行。另一方面，同一个主责部门或相关部门通常可以承担不同突发事件的应急管理职责，存在交叉。

2. 各级政府给相关部门的专项预算安排

在我国目前的预算体制下，一级政府一级预算，一个部门一项预算。随着应对突发公共事件的财政投入不断增加，中央财政不仅投入了大量资金用于加强应急物资储备和应急队伍装备，以及灾害恢复重建等能力的建设，而且还安排了专项资金用于支持相关部门的日常工作，试图通过加强常态管理来防范突发公共事件的发生。① 各个职能部门在每个年度需要预算资金作为正常开支以及履行职责，就应急管理而言，相关职能部门在突发事件发生之前的年初已经获得预算资金，用于其正常运行以及履行应急管理相关事项。就自然灾害事件来说，按照当前预算体制，我国在编制常规性预算时给灾害管理部门安排了相应的专项资金，主要涉及的部门有承担地震预测预报的地震部门、承担防汛抗旱的水利部门、承担气象预测预报的气象部门以及承担灾后救援救助的民政部门等。各个相关职能部门依赖财政部门安排的专项预算实施应急管理工作，履行防灾减灾工作职责。

3. 主要优势

（1）通过加大事前投入，有利于提高应急全过程管理水平。应急管理是一个涵盖多个阶段的全过程管理，在减缓、准备、应对和恢复各个阶段需要得到应有的资金支持。事前拨付给各职能部门的专项预算，由各部门结合突发事件的产生周期，在不同的时段和不同的环节采取相应的措施，有利于减缓突发事件的发生频率和严重程度。基于常规化的角度对突发公共事件进行预防和控制，有利于提高应急管理整体成效。

长期以来，我国每年用于公共卫生的预防控制经费严重不足，制约了预算资金对突发事件的预防和控制效能。而美国、英国等发达国家的社会保障、公民医疗保健占政府财政支出的绝大部分，接近总支出的50%。近

---

① 肖秀灵：《应对突发公共事件的财政支出研究》，《特区经济》2012年第8期。

年来，随着对突发事件管理的空前重视，各级政府逐步加大了对应急管理的财政支持，包括拨付给各个职能部门的专项预算，尤其是在生态环境、公共卫生（疾病预防控制）等方面（见表 5-4）。

表 5-4　2006~2010 年我国疾病预防控制与自然生态保护财政支出情况

单位：亿元

年份	疾病预防控制	占 GDP 比例（%）	环境保护	占 GDP 比例（%）
2006	117.9	0.05	161.2	0.07
2007	334.7	0.13	995.8	0.37
2008	222.8	0.07	1281.7	0.41
2009	293.4	0.09	1934.0	0.57
2010	321.4	0.08	2425.9	0.61

资料来源：2006~2010 年《中国财政统计年鉴》和《中国卫生统计年鉴》。

（2）发挥各职能部门的专业优势，有利于提高预算资金的管理使用效益。从应急管理的全过程来看，由于突发事件的多样性和复杂性，当前基于各部门承担的应急职责事先安排专项拨款的预算安排有其合理的一面。地震、水利、民政、消防、公安交通、公共卫生、食品安全等部门各自承担着一定的应急管理职责，这些部门比较容易评估相应突发事件发生的规律、规模等信息，而这些信息对于应急管理行动特别重要，基于此，财政部门直接向各职能部门拨付应急资金，有利于提高预算资金的使用效率。一直以来，即便是美国、俄罗斯、日本等具有统一负责的应急管理体制的国家，在安排应急管理的预算资金时依旧比较分散。如美国，其应急管理模式的总特征为“行政首长领导，中央协调，地方负责”，在国家层面设立了国土安全部，各个年度常规预算下的应急管理资金分布在多个预算部门。

4. 不足之处

（1）防灾救灾常规性预算资金严重不足，甚至存在应急管理支出“贴标签”的问题。[①] 尤其是我国的卫生支出和社会保障支出均处于相对较低的水平，与发达国家相比还存在较大的差距，严重制约我国对突发公共事

① 周克清：《论我国应灾性预算制度的软肋及其完善》，《中央财经大学学报》2010 年第 12 期。实际上，中央财经大学王雍君教授等多位学者早已开始表述“贴上民生的标签”的相关观点，意味着现今一部分财政支出“有民生之名，无民生之惠”。

件预防和控制效能的正常发挥。在自然灾害应急管理方面，民政部门的救灾支出是我国防灾减灾中的最大支出项目，由于救灾支出占地方财政支出的比重因各年灾害的严重情况而波动较大，防灾减灾活动往往难以获得资金保障。作为地方性防灾经费中的主体，地方政府每年安排的气象事业费、地震事业费十分有限。在应急财政资金捉襟见肘的情况下，安排给上述部门的常规性预算支出存在“贴标签”的现象，名义上作为灾害防治与救助的经费，但实际上主要用于维持机关的正常运行和日常业务。

（2）用于应急管理事项的预算总额难以确认和控制。在现行预算科目下，要将各个相关部门的应急管理支出从整体支出中分离出来是很困难的。由于缺乏完整的历年数据以及客观的风险评估，财政部门在预算准备期间，在确定各职能部门的应急管理专项预算规模时主观性很强。王有强（2007）将我国财政预算安排中应对公共危机的资金划分为两类[①]，其中一类就是专项资金，即按照正常的预算开支拨付给危机管理相关职能部门及辅助部门的财政专项资金，包括预算内和预算外资金，如民防、消防、水利、气象、地震、卫生、环保、食品安全等相关部门。[②] 实际上，这部分资金中直接用于应急管理的规模往往很难测算。

（3）应该作为预算核心部门的财政部门，尚未发挥应急管理财政资金的“管理枢纽”优势。尽管在预算安排上财政部门通过专项拨款支持各职能部门，使其在应急管理全过程中发挥应有的效应，但由于与预算支出部门往往是平级单位，该专项拨款也只是属于横向支付资金，难以获得必要的监控，并且难以确保救援的及时性和效果。在当前体制下，当突发公共事件发生时，各级政府常常是通过设立临时指挥部的途径来集合人员、调集物资和组织救援。但是这种临时组建的机构存在诸多缺陷，如难以及时提供应急反应所需的基本信息。与西方多个发达国家比较而言，相应组织架构的不完善是我国应急管理面临的重大挑战，设立综合性的组织架构依旧必要。我国自 2005 年起，从中央到地方分别成立了应急办，履行值守应急、信息汇总和综合协调的职能，2013 年设立了国家安全委员会。随

① 另一类是救灾支出，列在抚恤和社会福利救济费项目下。参见王有强：《北京政府应急管理中的风险分析与财力保障机制研究》，《北京市哲学社会科学应急管理研究基地北京市哲学社会科学规划项目结题报告》，2007 年 6 月。

②《民政部、财政部关于规范特大自然灾害救济补助费分配管理有关问题的通知》，民发〔2002〕127 号，2002 年 8 月 5 日。

着我国应急管理组织架构的集中化、高端化、固定化，势必有利于整合优势资源，共享信息，提高应急管理水平。[①]

三、突发事件临时拨款

在现行预算体制下，一旦发生重特大突发事件，往往需要中央政府及各级地方政府财政下拨预算资金，为地方政府应急管理主责部门实施救援提供必要的支持。考虑到突发事件发生的即时性和紧迫性，这类拨款特别强调及时性，属于在突发事件发生时临时拨付的预算款项，如预算临时安排的自然灾害生活救助。[②] 突发事件发生的财政专项拨款，是当前应急管理预算资金的主力。[③]

2008 年初涉及南方十几个省份的严重冰雪灾害，仅中央财政就为之拨付了 27 亿元；在 2008 年汶川大地震中，中央财政仅在应急抢险一项就拨付 809.36 亿元；2008 年发生的三聚氰胺奶粉事件、2009 年新疆“7·5”群体性事件，以及 2010 年 8 月甘肃甘南舟曲特大山洪泥石流地质灾害，各级政府都分担了专项预算资金。表 5–5 列示了我国汶川大震灾中的临时拨款信息。

表 5–5　2008 年 5 月 12~30 日汶川抗震救灾预算支出信息

单位：亿元

日期	抗震救灾预算支出总额	中央预算支出总额	地方预算支出总额
5 月 12 日	7.0	7.0	0.0
5 月 13 日	8.6	8.6	0.0
5 月 14 日	11.1	11.1	0.0
5 月 15 日	22.4	22.4	0.0
5 月 16 日	34.1	34.1	0.0
5 月 17 日	39.8	39.8	0.0

① 吕炜、靳继东：《中国预算改革论纲》，《财经问题研究》2013 年第 8 期。

② 这类临时拨款主要包括生活救济费，紧急抢救、转移、安置灾民支出，扶持灾民生产经费（2000 年以前），灾民倒房重建（2004 年以后），救灾储备等。2007 年因预算科目改革，此项拨款并未列明。

③ 冯俏彬：《应急财政：基于自然灾害的资金保障体系研究》，经济科学出版社 2012 年版，第 50 页。

续表

日期	抗震救灾预算支出总额	中央预算支出总额	地方预算支出总额
5月18日	57.8	57.8	0.0
5月19日	77.9	58.1	19.8
5月20日	117.3	86.8	30.5
5月21日	128.7	93.4	35.3
5月23日	146.3	108.3	38.0
5月24日	151.1	111.0	40.2
5月25日	151.4	111.0	40.5
5月26日	166.3	125.6	40.6
5月27日	192.2	151.3	40.9
5月28日	195.6	153.9	41.7
5月29日	209.4	166.9	42.5
5月30日	224.2	181.4	42.8

资料来源：侯东哲：《中央政府与地方政府间财政救灾关系研究》，硕士学位论文，西南财经大学，2011年，第16页。

临时拨款的主要优点在于能对突发事件做出积极响应，有效减少突发事件可能造成的生命财产损失。在危急关头，时间就是生命，提高应急反应速度和协调水平可以减少突发公共事件带来的损失。近年来，我国应急资金拨付效率提高，响应速度有所加快。2008年汶川地震灾害发生之后，中央第一笔7亿元救灾资金于当天到达，从地震消息发布到启动应急预案再到抢险救灾在2个小时内进行。①

在实际操作过程中，临时拨款也存在诸多问题，主要包括三个方面：

（1）财政救灾缺乏责任分担规则，地方政府过多依赖中央政府。2008年5月12日汶川地震灾害发生后，中央政府第一时间响应，火速下拨救灾款，地方政府则是捂紧自己的钱包，尽量不在救灾上有实质性的投入，直接原因在于预知到中央政府不会对影响深远的突发事件置之不理。更为深层次的原因是我国现行的财政救灾缺乏责任划分规则，继而衍生出中央政府与地方政府之间的救灾博弈关系，增加了两者之间讨价还价的空间，

① 肖秀灵：《应对突发公共事件的财政支出研究》，《特区经济》2012年第8期。

导致地方政府不主动承担救灾责任，而中央政府过度承担救灾责任。

（2）中央财政救灾投入无计划性，灾情评估在我国救灾应用中较为薄弱。例如，青海玉树地震发生后，中央财政在第一时间临时拨款2亿元，用于应急抢险等救灾，然而这项预拨款到底是如何确定的并不明确，临时拨款明显缺乏测算依据。

（3）地方政府对财政救灾资金的拨付和使用具有一定的随意性。根据《审计署关于汶川地震抗震救灾资金物资审计情况公告（第4号）》披露，个别地区存在救灾资金拨付、使用不及时的问题，还存在临时拨款资金开支范围、标准不够明确，导致资金结存大的情况。[①] 另外，由于地方政府属于信息掌握方，处于博弈的有利地位，最终导致中央政府财政救灾支出数额庞大但支出效率不高等问题。

第三节　启动应急预算改革及其思路

一、现有公共预算改革的不足之处

判定一个阶段或某一项公共预算改革的成败在于以下三个方面：一是是否能系统和持续地改进财政成果；二是是否能保障强有力的财政纪律与基于政策和战略优先性的资源配置；三是是否在微观（运营）层面带来了民众满意的公共服务绩效。过去的公共预算改革尚存在诸多不足，而且几乎没有在应急管理功能上赋予预算制度新的突破。

1. 改革定位过于单一，需适时过渡或转型

在20世纪80年代以前，西方国家一直在对传统预算进行改革[②]，这些改革希望通过改进预算资金的配置效率与管理效率，使预算管理更趋理性。预算专家普遍认为，我国目前的预算改革在很大程度上恰恰处在建立

① 冯俏彬：《应急财政：基于自然灾害的资金保障体系研究》，经济科学出版社2012年版，第57-70页。

② 西方国家把19世纪预算建立到20世纪80年代开始进行绩效预算改革这一时期的预算称为传统预算。

传统预算模式的阶段。近年来预算改革的核心意图仍然是强化对预算过程和数目庞大的支出机构的合规性控制，预算改革的控制取向十分明显。部门预算改革主要是加强预算机构对各个部门预算的控制，国库收付制度改革则主要是加强预算机构从外部对支出部门的支出行动进行控制。

也有学者研究认为，近年来我国公共预算改革侧重于微观层面，在公共预算总量控制和财政纪律建设方面依旧偏弱。如表 5-6 所示，中国近年来公共预算改革更多的是注重优先性配置和运营管理效率层面，有利于加强总额控制的一系列举措还有待推出。当前公共预算改革依旧难以实现公民对政府汲取和分配预算资源的有效控制，若要将公共预算改革引向深入，坚定的政治意愿十分必要。

表 5-6　中国近年来公共预算改革的重点

	部门预算改革	国库制度	政府采购改革	人大预算监督
总量控制				
优先性配置（行政控制）	++			
管理效率（行政控制）		++	++	
公共责任（政治控制）	+			+

注："+"代表近年来改革有所涉及，但未作为重点，"++"代表预算改革的重点。
资料来源：马骏：《中国公共预算改革：理性化与民主化》，中央编译出版社 2005 年版，第 134 页。

总之，当今政府面临的情况和承担的事务日趋繁杂，加强预算的管理功能和绩效取向，使预算管理过程具备必要的灵活性，才是明智之举。①

2. 改革环节倚重明显，没有扩展到预算全过程

近年来，为加强预算的执行控制功能，我国公共预算改革的重心主要是放在预算执行阶段，其次是预算（绩效）评估。相比而言，预算准备（提交立法机关审查批准前）阶段的改革明显滞后，这种"避重就轻"式的改革次序虽有一定的合理性，尤其对降低改革成本和难度来说是合理的，但对于整个改革的成功而言是不充分的。为推动政府进行有效决策，

① ［美］小罗伯特·D. 李、罗纳德·W. 约翰逊、菲利普·G. 乔伊斯：《公共预算体系》，苟燕楠译，马嘉楠校，中国财政经济出版社 2011 年版，第 9 页。

强化公共预算的管理功能，应对社会复杂事务，在保障现有各环节改革得到落实的基础上，今后应将改革重心更集中于内容丰富、难度较大、意义非凡的预算准备阶段，取得明显进展后再依次加大对审查、执行和评估阶段的改进力度。

3. 预算改革局限于技术性控制，政策导向不足

我国过去的预算改革往往集中于财力分割、收支管理和预算编制等预算技术性、管理性领域，未能深入内涵更为深刻的一般性改革领域。同时，改革没有注重加强预算与政策之间的联系，致使无法发挥公共预算对政策制定的支撑和适调功能。而从一定程度上讲，联结政府战略与政策的预算才算得上是好的预算。①

二、我国尚未形成真正的应急预算管理体制

1. 应急预算改革的优势

从根本上讲，预算制度的基本功能就是妥善处理公共财政的两个基本问题：委托—代理关系（Principal-Agent Relationship）和共用池（The Common Pool）问题，有效的预算制度在控制委托—代理问题和共用池问题的负面后果上起着关键性作用（王雍君，2010）。总量失控容易导致共用资源池问题，而公共责任偏弱则使委托—代理问题更为突出。根据表5-6的分析结论，我国预算改革忽视了总量控制，在公共责任方面虽然有所涉及，但改革力度和举措还明显不够。

与常规预算改革不同，应急预算管理比较好地处理了两个财政基本问题，彰显了预算的基本功能。在总量控制上，应急预算通过合理配置应急管理支出，在一定程度上可以调节突发事件发生的风险概率和风险后果两个变量，从而在根本上降低突发事件损失和控制应急管理整体成本。

实践表明，一个突发事件频繁发生的国家（或地区）与一个相对平静的国家（或地区）相比，前者往往更容易忽视或难以保障国民的切身利益，表现为该类国家中央或地方政府的施政结果难以满足受托责任的要求。之所以出现这种情况，大多是由于政府实体遭受突发事件威胁后没有实施适当的应急管理（往往需要应急预算加以筹划），进而导致公共责任

① 王雍君：《中国公共预算改革：从年度到中期基础》，经济科学出版社2011年版，第6页。

的最终弱化。换言之，实施应急预算管理能够降低应急管理整体成本，使公共责任获得保障。缺乏应急预算的盲目的应急管理过程（如重救援、轻预防），通常会加大政府实体承担的应急管理整体成本。在突发事件频发的国家，若是由于政府不堪应急管理整体成本的重负，最终选择适度“违约”（极端的表现是对突发事件置若罔闻、置之不理），长久而言，执政当局势必会遭受更大的利益流失。总之，推动应急预算改革在一定程度上能够控制总量和确保公共责任，而在目前我国公共预算改革背景下的应急管理过程将给政府造成更大的成本压力。

2. 我国应急预算管理的常规操作

我国预算制度尚处于初级构建阶段，预算管理的事权范围依然局限于常规性事项，尚未形成真正的应急预算体制。从历年我国政府财政应对突发事件的实践来看，应急管理与预算制度仍然没有很好地融合起来。2003年“非典”危机、2008年四川省汶川地震等一系列突发事件获得了充足的财力保障，取得了应急救助方面的胜利。实践表明，这些成就在很大程度上是由政府行政手段强制安排的应急财政支出换来的，而不是依靠制度化的公共预算过程实现的。2003年4月30日财政部出台了《关于中央部门调整2003年预算支出确保“非典”防治经费的紧急通知》（财预〔2003〕71号），其所主张的积极主动、特事特办、急事急办的原则成为当前使用预备费的指导性原则，特事特办制度特别是公用经费支出的随意调整，在一定程度上虽能解燃眉之急，但终究不是长久之计，而且这种临时性的处理举措明显具有人治色彩，属于行政机关超越法定权限行政，一定程度上违背了我国预算法及其实施条例的相关规定。

在突发事件发生之后，我国通常情况下首先启动相应级别的应急预案，各个部门相继进入应急状态。各级财政部门根据突发事件发生状况，采取的财政措施包括启用预备费、安排专项拨款及实施专项救助。在目前预算准备金“盘子”十分有限的背景下，专项拨款往往承担着应急管理的重任。我国应急专项拨款制度不同于美国的“补充拨款”以及日本的“补正预算”制度，尽管把三者都归属为预算执行阶段的调整范畴。[①] 我国在应急状态下迅速地实施专项拨款往往只是政府财政部门的行政行为，在审查和监管严密性，以及规模预测的准确性等层面往往得不到保障。与之相

① 严格来讲，补充拨款属于特别预算范畴，在常规预算外。

反，美国和日本分别通用的补充拨款、补正预算制度则是实实在在的法律制度，严格遵循了适当的法律程序，为应急管理预算资金的安全高效运行奠定了基础。

可见，尽管我国现有公共预算下存在一些满足应急管理需求的制度安排，但由于这些预算制度安排并非基于现代应急管理理念而设立的，致使现有的预算制度不能覆盖各类突发事件以及应急管理各个阶段的活动。目前，我国尚未构建起真正意义上的应急预算体制，预算制度与应急管理之间“脱节”依然十分明显，推进应急预算管理需要进行应急预算改革。

三、我国应急预算改革的总体思路

应急预算管理是各国政府必须面对的共同议题。在突发事件发生时，各国政府无一例外地发挥着财政支撑作用，并在实践过程中不断构筑起适当的预算管理制度。根据国际主要经验，为满足应急管理需要尤其是在突发事件发生时，通常采取的预算措施包括应急储备制、补充拨款或补正预算制度、特别预算制度以及经费流转制。各国的应急预算制度仍然存在一些差异，表 5-7 对比了我国与美国、日本两国适于应急功能的预算制度安排。总体来看，我国与国际上通行的应急预算制度安排既存在相似之处，又存在本质上的差异。

表 5-7　中、美、日应急取向的预算制度对比

	应急准备金制度	预算科目流用	补正预算模式	特别预算模式
中国	有法定区间，年度式管理	比较随意，某些情况下又不灵活	表现为频繁的预算调整	与重大灾后重建基金相近，但又不同
美国	灾难基金、雨天基金等，有上限	可以	无	应急专款，特别程序，不在总预算中
日本	原本预算	挪用	补正预算，普通程序，在总预算中	2012 年开始编制特别预算

注：表中“挪用”特指在预算科目中、行政科目间的资金融通行为，比较灵活。
资料来源：笔者自制。

在应急预算账户层面，各国均设置了适当的应急储备，我国现有的预备费制度存在诸多不足之处，还需逐步完善应急储备机制。在应急管理过程中，预算管理程序的调整几乎是各国应急预算管理的最大共同之处。美国在三权分立体制之下，总统或国会往往谋求在总预算之外，依靠特殊程序的特别预算来解决应急管理筹资问题；而日本的补正预算则是在同一总预算中允许补充预算，但批准程序适用于常态下的普通程序。[①]我国在应急管理过程中虽然也采取了一些预算调整措施，如执行临时拨款、设立灾后基金、实施科目流用制度等，但是由于这些措施尚未被放在标准的预算管理程序中实施，从而在实践操作中欠缺应有的规范性。可见，我国与那些在应急预算管理实践中摸索已久的西方国家相比，现有的应急取向的预算制度尚存在较大的改进空间。

同时，基于应急预算管理体制，也要求我国实现应急管理与公共预算之间的“无缝对接”（即紧密融合）。而在两者实现“无缝对接”的过程中，将应急管理“纳入”预算是“融入”预算的前提和基础，“融入”预算则是“纳入”预算的目标以及意义所在。因为只有将应急管理融入公共预算程序，才能将应急管理的全过程放置在一个科学合理的实施平台上运行，才不会使应急管理“走偏”。[②]从逻辑上讲，在应急预算改革过程中，先实现“纳入”后追求“融入”是没有问题的。我国当前的预算制度依旧处于十分脆弱的阶段[③]，在制度建设上，没有建立或者严格实施国际上通用的标准预算程序，在实施上，在突发事件发生之前欠缺应有的预算筹划，自然也很难将应急管理等多项政府重要施政内容“纳入”适当的预算程序中。基于这种状况，为推动实施应急预算管理，本书建议将应急管理“纳入”公共预算以及实现“融入”，结合起来同时推进，主要包括三个方面的工作：

首先，由国务院应急办协同国家安全委员会、全国人民代表大会等机构加强应急管理与公共预算管理制度之间的衔接，将应急管理功能赋予公共预算管理制度，体现公共预算在功能上的“全口径”。在这个过程中，可以借助预算法实施条例修订的契机，在法律层面明确和增强预算管理的应急管理功能；同时，各级政府增强综合应急管理理念，以及意识到应急预算管理的整体意义也非常关键。

其次，由各级政府财政部门协同各级人大机构，研究对策思路，在预

① 滕宏庆：《我国应急预算法制化研究》，《政治与法律》2011年第11期。

② 在现实中主要表现为：突发事件发生之前政府部门安然自得、无事可干，发生之时仓促应对、临时抱佛脚，救援和恢复阶段筹资困难，使政府和国民经济遭受巨大的财政压力。

③ 冯俏彬：《婴儿期的中国预算》，《行政事业资产与财务》2010年第5期。

算准备阶段加强对各类突发事件的预算筹划，通过编制应急预算账户将突发事件纳入预算过程。在这个过程中，各类突发事件的主责部门应协同各级政府应急办或安全委员会做好对突发事件发生规律的分析和信息统计工作，同时，对我国现有复式预算制度应进行调整。

最后，由全国人民代表大会牵头，拟订方案，继续深化我国公共预算改革，建立健全公共预算流程并严格实施，为将应急管理流程融入预算做制度准备。在公共预算改革过程中，政府职能部门以及下属预算单位应予以充分配合，在规范预算流程方面应从规范政府行政部门（尤其是财政部门）的预算行为做起。

简而言之，构建真正意义上的应急预算体制，实施应急预算管理，任重而道远。我国应结合预算管理制度现状以及国际有益经验，按照应急预算管理的体制要求，主要从强化公共预算应急功能、重构应急管理专门账户、构建应急预算程序三个层面推动我国应急预算改革。

第六章 强化我国公共预算应急功能：现状及措施

艾伦·希克曾说过，经过两个世纪的适应，公共预算仍处于不稳定的状态之中。尤其是，预算的边界并不确定，预算一直以来以某种微妙的方式适应并支撑着应急管理。实施应急管理符合灾难经济学所倡导的“减少破坏及损失”的理念，约翰·梅纳德·凯恩斯（John Maynard Keynes）提出的“灾难可以增加社会财富”的观点，也是以政府实施应急管理活动作为前提。应急管理在当代经济社会中极其重要，通过把应急管理过程融入公共预算程序来推进应急预算管理，已成为提升政府应急能力的重要平台。长期以来，我国预算制度在应对突发公共事件方面存在固有缺陷，强化公共预算的应急管理功能，应是推进应急预算管理改革的首要思路。

第一节 预算应急功能的理论分析

一、应急管理的经济价值衡量

据统计，世界各国每年因突发事件导致的损失十分巨大，并且还有诸多损失因统计困难而无法计入其中。随着社会经济的发展、全球化和城市化进程的加快、社会财富积累的增加，公共应急事件日益频发，波及面更广泛，影响更深远，所造成的损失呈上升趋势，应急管理显得更为重要。应急管理的真正意义在于降低损失成本，而不在于弥补损失。提前为突发事件进行预算筹划，制定应急预算是解决应急管理与公共预算相脱节问题的关键。编制应急预算是应急预算管理的根本要义，通过应急预算管理有助于降低应急管理全过程的整体成本。通过测量应急管理的经济价值，既可以考量应急预算管理的成效性（如降低了整体成本），又可以验证和评估应急管理与公共预算之间的融合程度。总之，进行应急管理与公共预算之间的融合分析，衡量或比较应急管理的经济价值是有必要的。

与突发事件相关的经济价值主要包括应急管理的经济价值、突发事件影响的经济价值两个部分。应急管理与一般的社会经济活动有所不同，一般来讲，后者是为了形成价值或是使价值增值，前者的目的是对已有价值的保护和恢复，外在表现为由突发事件导致的破坏和损失程度有所减小，或是减少甚至避免突发事件的发生，属于"负向"增值。突发事件影响的经济价值是一种"负"价值，即导致的经济价值的损失。因此，可以认为应急管理的经济价值与突发事件影响的经济价值分别属于同一硬币的两面。在此，突发事件影响的经济价值是广义上的，包括通过价值尺度衡量的因突发事件的发生而导致的各种损失。

应急管理的经济价值（Economic Value of Emergency Management，EVEM）等于应急管理所降低的突发事件发生概率（P）和突发事件造成的损失（TEV）之积减去应急管理的相关成本（C）。

$$EVEM = P \cdot TEV - C \tag{6-1}$$

式（6-1）中，应急管理过程中的各项措施与突发事件发生概率的降低区间之间的关系比较复杂，定量化往往比较困难，在实践中一般采用合理的估计值和预期值。

式（6-1）中的相关成本包括政府以及社会组织为应急管理活动而发生的各项费用支出，如购置设备、支付工资等。若要使政府或其社会组织的预算分配满足效用最大化，还应考虑把预算分配的机会成本包括在相关成本内。[①] 理论上要求，政府实施应急管理活动，务求以应急管理的经济价值大于 0 作为前提。换言之，政府制定应急政策时，应充分考虑 EVEM 这个指标，特别是确定应急支出规划时，除了考虑可调用资源总量、应急支出需求两个因素外，应急管理的相关成本也需做重要考量。

突发事件影响的总经济价值（Total Economic Value，TEV）应等于直接损失（Direct Losses，DL）加上间接损失（Indirect Losses，IL），且是一个负值，即：

---

① 董建新：《公共应急事件的经济分析》，暨南大学出版社 2012 年版，第 55-60 页。

$$TEV = -DL - IL \tag{6-2}$$

式（6-2）中，直接损失（DL）是指突发事件发生时或发生后最初几个小时内的损失，主要包括不动产损失、各类存货损失、人员伤亡（基于现有相关研究成果，已尝试把人员伤亡换算成经济损失的数据）等。间接损失（IL）则可延伸到突发事件发生之后的五年（大部分损失集中在突发事件发生后的两年内，某些突发事件影响的时间跨度甚至更短），是因为突发事件对生产能力和社会经济基础等造成的直接损失而产生的所有相关损失，内容十分丰富。当然，也应考虑突发事件可能产生的对经济社会有益的“间接损失”，[①] 在实务操作中，应将这部分正面效应从间接损失中减去。需要注意的是，不同类型的突发事件产生的具体损失统计不尽相同，应具体情况具体分析。

二、公共预算施展应急功能的理论分析

1. 公共预算的环境适应性分析

长期以来，公共预算一方面作为一项政策调节工具，在经济发展和社会管理事务中表现出主动干预性；另一方面，当外部环境（含经济环境、以突发事件发生为主体的社会环境等）发生意外变化时，公共预算展现了固有的适应性或可调整性。换言之，公共预算制度可以被认为是一项“调适”机制，它能够对经济社会环境的变化表现出一定的适应性。

公共预算针对经济环境的变化所表现出的应变性早已为学术界所关注。布坎南指出，在一个内在不稳定的经济环境中，政府干预实际上已成为一种道德规范，并且坚持认为，经济的周期性衰退能通过对公共预算实施控制而得到改善。换言之，凯恩斯主义的财政政策强调，应使公共预算成为确保高需求、高就业和高产出，实现经济增长的有力工具。[②] 美国著名的公共行政学家和预算专家爱伦·鲁宾（Irene S.Rubin）在其专著中早已

① 根据经济学家凯恩斯“战争和地震都能使财富增加”的观点，突发事件的影响不总是负面的，另外，19 世纪法国经济学家巴斯夏在《看得见的与看不见的》一文中提出的“破窗理论”，也认为“损害有益”。详见张昌廷、林涵：《自然灾害的经济分析》，《湖北经济学院学报》（人文社会科学版）2010 年第 4 期。

② ［美］詹姆斯·M. 布坎南、理查德·E. 瓦格纳：《赤字中的民主——凯恩斯的政治遗产》，刘延安、罗光译，北京经济学院出版社 1988 年版，第 92-93 页。

提及，对于环境来说，公共预算是开放的。

爱伦·鲁宾在专著中所指的环境内涵丰富，主要为六个方面的因素[①]：一是指资源收入层面，包括政府可获得的资源规模、可以进行纳税的财富总量、目前的税收结构等。二是政府收入的可持续性。三是各类意外性事项，包括战争、灾难性降雪、龙卷风、道路损毁、干旱气候、危险物爆炸以及水源污染。四是先前制定的相关法规，对于预算过程来说，这些法规已经事前确定，表现为僵化和刚性，如在美国加利福尼亚州，曾经由于一段时期房价迅速上涨，引起公民投票反对财产税的急剧上升，投票结果成为该州宪法的一部分，从而影响了地方政府的税收途径。又如，原来政府的借债产生将来预算的法定偿债义务，这项债务或将减少政府对其他公共事项的选择机会，或将使政府增加税收水平。总之，这个层面的环境将形成制度性框架并限制预算活动的边界。五是变化中的公共舆论环境，不难理解，在一个现代民主国家，公共舆论的改变会通过适当渠道影响预算资金的安排和使用。六是政府间财政关系中的相关规定。例如，来自上级政府的补助金需要下级配套，或者要求专款专用。对于预算实施者来说，实时的政府间财政关系是预算面临的关键环境因素。

基于分析需要，可以将爱伦·鲁宾提及的环境因素进行适当总结，将其分为经济环境、社会环境、政治环境三大方面[②]，如表6–1所示。表中经济环境主要包括上述第一、第二个因素，主要表现为经济的周期性波动；社会环境对应于第三个因素，以突发事件为主体，包含战争；其余三个因素归为政治环境，三者具有共性，皆是人为因素，体现为延续性，因强调集体协商而相对难以操控，现实中存在的各项权利性预算开支是政治环境的外在表现，这一表现往往导致预算僵化，缺乏灵活性。

实际上，公共预算与环境因素之间的作用（或影响）是互相的。三大环境因素驱动公共预算系统发生适当改变，包括预算规模、结构、分配过程，甚至预算制度本身。一直以来，经济因素对公共预算的驱动影响是最为直接的，由于经济的周期性波动，往往会导致赤字规模、债务水平等相关经济指标不稳定。在社会因素层面，突发事件发生后的各个时间段内，

---

① [美] 爱伦·鲁宾：《公共预算中的政治：收入与支出，借贷与平衡》，马骏、叶丽娟译，中国人民大学出版社2001年版，第23页。

② 尽管是有待商榷的分类法，甚至存在不准确的成分，但是作为本书深入研究和探索之用，这种分类通常是可以接受的而且是必要的。

表 6-1　预算的适应性

	经济环境	社会环境	政治环境
	税收规模和结构、收入稳定性	意外性事项	法律、公共舆论、政府间关系
公共预算需面临的环境因素	政府可获资源规模、应纳税收入、税收结构、政府收入的可持续性等； 进一步延伸，应包括经济增长率、通货膨胀率、就业率、国际通货储备等重要宏观经济因素，也包括政府直接贷款、担保贷款等经济事项	战争、灾难性降雪、龙卷风、道路损毁、干旱气候、危险物爆炸以及水源污染等； 依据我国政府近年来对公共突发事件的分类，应涵盖自然灾害、公共卫生事件、事故灾害以及公共安全事件四项	既定税收政策、预算原则、民意诉求、政府法定收入来源、补助金、补助金附带要求、强制成本等； 不同的阶段政治因素所囊括的内容有所不同，在一部分国家的一段时期，典型的政治因素还包括权利性法定事项，如未来公共社会保险等

资料来源：笔者自制。

对公共预算的影响也是非常明显的，主要是从收入和支出两个方面对预算过程进行双向驱动，尤其是发生战争或特别重大的突发性公共事件时。在政治因素层面，因为预算本质上就是无数个参与者反复政治协商的结果，所以政治因素对公共预算的影响常常是根本性的。随着现代民主制度的日益完善，以及经济科技发展水平的不断提高，公共预算过程的公众参与性将得到更广泛的普及，政治因素对公共预算的整体影响必将更加不容忽视。有理由认为，在政治因素方面，随着部分发达国家福利政策的推进，权利性预算项目所占比重越来越大，这些国家的预算将表现出显著的“僵化”。当然，这种情况不是发达国家的专利，发展中国家以及经济转轨国家也会出现类似的情况，如预算制度中各类法定支出项目，最典型的情况就是一系列政策目标与经济总量（如 GDP）相挂钩。[①]

当然，公共预算已然成为多数国家借以实现民主法治的重要舞台，也是政府施政的强大利器，公共预算对环境的开放性是主要的，即预算对环境的各种变化表现出更强的适应性或灵活性。表 6-2 描述了预算对外部环境的“适应性”原理。

经济适应性层面主要表现在，公共预算成为政府实施适当的稳定政策、平抑经济波动、保持经济整体稳定的有力工具。具体来说，公共预算

① 就中国而言，根据 2013 年党的十八届三中全会《中共中央关于全面深化改革若干重大问题的决定》，取消现有法定挂钩支出，在一定程度上激发了预算的灵活性，有助于资源的优先性配置。

表 6-2 公共预算“适应性”的运作机理

外部环境分类	社会环境（考虑安全因素）	经济环境	政治环境
环境波动过程	灾难生命周期	经济周期	公民参与、权益主张
波动表现	影响因子、突发事件、危机	萧条、复苏、繁荣、衰退	赞成、反对、弃权
公共预算作用	应急管理	宏观调控	权益保障
作用原理/过程	全过程管理理论（FEMA）	“逆周期”相机抉择规则	公共选择、公民参与（表决）
作用目标	公共安全	经济稳定	政治和谐

注：美国联邦危机管理署提出了“灾难生命周期”的理念，根据这一理念，危机管理是一个循环的过程。灾难生命周期分四个阶段：①灾害缓解阶段；②预备阶段；③响应阶段；④恢复阶段。灾难生命周期的理念已经完整地贯彻到美国应急管理的实践中。

资料来源：笔者自制。

针对经济发展周期的适应性，表现为政府的财政决策行为遵循“反周期操作”的基本规则：在经济衰退年份，收入的减少不应导致支出的减少，中央与地方政府均可以以经济高涨年份的财政盈余抵补此时的收入不足，中央政府还可以通过举债，以其他来源扩大支出；在经济高涨年份，额外增加的收入不应在当年全部花掉，它们应该作为财政盈余储备起来，在未来经济步入衰退时才花费。①

即使是对于政治因素，公共预算也能展现出较大的调整力量。例如，由于一些不可控或者不可预知的原因，公共舆论突然出现了“不友好”的局面②，或者代表弱势群体的利益集团由于遭遇一时的疏忽，进而通过各种方式进行持续性的诉求。总之，发生了政治因素的“不稳定性”，此时政府决策层依旧可以通过采取一系列“调和措施”对其进行平抑，对预算管理制度调整优化必将是一个重要的手段。毕竟公共预算是与最广大人民利益息息相关的政策安排，也是一项最为严肃的政府承诺，公共预算上的调整将受到人们的监督。

公共预算对环境的公开性，在社会因素层面，要求在任一预算年度发生意想不到的各类突发事件时，公共预算必须能够适应和有效应对。爱伦·鲁宾结合美国的操作惯例进一步指出，公共预算的这种环境适应性主

① 王雍君、张拥军：《政府施政与预算改革》，经济科学出版社 2006 年版，第 80 页。

② 如对政府的公共政策进行各种形式的批判。

要体现在：联邦层面往往通过追加拨款来应对恐怖袭击、地震、洪涝灾害、传染疾病等突发事件；州和地方政府则可以通过某种权宜账户来积极应对这些突发事件。最理想的状态应是确保公共预算具备足够的弹性，不必通过相关各方烦琐而艰难的公共协商临时达成共识。应急管理理论认为，针对突发事件的管理分阶段进行，具体包括四种活动：减缓、准备、响应和恢复，呈反复循环的灾难生命周期特征。因此，就突发事件的适应性来说，公共预算对环境的公开性应表现为分别为应急管理的减缓、准备、响应和恢复四项活动做出适当的预算支出安排及规划管理。

实际上，三项环境变量并不存在极端清晰的界限，它们之间通常以公共预算为桥梁而存在着相互联系。若以社会因素为参照，其分别与经济因素、政治因素产生适当的联系。公共预算在社会因素（突发事件）与经济因素（贷款担保）之间的适应途径层面，当今一部分国家已有通过公共预算改革对贷款担保事项进行管理控制的实践，如美国针对政府贷款事项编制的或有损失预算、针对突发事件的应急预算管理机制均可以借鉴。各类突发事件和贷款担保都属于或有负债事项，出于控制风险的考虑，在学术理论界和实务操作层面，已逐步涉及改进预算管理制度的相关措施。而在社会因素与政治因素之间，两者对公共预算的影响存在共同之处。例如，在实务操作中，越来越多的国家和地区为应对突发事件而设置定向预算或预设基金，也早有发达国家开始为公共预算设置大规模份额的权利性预算安排。由于两者往往基于定量化预留或挂钩管理（无论是否基于事前预估和筹划阶段），所以预算资源的配置范围被限定在相对狭隘的边界，在一定程度上导致了公共预算的“僵化”。

2. 公共预算的应急功能属性分析

（1）功能财政（预算）理论。政府活动的范围决定了公共预算的范围，那么公共预算的基本职能取决于政府的基本职能。20 世纪 40 年代，美国经济学家 A.勒纳（Abba Lerner，1943）提出“功能财政”预算准则，他认为，财政预算应从其对经济的功能来着眼，而不是固守预算平衡。对于预算功能全面的阐述是由理查德·马斯格雷夫（R. A. Musgrave）于 20 世纪 50 年代末完成的。在其极有影响的《公共财政理论》一书中，他先于别人而系统地将“预算影响经济”的看法表述为预算的三大功能，即配置、稳定和再分配，为预算功能的范围理论奠定了基础，至今仍然是人们分析预算与经济相互作用的起点。经由预算的配置功能，政府向公众提供诸如国防、法律、教育和其他各种形式的公共产品与公共服务。就再分配功能而言，在一定的社会福利函数下（社会公正的具体表现），公共预算的实施使分配更符合大多数人的意愿。就经济稳定功能而言，通过预算政策的综合使用，实现经济适度增长、高就业、低通货膨胀率的功能性目标。[①]

还有学者认为公共预算的三项职能应分别包括：第一，体现法律义务的工具。预算是说明职责的手段，政府有义务合理安排并具体说明各项资金的使用。第二，协助政府管理的工具。预算作为一种实务活动的价格标签，直接或间接地说明了成本、时间和预期成果。第三，实现经济政策的手段。[②]

（2）公共预算能动性的演变。实际上，公共预算的基本功能是一个不断扩展的过程，在历史上有很长一段时期，政府都充当着“守夜人”的角色。由于当时的公共预算制度还没有真正形成，作为预算制度的雏形充其量只是政府收支的一项会计记录工具，因而对外部环境尚未表现出基本的能动性。随着政府职能的扩展和预算规模的不断扩大，公共预算借助财政政策日益成为干预经济运行的经济工具。与此同时，随着政府不断加强对突发性公共事项的管理，公共预算成为政府实施应急管理的重要手段。自此，公共预算表现出经济管理和应急管理的双重能动性，我们可以把这一阶段的财政管理政策定调为适应性财政。由于种种原因，长期以来，公共预算所具备的经济能动性获得了理论界的积极关注。如今公共预算已成为解决经济、政治和社会一系列问题的全能型预算。表 6-3 展现了公共预算能动性的演变过程。

表 6-3　功能财政（预算）与公共预算能动性的演变

财政功能沿革	“守夜人”财政	健全财政	适应性财政	全能型财政
预算平衡目标	低收支的会计记录	年度预算平衡	周期性预算平衡（即赤字预算）	高福利政策（显现“超预算”特征）
预算“适应”的外部环境	社会安全（如国防）	预算对外部环境尚未表现出明显的适调功能	经济、社会和政治环境（以经济和应急管理为重点）	上文阐述的经济、突发事件和政治环境均为重点因素

① 丛树海（1993）认为，公共预算的这些基本功能也反映在对预算的功能性定义中，预算作为管理工具，主要指国家编制收支计划，参与社会产品和国民收入分配与再分配的活动，国家通过税收、国债等手段筹集预算收入，再将其在全社会范围内进行再分配。如果跳出有关政府职能的传统视角，对公共预算功能的定义可能会不同。

② 苟燕楠：《公共预算职能的发展变迁》，《宁夏党校学报》2005 年第 5 期，第 44 页。

续表

财政功能沿革	“守夜人”财政	健全财政	适应性财政	全能型财政
预算在政治、经济、社会事务上的“态度”	随从性	无序性	能动性	主导性

资料来源：笔者自制。

古典财政理论认为，政府真正需要关注的是以年度平衡、不轻易举借债务为核心的财政健全目标；就公共支出而言，真正重要的是保证支出用于年度预算规定的法定用途。功能财政预算理论兴起后，预算成为政府最重要的经济政策工具，特别是在20世纪30年代末至40年代初，西方发达国家遭遇了大规模的经济危机，预算管理与经济管理已牢牢地联结起来。人们对古典理论关于市场机制与政府作用的看法有所转变，“赤字财政”取代了“健全财政”的理财方针，凯恩斯和阿尔文·汉森两位经济学家的理论最具代表性。他们认为，财政收支平衡不是国家理财的原则。国家应该采用扩大预算支出的方式，对经济进行积极干预。这一思想使财政管理工作摆脱了狭隘的预算平衡概念，形成通过预算周期性平衡实现宏观经济稳定的观点。自此，政府支出和财政赤字及其对经济的影响不断增加，预算管理与经济管理逐渐联结起来。或者更一般地讲，经由“凯恩斯革命”的洗礼后，预算与经济相联结的观点取代了古典理论把预算与经济相割裂的观点，预算被看作是促进政策目标的工具。在凯恩斯经济学的指导和“赤字财政”预算理论的推动下，西方国家的政府债务逐渐增加。[①]

20世纪70年代末期以来，很多国家实施高福利政策，每个财年预算支出的一大部分被界定为权利性固定支出，预算配置的灵活性下降。该时期的预算管理制度显现出凯顿（1989）总结的“超预算”特征，即非弹性、不可预测性、碎片化和私有化。这种预算平衡政策在欧美高福利国家表现得尤为明显。

（3）公共预算发挥应急功能的例证。经济周期与突发事件生命周期一样，两者都有平稳和波动的阶段，在预算管理实践中都可以实现对两者的“调适”。因此，从一定程度上讲，公共预算对经济的干预和对突发事件的管理都是应急功能的体现。随着凯恩斯主义的盛行，预算手段成为调节经

① 何盛明：《市场经济要求“功能财政”》，《中国财政》1998年第10期。

济的重要手段，若干西方国家一度把这类干预政策奉为平抑经济波动的“圣经”。对于经济周期性波动过程（如恢复阶段），公共预算管理制度在执行阶段所表现出的灵活性及应变性，是预算能动性的标志。换言之，经济衰退、恢复以及增长在一定程度上影响到预算政策乃至预算管理过程。就美国来说，联邦政府为应对经济减退而增加支出项目，结果就是增加额外支出，进而增加本年度的赤字规模。据美国预算办公室（CBO）估计，1970~1980 年，28%的补充拨款（Supplemental Appropriation）都是用于因经济形势的改变而低估的开支。尤其是 1982~1983 年经济大衰退时，补充拨款的规模迅速增大。不仅用于失业救济金的费用在增长（据报道，1983 年的失业补偿金总额达 320 亿美元），而且用于新就业项目的费用也在增长，如紧急就业拨款的补充拨款超过 160 亿美元，相当于全年补充拨款的 2/3。就州和地方政府而言，由于不能列预算赤字，在年度中应对经济衰退时很少使用补充拨款，一般倾向于缩减预算、增加税收或者减少准备账项。出于政治因素的考虑，对于短暂的经济减退，州和地方政府常常按兵不动或推迟采取预算调整行动。①

实际上，在针对突发事件的应急管理方面，公共预算也在不断发挥其能动性，表现为预算对外部环境（突发事件因素）的主动适应性。甚至在一定的时期，公共预算的应急管理能动性与经济管理能动性同时发挥作用，无论这是一种巧合，还是有意为之，从一定程度上讲，公共预算的应急管理功能属性可以通过美国联邦政府补充拨款来验证。补充拨款是与常规预算拨款并列的十分重要的预算管理机制，补充拨款不但发挥着经济调控的功能，也承担了应对突发事件的职责，即对两者均具有能动性。准确地讲，这项预算机制是应急预算管理机制，它在美国应急管理事务中发挥了极为关键的作用。一直以来，美国大部分紧急事件支出都来自补充拨款。国会在 20 世纪 70 年代平均每年通过 6 个以上补充拨款法案，1974 年国会《预算执行法案》通过后不久，补充拨款达到了顶点。1987 年，美国两党发布的一份宣言要求补充拨款从此只能被用于“十分危险的紧急情况”。从 2001 年“9·11”恐怖袭击起，由于主要用于伊拉克和阿富汗的军事行动，美国每年的补充拨款都比上年多。2005 财年，由于摧毁了新奥

① ［美］爱伦·鲁宾：《公共预算中的政治：收入与支出，借贷与平衡》，叶娟丽、马骏等译，中国人民大学出版社 2001 年版，第 251 页。

尔良和邻近地区的卡特里娜飓风，补充拨款增加明显。自此，由于补充拨款特别为自然灾害融资，当年补充拨款占选择性预算授权的比例超过15%。

可以明确的是，早期就存在通过公共预算制度“干预”（准确地讲是“调适”）突发事件的例证。为了摆脱1929年美国爆发的经济危机，时任美国总统富兰克林·罗斯福于1933年推出了所谓的“新政”（New Deal），史称“罗斯福新政”。“新政”大致可以用“3R”来概括，即复兴（Recover）、救济（Relief）、改革（Reform）。[①] 根据部分学者的分析，“新政”的主要内容除金融政策、税收政策外，还包括财政支出政策、社会保障政策。[②] 从其财政支出的内容看，一是增加联邦救济支出；二是实行大规模的以工代赈，利用联邦资金兴办各类工程，刺激国内需求。1933年5月，国会通过《联邦紧急救济法》，设立联邦紧急救济署，向各州拨款5亿美元，用于救济。同时，成立民间自然资源保护队，组织失业青壮年从事植树护林、防治水患、水土保持、开辟森林防火线等工作。从其社会保障层面的内容看，规定为老人和残疾人提供社会保险，并由联邦政府拨付一定比例的资金为符合条件的失业者提供失业保险。从风险管理控制的角度分析，救济、社会保障和自然环境改善这些工程的实施，有助于自然灾害、突发性事故等各类突发事件的预防和损失减少，在一定程度上能够起到对突发事件的应急管理作用。因此，从财政角度来看，一方面，以“新政”为起点，财政政策成为政府干预经济最重要的手段；另一方面，通过财政支出安排，在一定程度上发挥了公共预算的应急管理作用。

① 陈明等：《相信进步：罗斯福与新政》，南京大学出版社2001年版，第74–166页。

② 还有学者认为应包括工业及农业政策，参见［美］沙伊贝等：《近百年美国经济史》，彭松建等译，中国社会科学出版社1983年版，第10页。

第二节　我国公共预算在应急管理过程中的功能分析

一、预算应急功能的实现情况

1. 公共预算在应急管理过程中的积极影响

王维舟（2004）指出，在现代市场经济体制中，消除突发事件对社会的危害需耗费大量的社会资源，由于我们尚不能在市场中找到相应的承担主体，即这些资源的耗费难以通过市场机制转化为个体成本，所以进行突发事件管理所需承担的社会成本只能施加于政府。突发事件具有难以预测、难以防御以及难以根除的特殊性，只有政府才能担当得起应急管理的重责，并能收获巨大的社会效益。[①] 邓小平曾说，“现代社会的核心是金融，现代政府的核心是财政”。进一步拓展。则财政的核心在于预算。

我国每年因公共突发事件导致的经济损失巨大。近十年来，我国公共卫生等典型突发事件越发频繁，呈现出时间密集、地域分散的特征，突发公共事件造成的经济损失不断攀升。多年来，在应急管理过程中，我国正是以预算平台作为支撑，促使各级政府在突发事件应对过程中起到主体担当作用。据统计，我国政府财政支出在应对突发性公共事件的总资金支出中占 90%以上。[②]

由于突发事件对财政产生减收和增支双重效应，必将导致预算的失衡，影响预算管理功能的正常发挥，为此，应及时启动预算调节机制。从历年的实践来看，我国应急管理的预算调节机制主要包括：第一，动用预备费。由于我国尚未形成完善的应急管理资金筹备机制，预备费为各级政府有效处置突发事件提供了最基础的财力保障。第二，关闭预算追加闸

---

① 王维舟：《突发事件与公共财政》，《理论与现代化》2004 年第 2 期。

② 贾康、刘尚希：《公共财政与公共危机——“非典”引发的思考》，中国财政经济出版社 2004 年版，第 124–139 页。

门。在2003年抗击“非典”过程中，为确保“非典”防治支出，财政部停止了一般预算追加。第三，发出预算追减的指令指标和要求。第四，调整预算支出结构。主要措施包括压缩一般性支出、调整专项支出项目和使用一般性结余等。

2. 应急管理预算制度的欠缺之处

（1）预算储备制度不完善，缺乏对突发性公共事件的科学有效预估。我国目前针对应急管理事务，最为直接和正当的开支来源应是每年预设的预算准备金，即预备费。预备费制度存在诸多问题：其一，预备费的规模与本级政府年度财政预算支出“挂钩”[①]，往往导致“不够用”的结果。预算制度中运用到突发性公共事务管理的财政投入总量不足，各级政府把预备费作为应对突发性公共事件最常用的手段。我国突发性公共事件种类繁多且频发，每年因自然灾害所导致的损失严重，同时我国正处于社会变革、经济转轨的特殊历史时期，经济发展与安全生产失衡导致各类生产事故不断出现，应急管理对财政资金的需求量大。从各级政府现有的预备费总量看，固定值的预备费与无定值的财力需求之间产生了不可逾越的鸿沟。其二，预备费的法律地位模糊不清，适用对象狭窄，法律监管存在空白。我国现行预算法规定预备费适用于自然灾害开支，以及其他难以预见的开支，并没有解释“其他难以预见的开支”包括的主要范围。实际上，目前我国预备费的支出范围绝不仅限于自然灾害，开支对象已经扩展到了所有类型的突发事件，包括自然灾害、安全事故、社会公共安全、公共卫生事件四个方面。预备费的执行仍是列入相关支出科目，本身并没有单独进行统计。其三，对预备费的管理和使用不符合客观规律。预备费的流量式管理不利于年度间的调度和平衡，大大限制了预备费在化解突发性支出方面的作用。同时，各地预备费的使用存在不严谨之处。[②]其四，预备费的运作流程淤塞不畅，目前尚未设计出一套专门的预备费支出流程以满足突发事件发生时政府对预备费快速、规范支付的特殊要求。

---

① 根据现行预算法规定的比例，各级政府预备费的提取规模有一个法定区间。预备费在立法中的规定不够详尽，它可能用于政府管理中任何未及预料到的支出需要，包括提高行政事业单位人员的工资等。

② 有些地方政府竟然规定预备费仅用于下半年开支，例如《菏泽市市级经费财政资金管理规定（试行）》（荷办发〔2005〕32号）第一条、《湖北省省级预备费管理办法》（2007年9月19日起施行）第六条规定：“该项资金上半年一般不得动用。”这不符合应对突发事件的客观规律。

（2）应急管理各阶段资金配置不合理，事前预防性财政投入不足，造成突发事件发生当年的财政支出压力剧增。目前，我国公共预算对突发事件的预防重视不够，在预算安排上注重看得见的“政绩工程”，用于卫生预防、环保设施、水利安全等方面的支出依旧较少，最后的结果是应急管理的总成本急剧增加。另外，由于针对突发性公共事件的预防性财政支出主要分布在各部门预算支出的具体科目和各级地方政府预算中相应的部门预算内支出中，预算执行中对预防性财政拨款的挤占时有发生，致使突发性公共事件爆发的年度财政支出的压力骤然增大。同时，我国没有出台应急资金具体支出用途的相关法规，导致在预算编制中没有细化相关支出科目，也没有为各项应急支出设定上限，很容易造成在公共危机状态下政府“大包大揽”、“财政独撑”的局面，进而导致应急管理中预算支出迅速膨胀。

（3）突发性公共事务的预算支出缺乏必要的监督机制和效益评价机制，应急财政资金拨付后存在浪费现象。我国应对突发性公共事件的预算资金尚未纳入标准预算程序进行制度化管理，尤其是突发事件发生时，专项资金拨付环节尚未满足直达性、及时性等基本要求，缺乏严格的预算评估和审计。其后果是，在财政资金总量有限甚至不足的情况下，存在一定程度的资金浪费现象，这是我国应急资金使用中面临的主要问题之一。我国应急财政专家冯俏彬（2012）分析指出，突发事件发生后各级政府拨付的专项预算资金在使用过程中存在灾情损失统计缺乏、支用范围宽泛、救助标准不统一、财务处理不规范、预算资金滞留和挪用时有发生等问题。[①]各级审计监督机构对应急管理资金使用过程的考核和监督还比较有限，对相应资金的使用效果尚缺乏相应的关注和分析。

（4）我国应急管理成本分担机制缺位，相关责任主体成本分担不均衡，导致政府支出压力加剧和应急效果欠佳。应急成本分担机制是指在突发公共事件发生后，随着突发事件处理工作的展开，中央政府与地方政府、地方政府与地方政府之间以及危机所涉群体之间如何分担各自成本的问题。当前，我国尚缺乏消除、减缓、转移突发事件发生所产生经济损失的市场机制，即使在政府层面，依旧是“风险大锅饭”。在突发事件爆发

① 冯俏彬：《应急财政：基于自然灾害的资金保障体系研究》，经济科学出版社 2012 年版，第 63-65 页。

时，各级政府的责任、权利和义务不明确，资金承担主体不明晰，“互相推诿、过度期待”现象依旧存在，这种情况既可能出现某级政府在紧急状态下支出被迫攀升，也可能出现各方在应急管理过程中“不作为”。对于前者，由于我国应急预算资金准备不充分，频繁和随意调整预算在所难免；而后者对突发事件处理的执行效率以及各级政府的应急能力建设将产生不利影响。

3. 公共预算应急困境的原因分析

（1）突发事件的发生对预算平衡构成威胁。多年来，我国公共预算制度通过一系列调节机制，在突发事件的有效管理上发挥了积极的作用。然而，突发事件一方面需要政府通过公共预算进行干预管理，另一方面由于突发事件的突发性等固有特征，公共预算难以避免其影响。总体而言，突发事件对公共预算的平衡构成了挑战，具体分为财政收入减少和支出突然增加。在收入方面，由于突发事件对社会总供求产生的收缩效应会阻碍GDP的正常增长，从而使财政收入增长受挫。突发事件对财政增支的影响主要体现为三种情况：一是应急治理支出。该支出属短期性临时支出，但资金需要突然，需及时提供，这方面资金主要来自政府财政支出。2003年在抗击“非典”的紧张时期，中央财政和地方财政分别拿出56亿元、70亿元用于抗击“非典”。[①] 二是后期治理支出。在应急管理过程中，进行恢复重建和实施必要的防范需要大量的财政资金，这类支出属于对突发事件的后期治理性支出，具有长期需求性。应急管理后期治理支出的案例很多，如我国在1998年洪灾发生以后的五年中，共计投入建设资金3100亿元，以加强防洪体系的基础设施建设，其中国债资金达1250亿元。[②] 三是政策性支出。该政策属于救助性政策，具有短期临时性，其主要分为减收政策和增支政策。其中，减收政策主要有：①税式支出，即税收优惠。②减免收费与基金。如在抗击“非典”时期，我国香港特别行政区在2003年4月下旬推出减免出租车牌费一年的应急措施。增支政策主要包括收入补助、财政贴息以及非生产性成本补贴三大类。

（2）我国应急管理框架不健全，导致公共预算的应急管理主动性优势难以发挥。我国目前的政府应急管理机构框架主要依赖于各级政府的现有

① 梁争平：《非典引出的地方财政思考》，《财政研究》2003年第9期。
② 吕炜：《非典访谈：经济影响与财政政策走向（2003）》，《经济参考报》2003年6月12日。

机构，通常在遇到危机后才临时成立一个危机管理委员会指挥部或领导小组，具有浓厚的临时色彩。这种临时管理体系对于公共预算的要求仅停留在被动执行决策和满足要求的层面，忽视了公共预算主动介入应急管理的功能，限制了其应急属性的发挥。在目前的应急管理过程中，按照“急事急办，特事特办”的原则实施的预算调整并不经过人大机关逐笔审批，国务院即使获得全国人大支出授权，依然很难约束相关部门随意扩大行政权力的行为，可见对应急资金的使用监督难度极大。

目前在应急管理过程中，一是应急管理制度建设落后于实践要求，我国应急管理改革起步较晚，只是在近十年来才提上议程。二是行政控制意识强，法定授权没有深入人心。在长达30年的计划经济时代，预算在中国经济社会中的作用是次要的，中央和地方政府都依赖“传统工具”执行其职能。“预算跟着计划走”典型地反映了预算的从属地位。[①] 在诸多的应急管理实践中，长期坚持“一方有难、八方支援”的“口号式”救灾，无法脱离应急管理的传统思维。三是预算制度不健全，使政府忽略了其实施的基本原则。四是在有限的资金供给约束条件下，既要保证国民经济的增长和稳定发展，又要保证公共产品的充足提供是一个难题。

（3）我国预算制度不完善，其应急管理功能难以充分展现。相对于发展了数百年、程序严密、技术高明的美国预算，中国预算尚处于婴儿期。[②] 如果是面对几十亿元的应急支出，通过预备费、专项财政拨款等预算管理手段是可以解决的。而如果需要成百亿元或上千亿元的财政应急支出，仅依赖预备费和突发性事件爆发时追加的专项财政拨款，是不可能有效实现政府的危机管理的。所以，目前缺乏细致化的预算应急支出科目和应急支出的非制度化，即缺乏制度化的“应急预算”编制手段，必然降低政府管理公共危机的能力。缺乏制度化的预算安排，不仅导致突发性公共事件缺乏足够的财力支持，而且还面临着财政临时拨款和专项基金使用的监控问题。总之，我国目前的应急预算制度框架尚未建立，极大地制约了预算制度应急功能的发挥。

① 王雍君：《中国公共预算改革：从年度到中期基础》，经济科学出版社2011年版。
② 冯俏彬：《婴儿期的中国预算》，《行政事业资产与财务》2010年第5期，第259页。

二、现有预算制度无法满足应急管理的要求

整体来看，一方面，我国公共预算程序在应急管理过程中发挥过积极作用，对减少突发事件发生所造成的经济财产损失起到了决定性作用；另一方面，由于我国公共预算制度自身不完善等主客观原因，在日益频发的突发事件面前，我国公共预算制度面临着前所未有的挑战。强化预算管理制度创新不容回避，当务之急是把满足应急管理需要作为预算创新的重要切入点。实施环节应是把“非常规事项”融入预算程序进行管理，推动公共预算功能属性的“全口径”。

1. 我国应急管理形势及改革要求

（1）应急管理实践现实需要。近年来，我国突发事件频发，呈现出区域分布广、类别多样、发生频次及经济损失增加的特点。自然灾害一直是我国面临的最为主要的突发事件之一，每年因为自然灾害导致的经济损失数额极大。据相关部门统计，2010 年我国仅自然灾害导致的直接经济损失就达 5339.9 亿元，占当年 GDP 的 1.34%。[①] 由于我国尚处于社会转型的利益格局调整期，经济发展与自然环境因素之间的关系日益紧密，突发性事故、公共卫生事件和社会安全事件也有多发之势。

表 6-4 列示了近年来我国部分典型突发事件造成的经济损失情况。从 2003 年“非典”公共卫生事件到 2008 年四川省汶川大地震，再到 2013 年发生的青岛市输油管道爆炸事故，这一系列突发事件都表明，我国已进入突发公共事件频发的高危时期，将面临应急管理的严峻考验。

表 6-4 我国典型突发事件造成的经济损失情况

年份	突发事件类型	典型突发事件	经济损失及人员伤亡
1998	自然灾害	长江全流域洪水灾害	2484 亿元
2003	公共卫生事件	致病性非典型肺炎（SARS）	2500 亿元
2003	事故灾害	重庆开县“12·23”井喷事故	6431.31 万元 243 人死亡，4000 多人受伤
2006	自然灾害	强台风“桑美”	112.5 亿元

① 肖秀灵：《应对突发公共事件的财政支出研究》，《特区经济》2012 年第 8 期。

续表

年份	突发事件类型	典型突发事件	经济损失及人员伤亡
2008	自然灾害	南方各省冰冻灾害、"5·12"汶川震灾	9967.5 亿元
2009	社会安全事件	乌鲁木齐"7·5"事件	7500 万元 197 人死亡（截至 7 月 16 日）
2012	自然灾害	北京"7·21"暴雨	116.4 亿元 79 人遇难
2013	事故灾害	青岛市"11·22"输油管道爆炸	约 7.5 亿元 62 人死亡，130 多人受伤
2014	事故灾害	晋济高速"3·1"燃爆事故	31 人死亡，9 人失踪 （截至 3 月 13 日）
2014	社会安全事件	昆明市火车站"3·1"暴力案件	29 人死亡，130 余人受伤 （截至 3 月 2 日）

资料来源：中华人民共和国民政部官网，http：//www.mca.gov.cn，包括相关年度统计年鉴及民政部门统计数据，并引用《基于公共财政视角探析巨灾保险设计》（冯俏彬，2012）、《应急管理理论与实践》（王宏伟，2010）相关数据。

（2）应急管理制度改革需求。随着我国突发事件日益频发，各级政府的应急实战经验日益丰富，应急管理水平得到较大提升。改革开放 30 多年特别是近些年来，我国应急管理工作取得了显著的成绩。尤其是自 2003 年"非典"以来，我国各级政府对应急管理给予了空前的重视，陆续经历了八个阶段的里程碑式改革，应急管理取得了长足发展。[①] 主要表现在：应急管理思想理念不断明确、应急管理预案体系基本形成、应急管理机制不断完善、应急管理法制建设逐步健全、应急管理队伍体系已经形成、应急管理保障能力明显提升、应急管理知识普及得到加强，我国应对各种突发公共事件的动员能力、反应能力、处置能力和恢复重建能力有了明显提高。表 6–5 中展现了我国 2003 年以来应急管理的发展历程。

表 6–5　我国 2003 年以来应急管理的发展历程

年份	中国应急管理发展阶段	主要工作措施
2003	应急管理的起步之年	党和政府首次提出，政府管理除了常态管理外，还要高度重视非常态管理

① 王宏伟：《应急管理理论与实践》，社会科学文献出版社 2010 年版，第 22 页。

续表

年份	中国应急管理发展阶段	主要工作措施
2004	应急预案编制之年	国务院办公厅分别发布《国务院有关部门和单位制定和修订突发公共事件应急预案框架指南》、《省（区、市）人民政府公共事件总体应急预案框架指南》
2005	全面推进“一案三制”工作之年	国务院发布《国家突发公共事件总体应急预案》；首次召开全国应急管理工作会议，要求各地成立应急管理机构；成立国务院应急办，履行应急值守、信息汇总和综合协调职能
2006	应急能力全面建设之年	国务院出台《关于全面加强应急管理工作的意见》，提出加强“一案三制”的具体工作措施；第二次全国应急管理工作会议要求形成政府主导、部门协调、军地结合、全社会共同参与的应急管理工作格局；国务院应急管理专家组成立
2007	基层应急管理工作之年	全国基层应急管理工作座谈会指出，建立“横向到边、纵向到底”的应急预案体系；发布并实施《中华人民共和国突发事件应对法》，应急管理工作在规范化、制度化和法制化的道路上迈出重大步伐
2008	应急管理的大考之年	经历南方多省暴风雪灾害、“5·12”汶川地震灾害以及实现“平安奥运”目标，中国应急管理经历了严峻挑战；国务院颁布《汶川地震恢复重建条例》
2009	应急管理巩固之年	完成国庆60年安保任务，经历乌鲁木齐“7·5”事件考验；颁布《关于加强基层应急队伍建设的意见》；中德合建中国应急管理基地在国家行政学院揭牌
2013年至今	应急管理深化改革之年	党的十八届三中全会《中共中央关于全面深化改革若干重大问题的决议》指出，财政是实现国家长治久安的制度保障，并明确要求改进预算管理制度；成立国家安全委员会，习近平总书记任主任

注：“一案三制”分别指应急预案、应急体制、应急机制和应急法制。
资料来源：笔者自制。

我国应急管理各项制度的建立健全需要一个较长的过程。有研究指出[①]，我国应急管理依旧存在诸多问题，例如，部门分割、协调不足；条块职责划分难以理顺；综合性风险评估薄弱；信息沟通共享不足；社会参与程度不高；等等。我国在目前的经济社会发展形势下，还需要认真研究探索应急管理工作的规律，学习借鉴世界各国应急管理的成功做法和经验，继续建立健全、深化完善有中国特色的应急管理体系。作为我国应急管理体系建设的必要条件和重要前提之一，资金问题十分重要。从近几年

① 中国行政管理学会课题组：《政府应急管理机制研究》，《中国行政管理》2005年第1期。

发生的多次重大自然灾害的情况来看，财政资金做到了保障到位、调度及时，有力、有效地支持了救灾和灾后重建工作的顺利进行。但是，这一过程也暴露出一些问题，如中央和地方的责任范围不够明确、保险资金对灾后重建的支持还很薄弱、捐赠资金的管理和使用透明度不够等，因此，应急管理资金保障管理制度建设尚需加强。

2. 现有公共预算应急管理功能薄弱

由于我国公共预算长期以来注重常规性公共事务的管理，应对突发事件时遵循"急事急办，特事特办"的原则，往往存在不够快、不够多、不够规范、不够安全等问题，导致政府无法及时最大限度地降低突发事件发生造成的经济损失。如 2013 年 11 月山东青岛市发生输油管道爆炸，造成上百名人员伤亡和巨大的财产损失。像这样严重的突发性事故，仅在救济阶段，如海面油污清理、失踪人员搜救、伤员诊治和受难家属安抚等方面就需要一笔不菲的资金投入，事后重建、理赔等多项内容将需要巨大的预算资金支持。救济阶段需要快速反应，对救援资金到位的及时性要求十分高，这是我国现有预算制度安排难以满足的。"凡事预则立，不预则废。"据分析，如果严格按照国际上通行、规范的应急管理过程，在事前预防和响应阶段给予预算制度保障，那么该突发事故本可避免，至少可以大大减轻其损失程度。

基于应急管理的特殊要求，经过必要的公共预算改革，可以大大降低突发事件中的人身财产损失，同时，可以确保相应预算资金的合规使用，取得应有的绩效结果。总之，我国当前应急管理改革本身还存在不足，其改革空间还比较大，基于公共预算与应急管理天然具备的密切联系，应急预算管理应当成为我国应急管理改革的重大平台。通过在"功能全面性"上进行扩围，使预算管理的范围扩展到公共常规事项和突发性事项，必将极大地提升我国应急管理的改革成效。2013 年党的十八届三中全会后，我国已设立国家安全委员会，这一重大举措有利于处理好相关突发事件发生前后部门分割及协调、公共预算有效支持等方面的问题，为推动我国应急管理各方面改革提供了坚实的基础。

3. 有效应对突发事件是预算全面性的应有之义

（1）关于预算全面性。在公共预算制度发展的早期，西方古典财政学家从有限政府的角度提出了相互关联的三项基本预算原则：法定、年度和全面性。公共预算制度发展至今，法定原则和年度性原则的含义依旧较为确定，但对全面性原则的解读变化很大。党的十八大报告在谈到推进政治体制改革时，强调加强对政府全口径预算决算的审查和监督。在 2014 年 3 月召开的中华人民共和国第十二届全国人民代表大会上，李克强总理做政府工作报告时继续强调实施全面、规范的预算制度，预算全面性问题再度受到关注。预算全面性原则在我国主要表述为全口径预算，涉及的基本问题是政府预算的适当范围。由于政府预算的合理范围本质上反映了政府与市场的适当边界以及政府活动的范围这些争议颇大的命题，致使关于预算全面性概念的界定学术界并未统一。整体来看，官方及多数学者关注预算的范围，即内容层面的全面性要求。

胡怡建（2012）指出，现在的政府收入中除了税收以外，非税收入的数量和比重越来越大，如土地的出让收入、国有资产的出售收入等，人大在监督面上应予以覆盖，以推进全面监督。高培勇（2012）强调："加强对政府全口径预算决算的审查和监督，意味着政府的全部收支都要纳入人大监管视野，不光是公共预算，还包括政府性基金预算、国有资本经营预算、社会保障预算其他三本预算。"王雍君（2013）认为，作为现代预算制度根基的全面性原则，应包括六个维度的完整性：政府活动的适当范围、信息披露的类别与详细程度、预算报告类别与制式、计量口径和时间范围、预算程序、预算流程。[①] 实践证明，仅局限于内容或者形式上的要求，既不全面，又不深入，还无必要。例如，多年来学术界呼吁将所有预算外收入纳入预算管理，其存在的误区是既忽视了对所谓"纳入"环境的准确定义和最终意图，又忽视了预算外收入存在的现实性，国内有，国外也有，过去有，将来还会有，预算全面性应是一个包容预算外资金的概念。

预算全面性理应是一个多维度概念。有专家警告，不应该狭隘地理解预算的全面性——只是要求预算覆盖所有的政府运营（不含预算外），全面的预算还具备达到和证明绩效结果的预算链条、预算过程的透明、提升预算进行战略管理和对公民赋权（Empowerment）的功能，这些都构成旨在克服可识别的预算制度缺陷的改革中非常重要的要素（Ansar Sha，2007）。预算是对未来的预见和谋划，本质上就是政府进行公共治理的工具，预算全面性应重点包括预算管理对象的完备性，即兼顾常规性公共事项和突发事件。基于这一角度考虑，预算全面性反映在预算功能上的完整

① 王雍君、谢林：《基于全口径预算的财政监督：要点及努力方向》，《财政监督》2013 年第 15 期。

性，应赋予和强化公共预算的应急管理属性。并且，功能完备性是预算全面性的应有之义。具有功能上的全面性，一方面增强了政府与公众对未来财政信息的预见性，另一方面能切实降低由于对突发事件缺乏预见和有效应对而导致的经济损失和社会成本。

（2）预算的功能“全口径”。预算是预算主体对未来一段时期事项（如提供公共服务）的预计和谋划。严格来说，凡是未来的事情本身就是不确定的，公共事项也是如此。根据不确定性程度的不同，我们可以把未来公共事项分为常规性事项和非常规性事项。常规性公共事项如政府办公用品的采购支出、公务人员工资的支出，其一般是相对确定的，称为常态；非常规性公共事项如突发事件，其发生概率、规模以及相应的应急支出一般是不确定的，可称为非常态。

突发事件一般包括自然灾害、公共卫生、突发性事故、公共安全事件四大类，近年来，我国不断发生各类突发事件，对社会经济生活造成了不良影响。国内外实践表明，应对突发事件是政府不可回避的职责。目前，我国预算的功能主要限于应对常规性公共事项，对于突发事件主要是按“急事急办、特事特办”的原则使用极为有限的预备费进行财力支持，没有形成有效的预算管理体制。由于预算应急功能的缺失，致使突发事件每年产生的经济损失无法得到有效控制，极大地限制了政府的应急能力。在预算不能有效发挥作用的情况下，一方面，应急资金不能得到稳定而足额的供应；另一方面，财政资金的使用缺乏基本的预算控制，在合规性和绩效上存在不足。因此，我们认为，预算不仅要能应对常态，也要具有应对非常态的功能，超越常规性公共事项向非常规性公共事项拓展将是预算的重大功能突破。

基于上述分析，预算全面性要求在其功能上应该同样达到“全口径”目标，既能应对常规性公共事项，又具备对突发性公共事件进行有效应对管理的功能。由于预算全面性也涉及合理确定政府和市场边界的问题，因此，政府在应急管理过程中应特别注意突发事件的识别，客观而谨慎地设计公共预算制度，谨防造成政府的大包大揽。例如，在公共卫生事件中，应急管理中的预防和治疗阶段主要针对的是传染性疾病，如“非典”。对大范围传染病的预防和治疗（尤其是预防）而言，政府干预（纳入预算）的理由很充分，应按照应急管理的需求，做出适当的预算安排；考虑到私人部门在非传染病的预防和治疗（尤其是治疗）方面很可能拥有比较优势，相应的支出全部纳入预算（转嫁给纳税人）既不合理也没必要。从应急管理的角度看，非传染性疾病一般来讲不易升级为突发性公共事件，把所有疾病的预防和治疗事项纳入公共预算是不合适的。

第三节　增强预算应急管理功能的改革措施

由于各种因素，我国应急预算体制尚未真正建立，并且我国现有的应急取向的预算制度还比较零碎，存在诸多缺陷。为推动应急预算管理，提高应急管理能力，我国首先应坚持强化预算制度的应急功能。本书认为，目前应着重从两大方面来改进和强化预算制度的应急功能，这些改革是构建完整的应急预算体制的重要组成部分。

一、强化预算预备金制度

预备金制度是我国现有的最为基础并且十分关键的应急管理资金保障机制，近年来，随着我国突发事件的日益频发，预备金制度的应急管理功效有所弱化。我国预备金制度的主体依然是依据预算法的设置标准每个财年安排使用的预备费。有学者提出，应把会计学中的“谨慎原则”引入财政领域中来，增强应急预算制度设计中预备费的稳定功能，尽量避免全面调整预算。[①] 换言之，通过提升现有预备费账户的“体量”，以此来确保其正常发挥应急管理功能。具体操作是：一是从现在开始，按照法律规定的上限提取预备费；二是对预备费实行基金式管理；三是扩大预备费基金的来源。

实际上，预备费的设置比率问题是可以商榷的，最理想的情况还是加以取消，即预备费规模与本级财政支出不再“挂钩”，使其转变为事前的一项预算，这种预算单独设置，由政府公共预算拨款，其设置标准应满足突发事件发生的不确定性等特征。在预备费标准的把握上，应基于突发事件的发生规律和充分的预测。前者依据以前若干年当地发生突发事件的类

① 刘胜军：《政府会计在危机管理中的变革》，硕士学位论文，西南财经大学，2007 年，第 39 页。

型、规模以及频率等各项因素，后者基于前者的分析预测，关键考虑发生概率以及单次突发事件产生的经济损失两个因素。当然，预测不是一件容易的事情。严格地讲，预留比率的设置对于应急管理来说有百害而无一利，类似的挂钩情况在现实中很多，如教育支出、医疗支出与GDP挂钩等，党的十八届三中全会公报已明确要求，通过取消“挂钩”制，实现预算资金使用效益的最大化。

从预备费政策产生背景来看，预备费“挂钩”的政策早在20世纪就在《中华人民共和国预算法》中加以明确，当时的情况是我国政府规模较小，面对不确定的、巨大的自然灾害损失，各级政府为了最大限度地满足应灾的需要而又不至于影响政府的正常财政运行，无奈之举就是把预备费与本级政府财政支出用固定比率联系起来，近20年来，预备费在应对自然灾害等突发事件中发挥了巨大作用。当前，一方面，预备费设置标准未能结合全国或当地突发事件造成的经济损失进行有效预估，不符合客观实际；另一方面，挂钩标准太低，适用范围狭窄，不能覆盖和满足全部类型的突发事件，以及应急管理各个阶段的预算需求。

1. 明确预备费的适用应急事项

当前，随着我国总体经济实力的增强，整体上呈现出两个转变，一是政府规模不断膨胀[①]，已迅速地从20年前的“穷政府”转变为如今的“富政府”，财政实力已经非常雄厚。二是我国正处于经济转轨、社会发展的关键时期，公共卫生、群体性突发事件以及安全生产方面的矛盾日益突出，相应的突发事件不断增多，自然灾害仅仅是突发事件的一种类型，应对全部突发事件需要的资金逐年增加。我国每年因突发事件的发生而导致的经济损失是巨大的，应急管理所需费用空前，而设置低比率区间的预备费可谓杯水车薪。由于这两个方面的转变，继续按以前的思路设置比率预留预算资金已不合时宜。建议把所有四大类突发性公共事件囊括到预备费的使用范围内，并研究预备费用于应急管理各个阶段的可行性，结合应急管理活动情况，尤其是在市场参与有限的背景下，酌情考虑预备费的设置规模和使用方向。

2. 先提高再逐步取消比率设置

统筹考虑各类突发事件带来的经济危害，近期而言，应切实提高预备

① 王雍君：《中国公共预算改革：从年度到中期基础》，经济科学出版社2011年版，第145页。

费设置标准，使其真正满足应急管理的需要。在整体上，我国已有足够的财政实力应对各类突发性公共事件，不必要仅限于较低比率的预留费用。尽管我国各地情况不一，各年度发生突发事件的概率不同，各级政府的财政实力也不均衡，但安全是第一公共物品，最能体现公共利益，财政实力得到显著增强的各级政府应充分保障应急管理的预算需求。笔者认为，设置预备费比率在实践中实施困难，作为下一阶段预算制度改革的重要内容（应抓住预算法实施条例修订的契机），应弱化甚至取消这种预算挂钩的制度。

3. 避免预备费的过度闲置和低效使用

由于目前预备费与年度预算捆绑在一起，即使当年没有发生重大自然灾害，预备费也不能留用，必须在年度内花完，因此在实际操作中往往出现预备费浪费的现象，导致预算资金的低效使用，甚至产生腐败问题。如果把应对各种类型突发性公共事件作为预备费的适用范围，再配合基金式管理，将使预备费在应急管理中的作用得到充分发挥和极大扩展。这是由于一年中发生自然灾害的概率可高可低，甚至全年不发生自然灾害也属常有，比较而言，全年发生突发事件（或其中任一类型）的概率将高得多，实际上我国每年几乎每个地方都会发生这样那样的突发事件，或大或小，这就为预备费提供了发挥空间。

4. 优化支出结构

在具备适当的预备费规模存量时，需适当调整预备费支出结构，确保突发性事项的全过程管理。从应急资金投入效果来看，事后重建比不上事中控制，事中控制比不上事前预防。所以，在预备费和年度预算捆绑在一起的情况下，各级政府每年计提的预备费，如有预算盈余，在符合我国预算法和相关法律的前提下，应该优先考虑将其投入公共预警支出中。随着制度的不断完善，应急预备费应在平时预算中单独列支，并使预备费的计提建立在细化的预算科目中，使事前预警支出在各个部门的预算中体现出来，从而使整个财政的救济功能最终从被动救济转为主动预防。另外，各级政府要使在突发事件减缓、准备、响应和恢复阶段的预算支出彼此衔接，以保证整个救济过程在预算中的连续性。[①]

① 滕宏庆：《我国应急预算法制化研究》，《政治与法律》2011 年第 11 期。

二、健全我国预算“调适”机制

在应急管理过程中尤其是突发事件发生时，在应急响应阶段，单凭预备费作为融资来源通常是不够的，国际经验表明，要强化预算制度的应急管理功能，需要具备一系列预算“调适”手段。目前，国际上通用的调适机制主要包括补正预算、特别预算和预算流用三大类。

1. 补正预算制度

所谓补正预算，是指年度常规预算形成之后，因情况发生变化而对原预算依法进行追加或变动的预算。因此，补正预算通常包括预算追加和预算修正两个部分。预算追加主要是指在原本预算的基础上追加支出；预算修正则是在预算总额限制下，通常在突发事件或其他意外事件发生时，进行预算支出结构的调整。补正预算可以在突发事件发生前或发生时设立，预算编制机构需要根据客观需求把握编制时机。在预算规模和结构设计上，应建立在对灾难所带来的税收损失、突发性支出等信息深入分析和谨慎评估的基础上，充分评估应急预算收支缺口。在补正预算设立程序上，与年度常规预算相同，需经过立法机构审批。一般地，补正预算与预算年度开始时指定的常规预算共同构成预算执行的基础。

补正预算是在对危机造成的损失预先评估的基础上编制的，具有一定的超前性，所以要按照科学的程序和细致的方法进行编制。预算编制部门在突发性公共危机发生时，可在深入分析与谨慎评估危机事件所带来的税收损失和危机处理支出的基础上，基于应急预算收支缺口编制补正预算。当前我国原本预算支出安排不足以应对各种突发危机，经常通过压缩行政性经费或调整其他支出科目来进行弥补，导致预算支出变动频繁，有损预算的规范性和稳定性。针对这一现状，笔者认为可借鉴日本的经验制定补正预算，使我国的应急预算管理更加规范。

众所周知，日本是一个典型的灾害多发型国家，日本政府对于应急管理的预算制度安排比较完善。在通常情况下，日本政府设有一般的预算来应对可能发生的各种突发危机事件，作为当年度预算执行的依据。在日本，倘若突发事件处理支出超过原本预算，就要向国会提交补正预算，通常不通过压减行政性开支或调整其他支出科目来进行弥补。我们可以看出，日本政府的预算管理是规范真实的，这也说明日本的预算所受的监督约束较严，人为随意性变动较少。[①] 笔者认为，这一做法有助于加强对预算编制工作的监督管理，进而可有效提高应急预算管理制度的规范性。

有学者建议[②]：①我国应在中央和地方财政分别编制平时预算和补正预算。平时预算即政府现行预算，在正常状态下执行，也包括应对公共危机的财政款项。一是拨付给与危机管理相关的职能部门及辅助部门的正常预算开支，如地震、水利、民政、消防、公共卫生等部门的财政资金，包括预算内和预算外资金；二是列在抚恤和社会福利救济费项目下的救灾支出；三是中央财政与地方财政中单独设置的应急预备费，主要用于一些应急性支出，如突发性灾害的救治资金、事前预警的支出等。补正预算则只有在突发事件发生时才执行，其内容是公共危机状态下的公共收支安排，包括可能的突发性支出和应急的收入来源。②补正预算应是多档次预算，即中央和地方财政部门每年都要编制几个档次的补正预算。应基于突发事件给财政带来的减收增支的风险来划分预算档次。③补正预算的支出主要用于各类突发事件的事中、事后两个阶段。

2. 逐步引入特别预算模式

一般而言，特别预算的资金主要来源于国债资金，不受公共债务及预算赤字规模等的限制。我国目前没有编制过严格意义上的特别预算。但从重大灾害的灾后重建来看，其资金需求是一般预算无法满足的，通常会通过广泛的资金动员及特别的融资渠道筹集资金，具有特别预算的性质。例如，1998 年 10 月，党的十五届三中全会通过的《中共中央关于农业和农村工作若干重大问题的决定》，要求进一步加强水利建设，实行兴利除害结合、开源节流并重。随后，党中央、国务院下发关于灾后重建的相关文件，对灾后水利建设做了全面部署。在以后连续的五年中，中央财政实际安排国债资金 1252 亿元，用于防洪大堤和水利设施建设。[③] 在汶川大地震后，中央建立的灾后恢复重建资金（基金）及其管理体制，也具有较明显的特别预算性质。

由于特别预算模式在应急管理事务中能够发挥不可替代的效用，我国目前除了需要重构现有的应急预备费制度以外，还应当借鉴美国、日本以

① 崔军、孟九峰：《关于完善我国应急预算管理制度的探讨》，《财政研究》2009 年第 6 期。
② 滕宏庆：《我国应急预算法制化研究》，《政治与法律》2011 年第 11 期。
③ 周克清：《论我国应灾性预算制度的软肋及其完善》，《中央财经大学学报》2010 年第 12 期。

及我国台湾地区的应急特别预算制度作为有力补充。[①]笔者建议，在构建应急预算管理体制过程中，可吸收美国补充拨款模式的优点（如设立程序严密），设立我国的特别预算制度。美国的补充拨款机制是典型的特别预算制度，也是美国紧急事件最为关键的预算调适机制。补充拨款的批准过程与常规拨款法案相似，它没有固定的数量，不过有些补充拨款法案在每届国会都被通过。补充拨款法案由对项目具有管辖权的小组委员会负责准备，但并不是指建立在他们的提议之上，其准备过程通常比常规预算带有更多协调性。形成补充拨款法案需要对法案的范围、应提供的额外资源的数量做出决定，不管额外拨款的全部或一部分是否被设计用于紧急情况，也不管紧急支出是否应该被其他领域的削减抵消。要解决这些问题，可能需要国会内部以及国会与白宫之间进行协商。补充拨款是拨款过程中的经常性特征，补充的资源取决于国会的预算基调，以及一些自然灾害或美国军事行动之类的外部事件。在 20 世纪 90 年代，补充拨款受到《预算执行法案》（BEA）的约束，但是国会依然通过补充拨款为海湾战争、其他军事活动及灾难救援提供预算资源。特别预算制度在国际上日益普及，日本于 2012 年开始编制特别预算。[②]还有学者建议，可以考虑在我国《宪法》紧急状态条款中增加应急特别预算制度。[③]

3. 完善预算执行过程中的“预算流用”

要强化预算制度的应急管理功能，增强预算执行的灵活性至关重要。国际上，英国、法国等欧洲国家早就设立了“预算流用”制度，在一定程度上有助于实施应急管理。英国为了使预算经费的使用更具弹性，其成文宪法规定[④]：凡是通过国会批准的预算拨款，财政部有充分的自由配置权，如进行经费流用（Virement）。因此，进入预算执行过程后，预算流用的程序由财政部核准即可。另外，在法定预算限额内，财政部有权批准将一项业务没有花完的经费补充给其他的业务（或项目），因为这些业务预算资金不够用。[⑤]法国预算一般分为七类，通常在类的下面分为数目繁多的章（Chapter），一般来讲，只有同一章内的经费可以进行流用，只需相应部门

①③ 滕宏庆：《我国应急预算法制化研究》，《政治与法律》2011 年第 11 期。

② 参见本书第四章内容。

④ Institute of Public Policy Researeh，1995.

⑤ 张耀相：《英国政府预算制度》，《主计月报》1989 年第 5 期。

的负责人审批即可。当预算进入执行环节，只有立法机关（国会）才有权变更预算支出，而且这种变更要控制在预算总额限制的范围。[①]

根据我国预算法的相关规定，原则上不允许预算资金在不同的预算科目之间调剂使用，而在实际操作过程中，尤其是发生突发事件时，这种形式的预算流用很普遍。如在应对“非典”疫情和“5·12”汶川大地震时，中央和地方政府均以压缩国家机关公用经费等形式，通过流转预算资金来处置危机。虽然这种做法的出发点正确，但是这种流转经费数额十分有限，更为关键的是，这种预算调剂方式可能对原预算科目事项造成不利影响。因此，对于预算流转的前提和程序需要进一步法定化，明定哪些预算科目可以流转以及确定流转比例。[②]

笔者认为，在应急管理事务中，作为一项应急预算制度安排，“预算流用”制度应该被“活用”。不仅可以在应急项目（或活动）中通过“预算流用”模式实现对应急资金的调剂使用，而且可以在不同的年份以及应急管理的各个阶段应用“预算流用”。20 世纪 80 年代以来，新西兰、澳大利亚、美国、英国等 OECD 成员国发起了新一轮政府预算管理改革，自此，OECD 成员国普遍放松了对预算资源投入的控制，授予政府各部门更多的支出决策自主权。具体做法包括取消对各财政年度之间资金转移的限制。政府各机构可以将本年度没有使用的资金结转至下一年度使用。典型的做法是设置一个递延的百分比，即本年未使用完而可以递延到未来年度的资金，占本年拨款额或营运成本的某个百分比。容许预算资源的年度间递延（结转）大大减弱了年末突击花钱的动因，也使强制性的时间截止日期（只能在本年度使用）导致的资源低效率使用问题得到缓解。[③]

① 苏彩足：《世界主要国家预算制度及其运作形式之研究》，台湾行政主管部门主计处委托研究计划，中国台湾，2000 年 3 月。

② 滕宏庆：《我国应急预算法制化研究》，《政治与法律》2011 年第 11 期。

③ 彭健：《政府预算理论演进与制度创新》，博士学位论文，东北财经大学，2006 年，第 259-260 页。

第七章　构建我国应急预算账户：路径及管理

构建应急预算账户是实施应急预算管理与改革的重要环节。基于我国现有的预算制度安排，借助中央预算稳定调节基金，应是我国应急预算账户设置的可选路径（或策略）。同时，在预算账户的管理层面，关注我国的应急财力和财源建设以及支出策略是必要的。

第一节　设置专门预算账户的理论阐述

正如美国著名的公共行政学家和预算专家爱伦·鲁宾所说，公共预算对于环境的开放意味着，在一年中当想不到的事件发生时，预算必须能够适应。在国家层面，补充拨款或许能帮助应对像战争、飓风或地震这样的突发事件。在州和地方层面，或许有权宜账户来应对这些意外事件。其目标是引入足够的弹性来应对手头的问题，而不改变多个意见分歧的行动者通过复杂的公共协商产生的基本政策。① 我国尚处于预算制度很不完善的阶段，按照补充拨款的预算调整方式应对突发事件，其合规性难以保证，管理风险较高。明智之举应是整合目前的应急资金，在当前复式预算体系下，为应急管理事项构建专门的预算账户。

① ［美］爱伦·鲁宾：《公共预算中的政治：收入与支出，借贷与平衡》，叶娟丽、马骏等译，中国人民大学出版社 2001 年版，第 24 页。

一、共用资源池理论

从根本上讲，预算制度的基本功能就是妥善处理公共财政的两个基本问题：委托—代理关系（Principal-Agent Relationship）和共用资源池（The Common Pool）问题，有效的预算制度在控制委托—代理问题和共用资源池问题的负面后果上起着关键性作用。[①] 共用资源池问题的实质是资源提取者没有承担其行为的全部后果或社会成本，因而导致资源过度提取、滥用并最终破坏可持续性。公共资源可以看作一个典型的、开放的资源共用池：没有任何资源提取者（预算单位）和支出受益者承担这些资源的全部成本，这些成本的绝大部分被转嫁给所有纳税人，进而导致过度开支、赤字和债务，并威胁公共预算的可承受性和可持续性。

共用资源池问题主要从两个方面削弱了预算管理的效率。首先，共用资源池问题意味着支出机构和项目通过无节制的争夺来获得资源，在缺乏财政总量约束制度的预算模式中，无节制地争夺资源导致分项支出之和很容易突破预算支出限额，从而破坏政府的财政能力（量化为年度预算中的支出预算）。其次，无节制地争夺资源而不是通过竞争来使资源从低效用评价的项目中释放出来，并转入具有较高效用评价的项目，其长期后果就是财政资源的总体配置演化为一种低效益格局。实际上，在应急管理过程中存在的大量问题和不足，很大程度上归因于资源的无偿获取和无效配置，这是与共用资源池问题相关联的。

财政纪律与总量控制、基于政策优先性的资源配置、营运管理与运作效率是良好预算管理的三个关键目标。在预算分配过程中，总量突破将导致不可持续性，低效配置则导致不可兼顾性，化解共用资源池问题的关键在于处理好资源限额和资源配置两个方面的问题。相应地，在突发事件管理过程中，充分借助预算制度的应急属性，纵向关系应注重应急资源的储备，横向关系需重视应急储备在应急管理各个阶段的配置或规划使用，是增强应急管理水平的重要渠道。当前，应急资源的储备形式已呈现多样化趋势，按国外多数发达国家的成功案例，通过预算稳定基金发挥应急管理

---

① 王雍君：《公共预算管理》，经济科学出版社 2010 年版，第 3 页。

职能越来越受到重视。[1]

二、预算资源"隔离墙"理论

设置"隔离墙"的重要性在于它保护每一个领域免受另一个领域预算增加而可能造成的预算削减。公共安全一直以来是公众的必需品，但是，突发事件的不确定性往往给决策者为选民提供公共安全带来了挑战。如今，应急管理已成为提供公共安全的重要保障。设置应急预算账户，实质上就是在公共资源分配过程中为应急管理活动设置一道"隔离墙"，即通过把应急预算与常规预算隔离开来，保障应急管理的资金需求。霍恩（1995）认为，许多立法机构所设计的预算制度都是为了解决由政治不确定性所引起的交易问题。派特希克（1996）指出，"当选的政治家会满意于他们自己选择的预算契约，但是这些契约很容易被未来持有相反政治观点的政治家所修改，甚至是废弃"。如果预期会发生这种类型的预算机会主义行为，那么当选的政治家会寻求设计和实施一种保障机制来对当前的预算制度进行调整。[2]

在预算领域，有很多预算制度安排是为了克服政治家之间的机会主义行为。例如，"专款专用"的基金和预算外收支等。"专款专用"的基金是单独以一种特殊的预算模式来管理，违反了政府预算的一致性原则。但从交易成本政治理论来看，基金收支的存在可以减少政治不确定性，也能降低制定预算合同的事前交易费用，以及用于确保预算承诺具有时间延续性的事后交易费用。美国 1990 年《预算执行法案》（BEA）为自由裁量支出建立了所谓的"隔离墙"，该法案将国防、国际援助和国内支出相分离，成为三个领域。在 1991~1993 财政年度，每一个领域都设定了支出上限，而到 1994~1995 财政年度，又按照整体预算上限来编制支出上限。这种机制有效避免了这样一种行为：国防支持者们通过建议加大削减国内项目预

① 王雍君、张拥军：《政府施政与预算改革》，经济科学出版社 2006 年版，第 78-81 页、第 267 页。

② Patashnik E. M.，"The Contractual Nature of Budgeting: A Transaction Cost Perspective on the Design of Budgeting Institutions"，*Policy Science*，No.29，1996，p.194.

算力度而保留国防预算。[①] 又如，以雇员缴纳工薪税的形式来筹集社会保障资金，从而设立一种非常难以改变的预算安排，这样就解决了当前立法者的承诺问题。此外，利益集团在政治活动中也是非常重要的参与者。利益集团和当选的政治家同样面临着政治不确定性问题，也同样会采取一定的预算策略来解决政治不确定性问题。

公共安全是一种典型的公共物品，也是人们的基本需求，代表着公众的共同利益。在突发事件频发的现实背景下，应急管理是政府实现公共安全的必要保障。既然针对突发事件的应急管理如此重要，而突发事件的发生又是如此难以确定，那么构建专门的预算储备变得极为必要。

三、外部性问题

外部性又称外溢（Spill-Over），[②] 是指经济主体（包括厂商或个人）的经济活动对他人和社会造成了影响，而该经济主体却并不为此承担责任。根据这一影响是好是坏，外部性可以是正的外部性，也可以是负的外部性。在存在正的外部性的情况下，经济主体给他人和社会带来了利益，却没有得到补偿；而存在负外部性的情况下，经济主体对他人和社会造成了损害，但该经济主体却不必为这种损害进行补偿。正外部性的典型例子是科学家的发明创造给社会带来了巨大的收益，但自己所得只是其中微不足道的一部分，地方政府应急管理、环境保护和基础教育也是这方面的例子。负外部性常常得到产权经济文献的关注，常被提及的例子是污染、噪声、拥挤。[③]

外部性是与公共物品密切相关的一类市场失灵。公共物品可以看作是外部性的一个特例：外溢的范围和程度如此之大，以至于每个人的受益相差无几。然而，在多数情况下，外溢的程度和范围是有限的，从事特定活动的人或组织享受的好处比局外人享受的好处更多，在这种情况下，经济

① 由于受苏联解体和东欧剧变的影响，美国 1994 年之后的支出上限允许通过削减国防预算来达到目标，这种手段通常被称为“和平红利”。参见［美］小罗伯特·D. 李、罗纳德·W. 约翰逊、菲利普·G. 乔伊斯：《公共预算体系》，苟燕楠译，马嘉楠校，中国财政经济出版社 2011 年版，第 208 页。

② 外部性最早源于马歇尔在 1890 年提出的“外部经济”概念，20 世纪初庇古在此基础上扩充了“外部不经济”的概念和内容。

③ 楼继伟：《中国政府间财政关系再思考》，中国财政经济出版社 2013 年版，第 145 页。

学家所称的外部性就形成了。[①] 换言之，政府提供公共服务的过程中也会产生外部性。由于外部性的存在，市场经济体制无法很好地实现其优化资源配置的基本功能，社会最优的产量往往难以达到。在市场无法通过自身力量将外部性内部化时，外部性的存在就成为政府干预经济的一个重要原因。

根据外部性的原则，在实际操作中，可以根据公共服务的受益范围确定公共服务成本的辖区范围，使成本分担的地理边界同受益范围一致。[②] 由于突发事件在发生时间和发生地点上往往是不确定的，而应急管理的收益在时间和区域上往往比较集中，致使在公共预算资源的竞争平台上，应急管理难以获得适度的资金支持。对于成本损失充分外溢的突发事件（如公共卫生事件），由于应急管理的收益跨越区域，理应通过全国范围的公共预算承担其成本；而大多数突发事件的外溢程度极为有限（如突发性事故灾害），基于受益对称性原则，应主要由相应区域的地方政府实施应急管理。同理，应急管理各个阶段活动的外部性通常也是不一致的，如公共卫生事件，预防减缓阶段相对救治响应阶段获得的收益往往更具外部性。总之，由于外部性问题在应急管理全过程中广泛存在，要求分配和使用应急预算账户资源时，应充分考虑到成本收益对称性原则，合理确定各项应急规划活动的资源配置。

第二节　设置应急预算账户的路径选择

一、三类可选的过渡账户

我国目前尚未设立用于应急管理的专门储备账户。在现有复式预算结构中，依然将预算准备金和中央预算稳定调节基金两个账户作为应急响应

① 王雍君：《公共经济学》，高等教育出版社 2007 年版，第 84–85 页。

② 涉及受益对称性原则，即从经济效率上考虑，合理的地方财政行为准则必须建立在受益原则的基础之上，并且经济效率要求成本与利益相匹配，即受益者支付成本。严格来讲，这种匹配性要求受益者与成本承担者之间保持对称，主要包括人群、地域及时间三个维度。

的融资来源，除此之外，我国发生重大灾难之后的恢复重建阶段，往往会通过发债的形式建立各类灾后重建基金，如2008年汶川地震灾后恢复重建基金等。按照规定，准备金制度在各级政府都应设立，预算稳定基金目前限于中央政府层面，两者都属于不确定特定使用目的的专门账户，灾后基金则属于我国常规预算之外组建的专用基金，类似于部分国家和地区实施的特别预算模式。从我国各级政府近年来的决算情况看，准备金、稳定基金以及灾后基金在应急管理事务（尤其是响应和救济重建阶段）中发挥了积极作用，从理论上分析，三者均成为过渡到应急预算账户的重要选项。

目前，我国针对预备费的管理是年度性的。预备费的年度式流量管理，早在20世纪90年代制定的《中华人民共和国预算法》中就予以明确。此项制度设置大体基于两个背景：一是当时我国预算管理制度刚刚建立，各项预算管理规则还不完善，表现为预算纪律松弛、财政资金使用既不合规又无绩效、预算外收支繁多、监管不严等，决策者有充分的动机和“安全”的预算环境增加对预算资金的支配，从而把预备费留作机动所用，年底又可以“名正言顺”地花完。二是或是由于对应急管理认识不足，或是由于面对突发事件的持续挑战显得力不从心，在多数情况下，各级政府止步于突发事件发生时的应对阶段。由于突发事件发生往往是瞬间而不持续的，作为应对的重要财政手段，对预备费的设置或存续周期要求不高，即维持其年度性也能满足“应对”（而非应急管理全过程）需要。时至今日，预备费年度式管理已无存在的必要。经过最近十多年的预算改革，我国公共预算制度已基本成形，其控制和管理功能得到显著增强。而且，我国应急管理改革进程逐步走上正轨，已充分认识到对突发公共事件进行全过程应急管理的科学有效性，使“应对”逐步走向了各个应急阶段。相应地，把预备费与年度预算进行捆绑是不合理的，主要基于两点考虑：一是预备费的年度性（或称为临时性）不利于预备费的合理使用，往往导致上半年不敢用、下半年急着花的局面。如果当年没有发生较大的自然灾害，由于各级政府有把预备费在年底前必须花完的动机，使用难免忙乱，从而不利于提高预算资金的配置和使用效率。二是预备费既然可用于自然灾害等突发事件的应急管理，那么其存在或运行周期必须要与应急管理各个阶段组成的整体过程相一致。一般来说，针对任一突发事件的应急管理，从减缓发生、准备、预警和应对到恢复阶段所经历的时间往往较长，不止一个年度。因此，预备费应是周期性的，这种周期性应是超越年度的。总之，为了更好地使用预备费，也为了进行有效的应急管理，预备费必然要实行基金式管理。当然，鉴于我国预备费的使用目的尚未被准确地区分，以及我国各级政府预备费一直以来没有得到妥善的使用，尤其是主要行政领导对其拥有较大的自由裁量权，笔者认为，尽管预备费基金式管理是大势所趋，但通过改革预备费制度，将其逐渐过渡到应急预算账户依然困难重重。

从建立应急预算账户来说，客观地讲，特别预算制度（我国称为灾后基金）和我国当前已开始实施的预算稳定调节基金具有同等的地位和优势，即除预备费之外，特别预算制度在理论上可成为构建我国应急预算账户的条件。当然，需要考虑的因素应是多方面的，应灾性预算的主要资金应来自政府一般性预算，债务性资金仅占一小部分，且受到政府预算法律及相关法规的严格限制。因此，应灾性预算与特别预算也有一定的交叉，但不完全重合。[①] 另外，特别预算比当前实施的预算稳定调节基金所受到的监管相对松弛，且资金来源多是以政府发债为主，可能导致的财政风险不可低估，最为关键的是我国尚未实施真正意义上的特别预算制度。比较而言，基于特别预算构建应急预算账户显得不够实际。目前，我国中央预算稳定调节基金与通常的常规预算一样，要受标准预算管理程序的约束，更为严密，甚至可以将我国预算调节基金归属于常规预算体系，已有不少学者认为稳定基金是我国政府预算的第五本“账户”。基于上述内容，结合我国预算管理现状，作为构建应急预算账户的策略抉择而言，预算准备金和灾后基金并非合适选项，而基于预算稳定调节基金构建应急预算账户的优势得以显现。

二、策略：以预算稳定调节基金为起点

1. 关于预算稳定基金

预算稳定基金在国外文献中被称为 Budget Stabilization Funds（BSFs），或者通俗地称为“雨天基金”，即 Rainy-Day Funds（RDFs）。根据国内外实践和相关文献，预算稳定基金有两个不同的定义，一个相对严格而另一

① 周克清：《论我国应灾性预算制度的软肋及其完善》，《中央财经大学学报》2010 年第 12 期。

个相对宽松。严格的定义是指当好的经济状况占上风时留出资金，然后当经济出现衰退时拿出来，以减少州政府为应对衰退而不得不减少支出或增加税收的程度。① 宽松的定义是指留出资金，以抵御“因为暂时性的收入减少或突发性支出而减少服务水平或增加税费”的可能性。② 比较而言，前者清晰且简单地定义了基金的积累时间（在好的年景期间）和目的（为了应对衰退期间的收入减少），后者的主旨是这个基金不仅用于暂时性的收入减少，而且用于任何非经常开支。③ 一般而言，预算稳定基金有三个基本特征：第一，预算稳定基金必须有授权法作为其法律基础，即预算稳定基金有法律约束力。第二，预算稳定基金必须经过多个财政年度的积累，并且旨在成为反周期的政府预算储备。④ 第三，作为一般性目的的政府预算储备，预算稳定基金不能仅用于特定部门或单一目的，预算稳定是其主要目标。

自 2007 年设立至今，中央先后多次补充安排预算稳定调节基金，尽管其规模还比较小，但我国中央预算稳定调节基金充分发挥了稳定财政、应对突发性公共事件的功能和以盈填亏的“蓄钱池”作用，如在 2008 年汶川大地震后，国家及时拨付了 600 亿元预算稳定调节基金，用于灾后恢复重建。表 7-1 显示了我国近年来中央预算稳定调节基金收支结余规模。

表 7-1 我国中央预算稳定调节基金收支结余规模

单位：亿元，%

年份	中央决算增支后的净超收	中央财政赤字比预算增加（-）减少（+）	中央预算稳定调节基金			
			补充安排（+）	调入使用（-）	期末结余	占全国财政收入的百分比
2006	700.1	+200.1	500.0	—	500.00	1.3
2007	1482.0	+450.0	1032.0	—	1532.00	3.0
2008	384.0	0	192.0	1100.0	624.0	1.0

①② 徐涛、侯一麟：《预算稳定基金：应对经济衰退的工具》，《国际经济评论》2009 年第 3 期。

③ 郜可祥、刘爽、王统林：《美国各州预算稳定基金的启示与借鉴》，《地方财政研究》2007 年第 9 期。

④ 美国审计总署（General Accounting Office，GAO）把州储备分为三类：a. 用于一般目的的全政府储备；b. 用于特定目的的全政府储备；c. 用于特定目的的特定机构储备。预算稳定基金应该是一种用于一般目的的全政府储备。

续表

年份	中央决算增支后的净超收	中央财政赤字比预算增加（-）减少（+）	中央预算稳定调节基金			
			补充安排（+）	调入使用（-）	期末结余	占全国财政收入的百分比
2009	0	0	101.1	505.0	220.1	0.3
2010	2748.0	+500.0	2257.7	100.0	2377.8	2.9
2011	3138.0	+500.0	2892.0	1500.0	3769.8	3.6
2012	212.4	+1000.0	184.2	2700.0	1253.9	1.1
2013	113.8	0	1164.4	1000.0	1483.1	1.1

注：由于我国调节基金结余规模小，无法比对当年 GDP，因此在分析时仅统计占全国财政收入的百分比。

资料来源：根据我国 2003~2013 年中央和地方预决算报告公布的数据整理。

2. 依托稳定基金构建应急预算账户的优势

对定义的界定和选择不一致，体现了各国或各时期对预算稳定基金的目标定位有所差异，卢凌波（2012）认为，预算稳定调节机制的理论依据主要有逆周期的财政政策理论和代际公平理论。① 同时在我国管理实践中，预算控制和应急储备需求也是建立预算稳定调节机制的重要考虑。一般来讲，预算稳定基金的基本功能包括②：第一，作为一种反周期财政工具，预算稳定基金可以发挥“蓄水池”效应。第二，预算稳定基金可以应对突发公共事件或自然灾害的不时之需，发挥应急功能。第三，预算稳定基金是政府财政的一个收入来源。

总体上，基于预算稳定调节基金在预算稳定和应对突发事件中的基本功能，可以使其逐步过渡到应急预算账户，发挥公共预算的经济适应性和对突发事件的适应性双重功效。由于其已经实现盈余结转，有利于改善应急管理资金在各阶段的纵向配置（如把减缓阶段剩余的应急资金投向响应阶段），而目前的预备费尚未实施基金制，年度间余额不能结转。

实践表明，随着我国预算稳定基金规模不断扩大，并逐步在地方层面设立预算稳定基金，预算稳定调节基金可以充当跨年度的财政应急储备。我国是灾害多发的国家，应对重大自然灾害和突发事件的财政应急储备必

① 卢凌波：《预算稳定调节基金：财政储备还是预算调节》，《财贸经济》2012 年第 12 期。

② 郜可祥、刘爽、王统林：《美国各州预算稳定基金的启示与借鉴》，《地方财政研究》2007 年第 9 期。

须具备一定规模。中央财政虽然每年在预算中都留有一定数额的预备费，但预备费只能在当年使用，不能跨年度安排，也不形成储备。汶川地震灾害发生后抗震救灾及灾后恢复重建的经验表明，在我国建立一个跨年度的财政应急储备，在发生特大自然灾害和其他突发事件时快速反应、专款专用，非常有必要，也有利于减轻对年度预算收支的影响。中央预算稳定调节基金只要保留一定规模的余额，就可以发挥跨年度的财政应急储备作用。

3. 构建策略

可选策略是在目前的复式预算下，分离中央预算稳定调节基金，构建初步的应急预算账户逐步实施应急预算模式。换言之，进行一分为二，突出预算稳定职能和应急管理职能，单列应急管理功能（见图 7-1）。[①] 地方政府应充分考虑是否有足够财力迅速有效地解决可能面临的各种突发性事件，并利用比中央更加及时有效地了解和估计当地情况的优势，及时反馈对预算稳定调节基金的估计需求。当然，对预算稳定基金进行“切分”，前提是在完善相关法制的基础上，进一步规范基金管理和不断扩大基金规模。但从规模来看，目前还远远不够。

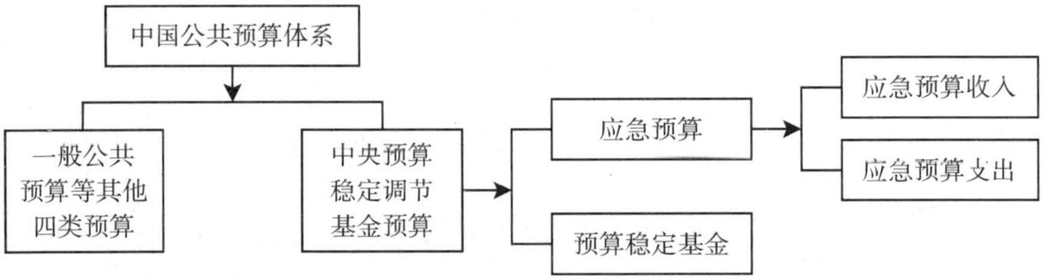

图 7-1　中央预算稳定调节基金预算“切分”

三、我国应急预算账户设立与复式预算改革

1. 我国复式预算的历史沿革

设立应急预算账户，务必会碰触到我国当前的复式预算制度。我国复

① 在预算稳定调节基金的改革分类上，各国已经积累了一定的实践经验。如俄罗斯近年来关于预算稳定调节基金的改革，参见财政部财政科学研究所（现中国财政科学研究院）著编：《经济危机中的财政》，中国财政经济出版社 2012 年版，第 210–214 页。

式预算已经历了一个较长的演变历程，如表 7–2 所示。

表 7–2　我国复式预算改革历程

年份	内容
1991	《国家预算管理条例》颁布，规定从 1992 年开始国家预算采用复式预算，将单式预算分解为经常性预算和建设性预算
1993	中共十四届三中全会通过《中共中央关于建立社会主义市场经济体制若干问题的决定》，指出要改进和规范复式预算制度，建立政府公共预算和国有资产经营预算
1994	第八届全国人大二次会议通过《预算法》，规定中央预算和地方各级政府预算按照复式预算编制
1995	国务院通过的《预算法实施条例》规定，各级政府预算按照复式预算编制，分为政府公共预算、国有资产经营预算、社会保障预算和其他预算
2003	中共十六届三中全会通过《中共中央关于完善社会主义市场经济体制若干问题的决定》，提出实行全口径预算，致力于将所有政府收支纳入预算管理
2007	中央和地方开始试编国有资本经营预算，2012 年正式汇编
2010	试编社会保险基金预算（今后还需编制社会救济、社会福利等预算，构成社会保障预算）
2011	我国“十二五”发展规划提出“实行全口径预算管理，健全国有资本经营预算，在完善社会保险基金预算基础上编制社会保障预算”
2013	中共十八届三中全会通过的《关于全面深化改革若干重大问题的决定》提出，实施全面规范、公开透明的预算制度，再次强调了预算的全面性问题，从而对复式预算改革提出新的要求
2014	第十二届全国人民代表大会常务委员会第十次会议修订《预算法》，第五条明确规定，预算包括一般公共预算、政府性基金预算、社会保险基金预算、国有资本经营预算，我国复式预算体系结构更加完整

资料来源：笔者自制。

笔者认为，一方面，通过实施应急预算管理，并构建专门应急账户，有利于加快复式预算制度改革，为重构我国公共预算体系创造条件；另一方面，当前我国强调全口径预算管理，可以为应急预算账户的设立提供合理依据。

2. 复式预算制度面临的主要困境

与单式预算相比，复式预算能够更加完整、详细地反映不同性质的政府收支，符合预算全面性的要求。然而我国复式预算改革并非一蹴而就，自 1995 年国务院通过的《中华人民共和国预算法实施条例》要求各级政府预算按照复式预算编制以来[①]，我国复式预算的结构虽有所变化，但在确保预算全面性功能上尚无实质性进展。

2000年以来，为了进一步加强对各政府部门资金尤其是预算外资金的管理，国务院及财政部推出了部门预算改革、政府收支分类改革、国库集中支付等一系列预算管理改革措施。全国及地方人民代表大会也推出了对政府收支加强立法监督和控制的多项改革措施。当前，随着《预算法》在2014年修订完成，政府预算体系以全口径预算为突破口初具雏形，复式预算体系进一步完善。我国初步确立了以一般公共预算、政府性基金预算、国有资本经营预算、社会保险基金预算为主要内容的预算体系，形成了相对独立又统一的有机整体。然而，脱胎于计划经济体制、行政主导的"全能型"政府，在逐步向"有限型"政府过渡的过程中，预算体系的完善还有一段较长的路要走。并且，目前构成复式预算体系的一般公共预算、国有资本经营预算、政府性基金预算、社会保险基金预算都还不够完整，依然是制约政府预算全口径的重要因素。主要表现为国有资本经营预算和社会保障预算编制时间晚，目前所涵盖的范围还不够全面。我国2012年才开始公布《地方国有资本经营预算和全国国有资本经营预算安排情况以及地方主要收支项目的预算执行和安排情况》，标志着全国国有资本经营预算正式汇编，但覆盖范围较小、比例较低，仍是"小国资"预算。我国2010年开始试编社会保险预算，但由于我国社会保障制度还不够健全，社会保险基金预算也难以实现全面完整。

由于复式预算改革尚未到位，导致预算全面性受限。政府收支未能全部纳入预算，以及纳入预算的政府收支并非都受到了同样严格的预算管理和监控，一直以来，这两大问题存在于我国政府收支预算管理之中，成为完善我国政府预算体系的桎梏。[②]相应地，由于我国尚未设立应急预算账户，无法将全部应急支出纳入预算管理范围，所以未达到将应急管理过程融入标准预算程序从而改进应急管理的效果。

3. 进一步完善复式预算制度

（1）健全当前复式预算整体结构。一方面，为进一步推进国有资本经营

---

① 全国人大常委会预算工作委员会办公室：《预算审查监督》，引自《中华人民共和国预算法》，中国民主法制出版社2000年版。2014年修订、2015年开始实施的《预算法》已删除了按复式预算编制的相关规定。

② 钱莲琳：《"全口径预算"：健全政府预算体系的突破口》，《地方财政研究》2011年第4期。

预算，实现全口径预算，今后应继续扩大实施范围。另外，还可以考虑适当提高国有资本经营收益上缴比例，建议将垄断型中央企业如石油石化类企业的上缴比例适当上调，以2010年上调为基准，再上调5%。从短期来看，可以考虑将分散的社保类资金进行归并，统一纳入社保预算范围之内。从长远来看，除社会保险基金预算外，还要编制社会救济、社会福利等预算，构建完整的社会保障预算。另一方面，应通过改革中央预算稳定调节基金制度，丰富和发展我国复式预算涵盖范围。重点是扩大基金规模，拔高基金预算地位，区分基金适用范围，并在地方层面引入相应的稳定基金。

（2）建立现有预算账户衔接机制。当前我国要继续以全口径预算建设为契机，在一般公共预算、政府性基金预算、国有资本经营预算及社会保险基金预算之间形成统一和均衡，建立规范透明的资金往来渠道。首先，在国有资本经营预算与一般公共预算之间，可以通过分别设置专门衔接科目进行连接。当公共预算结余时，可根据产业政策要求，对国有资本经营预算进行投资。当国有资本经营预算有结余时，国有资本经营预算的收入部分也可以依照相应的规定和程序流向公共预算，补充公共预算缺口。其次，除了遵循《预算法》规定的预算独立及衔接要求外，在国有资本经营预算与社会保险基金预算之间也可以探索建立衔接机制。

（3）设立应急预算账户，扩大复式预算涵盖范围。同时，按照全口径预算的要求，为彻底消除管理“盲点”，必要时也可以建立其他的特别预算或专门预算，从而稳步推进政府预算体系的构建和完善。当务之急是以强调全口径预算管理为契机，研究设立应急预算账户，并纳入复式预算框架中。实践表明，将用于突发事件管理的全部（至少是绝大部分）资金整合进应急预算账户后，可以使政府预算体系真正实现全口径，同时也有利于保障应急管理顺利进行。从我国应急预算资金管理实践来看，由于预算准备金等储备资金实行流量式管理，往往无法及时足额地满足应急管理需要，同时，应急资金的管理常常存在漏洞，难以监管和审查，即使是对用于应急管理的预算资金进行统计也非常困难。这些问题的产生主要是由于缺乏一本用于应急管理且相对独立的“账户”。基于我国现有应急管理预算资金的管理现状，探索构建应急预算账户十分必要。

当然，把应急预算账户纳入目前的预算模式之后，为保证复式预算中的各项预算构成独立而又相互联系的整体，需要建立各个预算账户之间的衔接机制。

第三节　我国应急预算账户的财源建设

建立应急预算账户，从一定程度上讲，其实就是建立一个财政应急计划。其内容是公共危机状态下的公共收支安排，包括应急的收入来源和可能的突发性支出。富足的政府财政能力是构建应急预算体系的基础和保障，近年来随着我国各级政府“身价”的提升①，我国已具备设置并充实应急预算账户的财政基础。

一、我国应急预算投入分析

1. 我国政府财力状况

政府综合财力是应急财力的基础。分税制改革后，我国税收收入增长明显，税收增长连续多年大幅超过 GDP 增长。1999 年全国工商税收收入首次突破 1 万亿元大关，2012 年全国税收收入更是突破 10 万亿元大关，2013 年税收收入高达 110497 亿元，比上年增长 9.8%。尽管近年来税收增速有所放缓，但 2008~2013 年全国财政收入平均每年仍增长 16.7%。由于税收收入的增长较快较多，全国财政总收入也得到显著增长（见表 7–3）。当前，我国经济下行压力依然较大，随着“营改增”税收政策的全面推开，减税规模有所加大，全国财政收入增速有所放缓，但从收入和支出规模看还是可观的。

表 7–3　我国 1994 年以来财政收支总额及增长速度

年份	国家财政决算收入（亿元）	国家财政决算支出（亿元）	国家财政决算收入增速（%）	国家财政决算支出增速（%）	收支差额（亿元）
1994	5218.1	5792.6	20.0	24.8	–574.5
1995	6242.2	6823.7	19.6	17.8	–581.5

① 从 1993 年到 2016 年，中国五级政府预算规模从 3000 余亿元增加到约 15 万亿元，增长了 50 多倍。

续表

年份	国家财政决算收入（亿元）	国家财政决算支出（亿元）	国家财政决算收入增速（%）	国家财政决算支出增速（%）	收支差额（亿元）
1996	7408.0	7937.6	18.7	16.3	–529.6
1997	8651.1	9233.6	16.8	16.3	–582.4
1998	9876.0	10798.2	14.2	16.9	–922.2
1999	11444.1	13187.7	15.9	22.1	–1743.6
2000	13395.2	15886.5	17.1	20.5	–2491.3
2001	16386.0	18902.6	22.3	19.0	–2516.5
2002	18903.6	22053.2	15.4	16.7	–3149.5
2003	21715.3	24650.0	14.9	11.8	–2934.7
2004	26396.5	28486.9	21.6	15.6	–2090.4
2005	31649.3	33930.3	19.90	19.1	–2281.0
2006	38760.2	40422.7	22.5	19.1	–1662.5
2007	51321.8	49781.4	32.4	23.2	+1540.4
2008	61330.4	62592.7	19.5	25.7	–1262.3
2009	68518.3	76299.9	11.7	21.9	–7781.6
2010	83101.5	89874.2	21.3	17.8	–6772.7
2011	103874.4	109247.8	25.0	21.6	–5373.4
2012	117253.5	125953.0	12.9	15.3	–8699.5
2013	129143.0	139744.0	10.1	10.9	–10601.0
2014	140349.7	151661.5	8.6	8.2	–11311.8
2015	152216.7	175767.8	5.8	13.2	–23551.1
2016	159552.0	187841.0	4.5	6.4	–28289.0

注：财政收入中不含国内外债务收入，从 2000 年起，财政支出中包括国内外债务付息支出。
资料来源：1994~2015 年《财政统计年鉴》，2016 年数据来自财政部网站。

当然，在评判政府真实财力时，仅仅依靠某个年度的财政收入数字信息是不够的，实践表明，政府资产负债表对于全面识别政府财力十分必要。值得关注的是，我国现行《预算法》并未界定年度预算平衡约束中究竟是“谁跟谁平衡”。结果，地方政府普遍利用这一漏洞，将资产（如土地出让或拍卖）销售收入堂而皇之地计入“经常性收入”中，量入为出。

设想政府某年将一项价值 5 万亿元的土地或矿产变卖为一笔收入，因此预算收入就一下子增加了 5 万亿元。如果单纯从预算流量上进行判断，给人的感觉是：政府应急管理的财力很强，即使是规模巨大的公共危机事件，至少在财政能力上是可靠的。然而实际情况是：政府控制或拥有的相关资产出现了严重损耗，但在预算文件中一点也感觉不到。真相是：政府综合财力乃至实施应急管理的财政能力一点也没有提高，这分明是一个误导。

不言而喻，资产销售收入与税收收入在性质上完全不同，因此应该单独列示并且不允许与“支出”进行平衡，从而不应该与实施应急管理的支付能力挂钩。类似的误导也发生在债务方面。假设政府某年借 3 万亿元的新债，如果把这笔钱算作收入，那么显然是离谱的，所以不能算收入。即使如此，政府也会感觉到很有钱花，而不会那么在意未来花钱的能力被偿债压力抑制了。

时至今日，我国多年来形成的“土地财政”问题一直没有得到有效解决，土地出让收入占地方政府财政收入的比例依旧很高，高企的土地收入很容易掩盖我国应对重大突发事件的实际财力。而且，由于土地资源的有限性，土地收入将很难维持高位，依赖“土地财政”维持地方政府财政创收能力终将面临后劲不足的局面。没有稳定可靠的财政创收能力，政府执行稳定的应急管理政策只能是纸上谈兵，中国应该有一个评估应急管理财政可持续性的系统方法和程序。该类方法在国际上已经相当成熟，那就是采用中期支出框架（MTEF）。笔者认为，中国特别需要某种类型的 MTEF。进一步的建议是：应急管理置于 MTEF 下进行讨论和筹划实有必要，宜着手推动。①

在一个重视应急管理的国家，政府综合财力就是应急财力的表征。尽管我国政府综合财政收入增长依然较快，但是在我国财政收入与支出大幅度增长的同时，收支差额（财政赤字）也在大幅增长，连年的积极性财政政策和不断积累的财政赤字已使我国进一步扩大财政支出、大规模提高政府公共投入受到一定的约束。因此，增加政府应对突发性公共事件的投入必须考虑我国现有财政收支状况，需要在目前财力允许的限度内有计划地加以投入。换言之，判定我国应急投入的增长前景，一方面需要客观评估

① 参见陈建华、王雍君：《积极财政政策当讲方法论》，《中国改革》2014 年第 3 期。

我国政府综合财政实力以及财政政策的积极性取向；另一方面需要将分析转向对财政支出结构的考虑，主要包括财政中各支出项目的结构安排。

2. 我国应急投入增长前景

（1）继续实施积极财政政策，财政支出总量有保障。1993 年以来，我国财政政策先后经历了适度从紧、积极、稳健再到积极和追求更加积极有效的循环调整过程，这段时期财政政策的走向呈“N”形。表 7–4 显示了各阶段财政政策实施的经济背景。

表 7–4　1993~2017 年我国财政政策的基调

年份	财政政策取向	实施背景
1993~1997	适度从紧	应对经济过热、通货膨胀风险
1998~2003	积极	受 1998 年亚洲金融危机冲击，经济增速放慢，通货紧缩
2004~2007	稳健	面临通货膨胀风险，经济结构失衡
2008~2014	积极	美国“次贷危机”引发全球金融危机
2015~2017	更加积极有效	经济下行压力较大，供给侧结构性改革

资料来源：笔者自制。

虽然近年来我国财政收入的增长较快，但是随着积极财政政策的继续实施①，我国的财政支出总量也不断扩大（见表 7–5）。2008~2014 年第二轮积极财政政策实施期间，全国财政支出年均增长达 17.3%。如果不考虑稳定基金、结转资金等因素，除 2007 年形成 1540.43 亿元的财政盈余外，1994~2015 年均产生了规模越来越大的预算赤字，2008~2014 年财政赤字年均 7400.3 亿元，2015 年的赤字水平更是突破 2 万亿大关，2016 年高达 28289.0 亿元。

在政府财政收入保持较快增长的背景下，2017 年，我国继续实施积极财政政策，可以预见财政支出总量将持续增长，为保障政府应急管理支出创造了良好的政策环境。

（2）重视财政支出结构调整，应急投入逐年加大。多年来，我国实施

① 通常，财政政策主要分为紧缩性、中性和扩张性三类。紧缩性财政政策主要是指保守型的财政支出政策；扩张性财政政策则为富于激励性的赤字财政政策；中性财政政策居于两者之间，是松紧适度的增量平衡取向的财政政策，它对经济的调控水平最低。相应地，我国先后创设了稳健型、积极型财政政策。前者对应于中性；后者对应于扩张，意味着财政赤字。

财政政策时过于注重总量调整，而结构优化方面相对不足。总需求（宏观）调控型财政政策与结构调整政策在基本逻辑和方法上存在根本差异。关键的问题在于两者的冲突日益加剧：财政越是“积极”，对结构调整造成的困难就越大，所以必须做出适当的取舍。为不影响我国经济持续健康运行，今后在实施积极财政政策的过程中，需对总量调控和结构调整政策进行区分与协调。当务之急应是在我国总需求调控型财政政策与结构调整政策之间做出取舍，总的取向是：总量调控政策服从于结构调整政策。也就是说，当前财政政策筹划的焦点应是结构，其次才是总量。

当然，对于应急管理财力保障而言，财政政策环境的总量层面和结构层面同等重要，并且总需求调控和结构调整政策之间并非总是此消彼长的关系，把握两者的平衡是可行的。早在 20 世纪 30 年代，罗斯福实施了“新政”，在财政支付方面，通过有效采取联邦救济支出、大规模的以工代赈、社会保障政策等措施，出色发挥了积极财政政策的功效。[①] 关于“新政”的评述多种多样，而在学术界比较受认可的结论是其在经济总量和结构调整上取得了一个较理想的平衡。

尽管曾经对财政支出结构调整有所忽视，但我国从 2003 年“非典”（SARS）公共卫生事件之后，已开始对财政支出结构进行深入调整，尤其是通过缩减行政管理费来弥补“SARS”危机中的财政支出。从 2008 年开始，我国再次启动积极财政政策，对优化财政支出结构非常重视，用于预防和应对各类突发事件的财政支出明显增加。2008~2012 年，全国财政医疗卫生支出累计 2.52 万亿元，年均增长 29.3%，医药卫生体制改革取得较大进展，基本实现全民医保。表 7-5 显示了 2008~2012 年我国应急管理主要事业财政支出结构情况。

近年来，财政部一直非常重视财政支出结构的优化完善，形成了我国切实提增应急投入的良好预期。时任财政部部长楼继伟在 2013 年全国财政工作会议上强调，在深化改革的基础上，下一年财政工作将把握三个重

---

① 有学者认为，罗斯福新政的内容并非为经济增长而专门设计，但其在稍后的数年里对美国经济恢复产生了积极影响。正如美联储原主席伯南克和帕金森认为，“新政”只是为经济的自然恢复扫清了道路，而非本身就是经济恢复的引擎。笔者认为，由于“新政”包括一系列结构性调整措施，在生态保护、水土保持、社会保障与就业等方面充分发挥了正面作用，从而为其经济社会长期发展奠定了坚实基础。

表 7–5 2008~2012 年全国应急管理主要事业财政支出结构

单位：亿元

年份	社会保障和就业支出		公共安全支出		环境保护支出		医疗卫生支出		地震灾后恢复重建
	中央	地方	中央	地方	中央	地方	中央	地方	全国
2008	344.28	6460.01	648.63	3411.13	66.21	1385.15	46.78	2710.26	798.34
2009	454.37	7851.85	845.79	3898.30	37.91	1896.13	63.50	3930.69	1174.45
2010	450.30	8680.32	875.20	4642.50	69.48	2372.50	73.56	4730.62	1132.54
2011	502.48	10606.92	1037.01	5267.26	74.19	2566.79	71.32	6358.19	174.45
2012	585.67	11999.85	1183.47	5928.13	63.65	2899.81	74.29	7170.82	103.81
年均增长额	48.28	1107.97	106.97	503.40	–0.51	302.93	5.50	892.11	–138.91
	1156.25		610.37		302.42		897.61		–138.91

资料来源：根据 2008~2012 年《财政统计年鉴》的统计信息推算。

点，其中第一点就是优化财政支出结构。[①] 肖捷在 2016 年全国财政工作会议上也强调了 2017 年调整优化支出结构的政策观点。可见，从我国政策调整的取向分析，财政支出结构调整存在着弥补危机支出，并在未来进一步扩大应对突发性公共事件投入的潜力。

3. 一个关键问题：识别和落实财政政策取向

积极取向的财政政策能够为应急管理奠定坚实的财源基础。在政策操作过程中，判定是否将我国现行财政政策的积极性取向落到实处，设置适当的财政余额指标尤为关键。

国际上判断财政政策取向最常用的指标是财政赤字，其次是财政支出、财政收入和政府债务。各国的定义差别较大，基本要求是全面性——必须是全口径。假设 2018 年的赤字和支出同比增长 10%，高于 GDP 增长目标，是否意味着就是“积极”？其实答案很不明确，实际情况可能是稳健性财政政策，甚至属于表现非常“紧缩”的财政政策。中国现行的赤字和其他财政总量指标大致限于一般公共预算的范围，政府性基金预算、社会保障预算、国有资本经营预算以及包括或有负债在内的各种准财政活动收支净额，没有并入财政赤字（或财政盈余）中。

① 还包括：完善有利于结构调整的税收政策；加强地方政府性债务管理。

其一，我国复式预算可以分为一般公共预算、政府性基金预算、社会保险基金预算、国有资本经营预算、中央预算稳定调节基金五类，并且除一般公共预算外，其他各类预算规模越来越大。例如，2013 年全国政府性基金收入 52239 亿元，支出 50116 亿元，分别同比增长 39.2%、37.9%。2015 年，全国社会保险基金总收入 44660.3 亿元，总支出高达 39356.7 亿元；全国国有资本经营预算收入已达 2560.2 亿元，全国国有资本经营预算支出 2078.6 亿元。其二，我国准财政活动种类繁多，主要以为公共机构或公共实体提供财政担保等的或有负债为主。截至 2012 年底，我国负有担保责任的债务已高达 2.8 万亿元以上。[①] 在任何国家，准财政活动不可能完全避免，但应尽可能予以报告。由于现今准财政活动产生的资源流量并未被纳入相应的政府预算范围，因而进一步使公共预算不能反映政府活动的全部内容，也就无法使用一般公共预算指标判定财政政策的“积极性”。其三，一方面，目前在突发事件处置过程中，政府所使用的绝大部分财政资金并非预算准备阶段事先编制筹划的；另一方面，不像政府担保、税式支出等准财政活动，目前政府针对大多数类别突发事件的应急管理只是承担道德和惯例上的“约束”，真正的法律契约机制尚未建立。严格地讲，应急管理活动不完全具备“准财政性”。随着我国应急管理导向的应急预算制度的探索构建以及针对突发性事项的各种形式政府保险制度的试行，有关突发事件的应急管理应该并可以归属于准财政活动。这类新列入的准财政活动势必会成为判定财政政策取向的重要影响因素，因此，对于应急管理方面的预算情况，应按或有负债的要求加以披露和公布。

总之，中国十分需要一个衡量财政政策取向的、与国际标准一致的“综合财政余额”概念。[②] 综合财政余额也是一项用来判定或及时调整财政政策取向的技术性指标。可以设想，我国综合财政余额要求包括复式预算中的各类预算账户，以及准财政活动的信息，因为其中任意一项预算账户的指标变动都无法反映政府预算的总体情况。表 7-6 通过把各个预算流量以及准财政活动的收支情况进行汇总，使这个汇总的余额基本代表适用于

① 根据 2013 年 12 月 31 日国家审计署公布的《全国政府性债务审计结果》中的数据得到。

② 1968 年美国联邦政府采纳了综合预算原则，计算所有联邦部门的收入和支出。总统预算概念委员会成功地说明了综合预算可以为财政交易提供一幅更为完整的画卷，有利于预算作为经济政策工具进行应用，同时使政府能够在资金来源不同的项目间建立优先级。综合预算包括一般性基金和信托基金、经常支出和资本支出、国有企业的交易以及政府或担保的债务。

我国的“综合财政余额”，其变动情况就可以比较客观地反映出财政政策是否“积极”。

很明显，综合财政余额不能将利息算作“支出”，如同不能将借款算作“收入”一样。由于债务数额巨大，将利息计作支出将导致重大的政策取向判断上的误导。利息支付是以前年度债务存量所致，利息支付再多，也不表明政府打算在未来年度“积极”拉动经济。利息支付既不代表政府的投资，也不代表政府的消费，只是表明政府在偿付债务，如此而已。

表 7-6　综合财政余额指标与财政政策取向

<table>
<tr><th colspan="2">财政政策取向
综合余额构成</th><th>紧缩性</th><th>稳健性</th><th>积极性</th><th>能否确定财政政策取向</th></tr>
<tr><td colspan="2">（一）一般公共预算</td><td>+</td><td>0</td><td>–</td><td>否</td></tr>
<tr><td rowspan="4">（二）准公共预算</td><td>1. 国有资本经营预算</td><td rowspan="4">+</td><td rowspan="4">0</td><td rowspan="4">–</td><td>否</td></tr>
<tr><td>2. 社会保障预算</td><td>否</td></tr>
<tr><td>3. 政府性基金预算</td><td>否</td></tr>
<tr><td>4. 准财政活动预算①</td><td>否</td></tr>
<tr><td colspan="2">（三）中央政府稳定调节基金预算②</td><td>+</td><td>0</td><td>–</td><td>否</td></tr>
<tr><td colspan="2">综合财政余额</td><td>+</td><td>0</td><td>–</td><td>能</td></tr>
</table>

注：表中符号“+”“0”“–”分别代表各预算（或余额）的余额变动方向，“+”代表余额增加，“0”代表余额不变，“–”代表余额减少。

在表 7-6 中，综合财政余额反映了一般公共预算、准公共预算和中央政府稳定调节基金预算三类预算流量净值的总和。在判断财政政策“积极性”的其他财政指标既定的前提下，总预算赤字（即综合财政余额）的变动成为判断财政政策取向的唯一指标。③ 可以认为，综合财政余额对应于“+”符号时，意味着余额增加，则可确定实施的是紧缩性财政政策；同样地，综合财政余额对应于“0”时，可确定为稳健性财政政策；综合财政

① 包含政府担保、税式支出、突发事件应急预算以及其他准财政活动预算等。

② 还包含其他所有影响政府财政调控的预算账户。

③ 表 7-6 中列示了三种最为简洁的情况，仅列示了三类预算余额与综合财政余额变动方向分别一致的情况，或为“+”“0”“–”。更一般的情况是，三类预算变动方向分别不同，并不完全与综合财政余额变动方向一致（这也是除综合财政余额指标外，通过其他任何一类预算指标都不足以判断财政政策取向的原因）。当然，三类预算中至少有一类预算余额变动方向与综合财政余额一致。

余额对应于“-”时，意味着发生财政赤字，可确定为积极性财政政策。因此，根据表7-6，当年实施积极性财政政策，从财政指标统计来说，综合财政余额应为“-”号，余额降低。[①]

二、我国应急财源建设

雄厚的政府综合财力、宽松的支出政策环境都是保障应急管理支出的重要基础。国际经验表明，应急管理尤其是响应阶段的资金来源往往是多样化的。随着我国应急管理意识不断强化，面临日益频繁的突发事件，研讨应急管理融资问题十分必要。

国际上尤其是保险市场较发达的国家，应急管理通常由保险公司参与，突发事件的风险由市场分担的比例相对较大。当然，除通过公共预算直接拨款、市场保险支持之外，依然还有多样化的应急融资渠道选项。就美国而言，当面临巨额应急管理资金需求时，长期以来主要依靠以下资金来源：联邦灾难援助（公共法93-288）；土地储备或专为此目的创建的保险公司；一定时间段如10年内分摊损失；债券发行；特别税征收；公民或团体捐赠。

有学者分析认为，我国现有应急资金来源主要包括预算准备金、转移支付、捐赠资金、国际援助、缩减预算支出节约资金五个，并建议在此基础上建立以政府为主导、企业与社会团体为支撑、人民群众广泛参与的多元化资金筹措体系，未来可考虑危机债券、预算结余、公益性彩票、应急基金投资收益等来源。[②] 如图7-2所示。

刘胜军（2007）认为，应急管理常常需要巨额资金，除了整合现有资金来源之外，应根据缺口预估筹划适当的间接性融资来源。单纯依靠预备费难以应对突发性公共事件发生时各种复杂情况对资金的大量需求，必须发挥其他间接财政投入工具的作用，通过多样化财政手段的共同运用，形成针对突发性公共事件干预面广、渗透性强和引导作用明显的公共财政资

① 在财政实践中，往往根据统计的一般公共预算的赤字指标变动来确认财政政策取向，这是武断的表现。换言之，表7-6中一般公共预算栏对应于“-”时，依旧无法确认当年是否真真切切地实施了积极财政政策。

② 范祚军、张旭：《关于灾害应急体系“财政预算保障机制”问题研究》，http://www.chinareform.org.cn/forum/crf/70/paper/201010/t20101027_48776.htm，2010年10月27日。

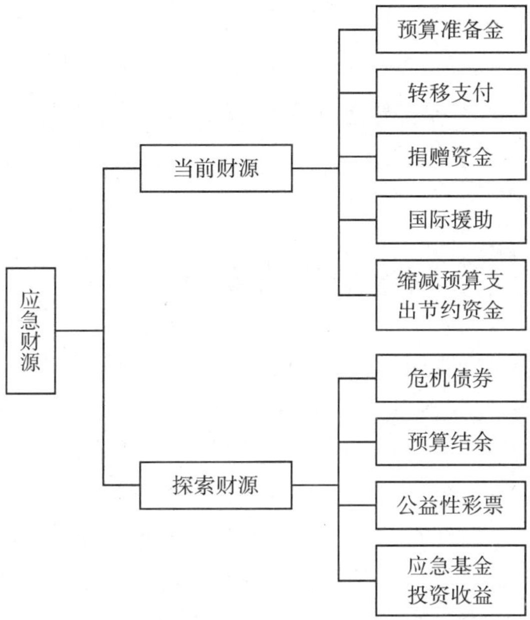

图 7-2　突发事件应急预算收入来源及其建设

金投入体系。借鉴其他国家和我国已有的经验，可综合运用以下间接性财政手段[①]：①定期定向的税收政策；②定期定向的转移支付；③征用社会资源；④政府资产的应急变现；⑤发行国债和举借外债；⑥为满足应急需要动用外汇储备。其中，征用社会资源的手段，总归需要政府财政资金进行偿付，政府资产依然是政府综合财力的一部分，实际上征用社会资源、出售政府资产两者依然是公共预算支出来源。2003 年抗击“非典”过程中，财政部就选择使用了预备费、税费、转移支付等应急工具，取得了积极效果。

可见，应急资金筹措渠道多元化已成为共识。应急财源建设必须要从两个方面寻求突破：一是要依赖企业和社会的捐助；二是要借助市场化途径，包括大力发展保险市场、发行福利彩票、提供小额贷款，以及推出税收减免政策等。特别是，实践表明，发展保险业既可以缓解政府财政的压力，还可以提高我国应急预算管理水平。

① 刘胜军：《政府会计在危机管理中的变革》，硕士学位论文，西南财经大学，2007 年，第 27-29 页。

第四节　应急预算账户按“规划”列支

一、应急支出的当前安排形式

目前，从各国对应急管理的支出来看，基于其公共产品属性，突发性公共事件支出属于公共预算支出的一部分。这种支出大体上可以分为两部分：一是用于预警管理的投入，主要是日常性质的，最终都落实于各应急管理职能部门的经常性预算安排中；二是用于事后救助的投入，主要是预备性质的，通过提取一定比例的预备费等形式来体现，支出上一般不做具体的划分。① 我国应急管理支出通常划分为事前、事中、事后支出，如图 7-3 所示②。在自然灾害应急支出方面，应灾性资金支出主要包括日常运行及预防、救助、灾后重建支出三个方面。其中，也有观点认为，救助经费开支主要包括人头费、设备购买维护费以及救援材料费。

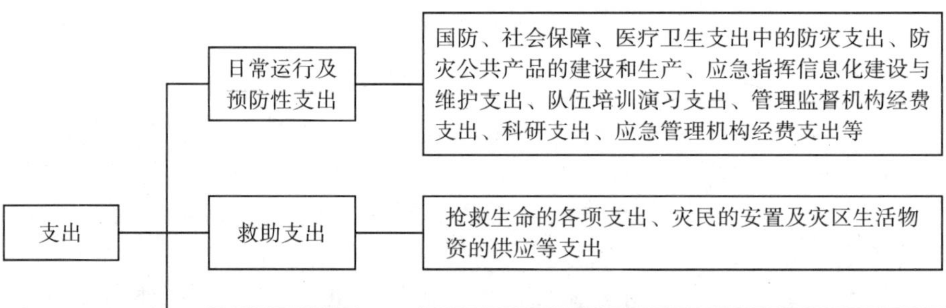

图 7-3　应急财政预算支出（以自然灾害为例）

① 冯文成：《突发性公共事件的政府投入体系研究》，《财政研究》2003 年第 9 期。

② 范祚军、张旭：《关于灾害应急体系“财政预算保障机制”问题研究》，http：//www.chinareform.org.cn/forum/crf/70/paper/201010/t20101027_48776.htm，2010-10-27。

实际上，上述分类安排支出是存在重大缺陷的，不容易界定各部门、各机构支出结构的应急支出责任就是缺陷之一。按照现代应急管理理论，应急管理的生命周期主要有减缓、准备、响应、恢复四个阶段①，分别代表应急管理的四项活动。这些活动并非按照突发事件的演进顺序发展，它们与事前、事中、事后不完全吻合。第一，在一起突发事件的恢复过程中，可以同时进行减缓活动，如在灾后重建过程中加强预防设施建设；第二，响应活动并非等到突发事件发生时才进行，在预测到突发事件一定会来临之前也应进行有关响应活动；第三，恢复与响应的界限并不特别清晰，如相对于部分响应活动，基础设施的恢复在突发事件发生后要优先考虑。总之，应急管理四个阶段是一个闭合的流程，如减缓既是这个生命周期的起点，又是这个生命周期的终点，而我国强调的事先、事中、事后管理模式是沿着突发事件发展延伸的直线流程，始与终分得异常清晰。

二、应急预算按“规划”列支的优势

事实表明，应急管理是一项特别适合进行规划管理控制的施政活动，在进行应急资金投入时，可以按“规划”列支。冯俏彬（2012）指出，在灾后重建资金管理中，可单独采用针对性较强的预算管理方法，如重大自然灾害发生后，由于政府通常会制定出比较全面的恢复重建规划，因此完全有条件引入和使用在国外财政管理中已经非常成熟的“规划—项目—预算”技术（PPB），实现以规划引领资金投入、以资金限制规划浮夸、保证规划的严肃性。同时，灾后重建的特殊性还为实施标准化的项目预算创造了条件，即以项目而不是部门为管理单元，一方面可打破因部门分割、责任主体多元化而权责不清、边界模糊的体制弊端，另一方面有利于建立以财政部门为核心的重建资金综合管理、统一调度模式，以提高灾后重建资金的管理效率。②

应急预算按规划列支的前提是，应急管理引入了规划理念。当前，各

① 该分类是美国联邦应急管理局提出的灾难生命周期，与南澳大学罗伯特·希斯的“4R”模型：减少（Reduction）、预备（Readiness）、反应（Response）、恢复（Recovery）略有不同，两者的差异不在本书考虑范围之内。

② 冯俏彬：《应急财政：基于自然灾害的资金保障体系研究》，经济科学出版社2012年版，第53页。

国日益体现出综合性地应对各类突发事件的倾向[①]，我国已具备实施应急规划管理的条件。我国应急管理按规划实施的主要条件在于，突发事件横向上分为四大类（我国分四类，前文已有介绍），纵向上应急管理分为四个阶段（即减缓、准备、响应、恢复，严格地讲，与我国强调的事前、事中和事后三个阶段存在本质的不同），与各个类别和阶段相对应的应急活动可以分别被制定成相应规划（或活动）。相应地，我国推动应急预算改革，应首先将规划管理引入公共预算过程。尤其是应急管理的四个阶段都应建立在对突发事件风险的识别、分析、评估、处置的基础上[②]，这为在预算管理过程中使应急管理在纵向上进行规划安排打下了基础。

表 7-7 是联邦应急管理局（FEMA）研发出的沿用至今的综合应急管理系统（IEMS）。这套系统是基于各项应急活动的，针对几乎所有的灾难，是各级政府实施全面应急管理的有效执行方案。

表 7-7　综合性应急管理系统（IEMS）各阶段的应急管理职责和活动

减缓（Mitigation）	准备（Preparedness）	响应（Response）	恢复（Recovery）
识别灾难种类； 研究致灾因子； 发展用以减轻致灾因子的手段； 按计划和分区使用土地； 发展降低灾害脆弱性的途径； 制定、采纳和执行土地使用标准； 修复不良的建筑设计； 选择能避灾的地质结构； 制定、采纳和执行建筑物标准； 建设防灾设施； 常规地增长资助； 教育公众； 提供保险	分析灾害； 监测灾害； 识别和评估风险暴露； 制订防灾计划； 确认资源并列出清单； 制定各机构和辖区间的应灾体系； 储备资源并提前规划紧急需求和供应； 专业培训和提升发展； 测试和评估反应能力； 测评系统； 检测反应能力； 公众教育； 发展早期预警系统； 灾前撤离	警告； 动员； 紧急分散和联系； 撤离； 修复关键基础设施； 提供应急食品、水、衣物以及帐篷； 传播公共信息； 搜救； 包装及消除有害物质； 紧急治疗和转移； 补充燃料； 评估破坏性； 遵循法律； 固定残骸和瓦砾； 收集数据	恢复公众服务； 转移残骸； 恢复物理基础设施； 修复公众便利设施； 重建政府自给能力； 保障个人心理健康； 重建个体自给能力； 恢复经济稳定； 重启社区经济活力； 重修私人住宅和商业设施； 重构资本交易系统； 恢复社会事务常态

资料来源：Federal Emergency Management Agency（1997）和 McLoughlin（1985）。

① 即应急管理以多种突发事件为对象（我国分四种），由多个主体参与，分为四个应急阶段。
② 王宏伟：《应急管理理论与实践》，社会科学文献出版社 2010 年版，第 70-74 页。

该方案把应急管理分为四个阶段，在各阶段又细分为若干个应急活动。所谓减缓，是指减少影响人类生命、财产的自然或人为致灾因子或降低脆弱性的行动，被称为“灾害管理的基石”。一般认为，减缓包括两个方面的含义：预防灾害及减少损失。所谓准备，就是发展应对各种突发事件的能力，主要包括三个方面的目标：一是指导灾害影响发生后实施什么活动；二是知道如何去实施；三是装备适当的工具，有效率地去实施。[①]根据美国国土安全部的有关文件（DHS，Capstone Doctrine Pub 1 Draft），响应行动是指采取行动，挽救生命，保护财产，满足人的基本需要，响应一般在突发事件发生前后实施。所谓恢复，既指按照最低运行标准将重要生活支持系统复原的短期行为，也指推动社会生活恢复常态的长期活动。从总体上看，应急管理的四个阶段大抵可以看作是对突发事件的四道“防线”：减缓的目的在于减少突发事件发生的可能性；准备的目的在于为有效应对可能发生的突发事件创造良好的条件；恢复的目的在于采取适当的行动，最大限度地减少突发事件所导致的损失；恢复的目的在于尽快地消除突发事件的影响，使社会、经济恢复到常态。针对某种突发事件，根据表 7-7 各阶段的活动内容，在应急管理的全阶段，分别制定规划和相关活动是预算按规划支出的前提。应急预算账户按“规划”列支，便于根据规划（活动）安排预算支出，适于确定各项应急活动的比例关系。确定各类突发事件在各个应急阶段的支出比例与关系，决定和反映了应急预算支出的配置效率，也在一定程度上决定着政府的应急能力。

在应急管理四项活动中，减缓、准备、响应及恢复各自对应急管理总效果的影响是不一致的，即各个活动对突发事件可能造成的预期损失的降低程度不同。通常，在同一资金投入水平上，减缓和准备活动产生的收效会高于准备及响应活动。实践中，尽管对减缓和准备活动单位投入的收益高于对准备及响应活动单位投入的收益，但在做应急预算安排时，政府往往重视准备及响应，而忽视减缓和准备。显然，这样安排应急预算资金，不符合各阶段应急活动的成本收益对称原则。这种对应急预算资金的低效配置情况，不仅在我国存在，在其他国家也几乎都存在。

近年来，从应急管理的总体发展趋势看，以响应和恢复为基础的管理

① G. O'Brien，“Communicating Emergency Preparedness：Strategies for Creating a Disaster Resilient Public”，*Journal of Homeland and Security & Emergency Management*，Vol.6，No.1，2009，pp.213-215.

日益向以预防减缓为基础的管理发展（见表 7-8），无疑，这有助于应急预算资金的合理使用。我国在应急管理过程中要真正实现这种转变，实施应急规划预算管理（要求预算账户按“规划”列支）是一个明智选项。对应急管理按规划（或活动）安排预算支出，通过对各项规划进行优先性排序，进而从全面的视角配置预算资源，在一定程度上有利于优化应急资金的配置和使用效率，最终也会降低应急管理支出总需求。

表 7-8　两种应急管理模式的对照

以响应与恢复为基础	以预防及风险减缓为基础
主要关注灾害事件	关注脆弱性和风险问题
单一的、事件基础情景	动态的、多风险问题和发展情景
对事件进行响应的基本职责	评估、检测和更新不断变化的情况暴露的基本需求
时常为固定的、特定地点的条件	延伸的、变化的、共享的或地区、地方的变量
单一权威主体或机构的责任	将多重权威、利益主体和行动者吸收进来
指挥与控制，指令性的运作	特定情境的功能，自由、开放的联合与参与
既定的等级关系	变换、流动、松散的关系
通常以硬件为核心	依赖相关实践、能力及知识基础
依赖专业化知识	注重专业化知识与公众意见相结合
迫切、即时、短暂的时间框架：观察、规划、注意及收益	中长期时间框架：观察、规划、注意及收益
信息使用：快速变化、动态，通常相互冲突或性质敏感	信息使用：累计、历史、分层的、更新、比较性
信息源：初始、权威、单一的信息源，需要确切的事实	信息源：开放或公共信息，多重的、多样的、变化的，视角与观点各异
信息从里往外或纵向流动	信息分散或横向流动
与公共安全事务相关	与公共利益、投资和安全相关

资料来源：Damon P.Coppola，Introduction to International Disaster Management，2007.

三、按规划的“轻重缓急”排序列支

在理想的情况下，应急预算支出在横向上应该覆盖各类突发事件[①]，纵向上也应包括各类突发事件的各个阶段。表 7-9 展现了应急管理中可能包括的所有规划，表中仅列示了 16 个具体规划（或活动），应急管理实际操作过程中可以分为更多的规划（或活动），特以省略号表示。该表所展示的规划设计框架为我国应急管理实施规划管理提供了设计思路。

表 7-9　应急管理的“规划”列支：一个设计模型

应急规划管理		减缓阶段		准备阶段		响应阶段		恢复阶段	
		建筑物加固	……	公众教育	……	撤离群众	……	恢复基本公共服务	……
自然灾害	地震灾害	1	……	2	……	3	……	4	……
	……	……	……	……	……	……	……	……	……
公共卫生事件	流行性疾病	5	……	6	……	7	……	8	……
	……	……	……	……	……	……	……	……	……
事故灾难	重大交通事故	9	……	10	……	11	……	12	……
	……	……	……	……	……	……	……	……	……
社会安全事件	聚众闹事	13	……	14	……	15	……	16	……
	……	……	……	……	……	……	……	……	……

注：表中第一列“……”代表各突发事件的类别，各国分类通常不同，未一一列示；第一行“……”代表应急管理各阶段可能包括的具体活动，未一一列示；其余“……”代表应急管理过程中可能组合成的其他规划单元，未一一列示。

① 我国突发事件分类与国外并不一致，如美国把战争归为典型的紧急事件范围，而我国没有把战争列为突发事件范围。

基于表 7-9，若实施应急规划管理，总体目标是通过实施应急管理，降低各类突发事件的发生概率和损失后果，单类突发事件如自然灾害可以看成次级目标，在次级目标下还可分设功能单元。如针对地震灾害的应急管理、针对泥石流的应急管理、针对暴雪的应急管理等是具体目标。当然，各类突发事件的应急管理在各阶段的规划下，还应涉及多种应急活动。

根据表 7-9 展示的应急规划管理设计思路，可以初步设计出对应的应急规划预算，实现预算支出按规划排序，从而以“规划”为基本单元安排应急资金支出。笔者认为，对各个规划（活动）应根据“轻重缓急”进行排序，然后基于优先性排序，各自安排应急资金，最后确定应急预算总额。确定应急管理各个规划的应急预算资金需求量[①]，通常分为以下三个步骤：

首先，对于突发事件，其应急资金数额主要由突发事件发生后果（损失成本）、发生概率相乘来确定。图 7-4 描述了突发事件发生后果及发生概率之间的关系，图中 A、B、C、D 分别代表不同发生概率和后果的四类突发事件。发生后果和发生概率相乘的结果是预期应急支出金额，根据该金额的大小来确定各突发事件“轻重”维度的排序。既有高发生概率又有高严重性后果的突发事件应予以最高程度的重视，图 7-4 中的 A 类事件就是如此，这类事件在应急预算支出时应得到高度关注。C 类突发事件的发生概率最低，后果严重性也是最低的，相对而言，这类事件不是应急预算支出的重点。

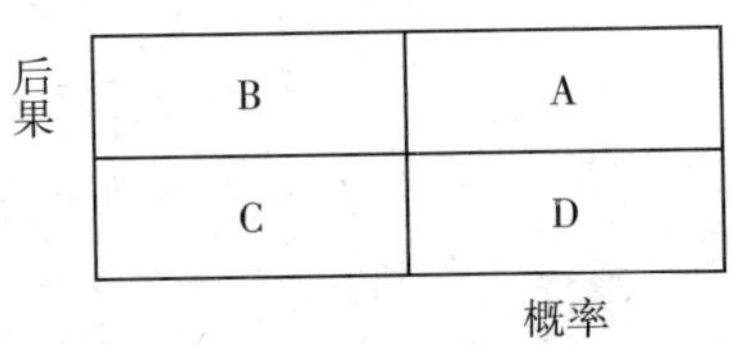

图 7-4　量化突发事件应急预算需求：后果及概率

其次，对于应急管理各个阶段，其应急资金需求应根据相应活动的紧迫性[②]、收益外溢程度、应急管理政策等变量来确定，通常，据此确定的

① 由于应急预算的确定还与财政状况、应急管理政策等多种因素相关，从而突发事件预期损失支出并不一定就是应急预算金额。

② 如果在 0~1 范围内设置系数表示的话，减缓或准备活动的紧迫性比较低，而恢复或响应活动的紧迫性几乎可以等于 1，因为突发事件已然发生，相对而言是最为紧迫的活动。

数量指标可以确定应急管理各阶段“缓急”维度的排序。

最后，将突发事件与应急管理各阶段活动的优先性排序分别进行组合，确定各个规划（或活动）的优先性排序，进而以此为基础安排应急预算支出。需要说明的是，在实际操作过程中，优先性排序可以通过给“轻重缓急”赋值（用数字表达）来实现。

第五节　应急预算账户设置：两个案例

一、直接贷款和担保贷款成本预算的账户介绍

1990 年美国联邦政府信贷改革法案调整了直接贷款、担保贷款两类政府参与的贷款交易的预算处理，即从现金制基础转向一个新系统，将这些贷款预期的补贴成本列为支出。这一系统需要为基金编制预算并拨款，为贷款的预期补贴成本提供资金。[①] 估计这一成本是一项复杂的工作，每个信贷账户每年都要做一次。被补贴的贷款部分（政府的成本）和没有补贴的贷款部分（将被归还、弥补或未拖欠的部分）所适用的程序不同。在直接贷款的例子里，补贴成本可能源于借款者的拖欠或低于市场的利率。

在贷款担保的例子里，补贴成本可能是因为拖欠。针对这些贷款的预算需要三类账户：项目账户为贷款的补贴成本和相应的管理支出接收拨款，财务账户为直接贷款和担保贷款处理所有的现金流，结算账户管理来自 1992 年以前贷款的现金流。表 7-10 解释了这些账户的目的和预算情况。[②]

① 1990 年法案中的补贴被定义为，“以净现值基础计算的政府直接贷款或者贷款担保的预期长期成本，不包括管理成本”。净现值通过预计未来现金流（政府的支出以及对它的归还）的贴现来计算。通常，只有在国会已经拨出资金支付补贴成本时，才能够负债或担保。

② ［美］艾伦·希克：《联邦预算——政治、政策、过程》，苟燕楠译，苟燕楠、喻楠校，中国财政经济出版社 2011 年版，第 37-38 页。

表 7-10　直接贷款与担保贷款的会计处理

描述	项目账户	财务账户	结算账户
账户目的	接收用于贷款补贴支出和相应管理支出的拨款	管理贷款和担保的所有现金流	管理 1992 财年前发生的贷款
预算地位	包括在预算授权与支出中的补贴成本	不包括在收入或支出中的融资手段	包括在预算中的现金收入与支出
现金流	把用于补贴支出的拨款转移到财务账户	接收来自项目账户的补贴； 从财政部借来的贷款中未获补贴的部分； 向借款者筹措还款、使用费和利息； 支付新的贷款，偿还到期贷款担保滞纳金，偿还财政部利息	筹措旧贷款的还款、利息和使用费；支付旧贷款的滞纳金和利息补贴

二、突发事件损失预算账户

有研究认为，从那些在改良的联邦信贷预算中使用的账户结构可以获得意外损失的可行账户结构的设计思路（国会预算办公室，1989；Phaup，1996）。[①] 这种方法与州和地方政府基金会计密切相关，它使用了两个独立的账户：一个预算内的支出账户和一个预算外的保险循环基金账户。[②] 对于每次确认的意外损失，支出账户记录政府每年的拨款和支出，这些拨款和支出都是从现期意外损失成本的普通基金当中进行支付的。当意外损失发生时，关联的保险基金每年从支出账户中得到支付，而当意外损失不发生时就要支付基金。保险循环基金应该有权从财政部借款来进行超过现有余额的支出，当两个或更多负面事件紧接着发生时，保险循环基金就需要有这样的权利，如果这样的预算计划得以采用，之后马上就会发生一次大额的投保损失。

保险循环基金需要放在预算外是为了在拨付损失支出时而不是在灾难已经发生并且已经支付了补助金之后，才在预算的支出和赤字中确认保险的预期成本。通过立法或者把它置于私人管理之下，循环基金可以被设置

① Phaup M.，"Credit Reform，Negative Subsidies，and FHA"，*Public Budgeting and Fiance*，Vol.16，No.1，1996，pp.23-36.

② ［美］罗伊·T. 梅耶斯等：《公共预算经典（第 1 卷）——面向绩效的新发展》，苟燕楠、董静译，上海财经大学出版社 2005 年版，第 604 页。

为非预算状态。图 7–5 描述了循环基金的非预算状态对成本的时间选择的影响。当进行损失支付时，从支出账户到循环基金的预算支出都已经包括在预算中了。并且当资金由保险循环基金支付时，在政府的预算中没有任何成本的记录。政府保险费的收取可以通过考虑下面两种方法中的任意一种得到：第一，保费可以直接贷记到循环基金。在这种选择下，政府预算中不会直接显示保费的收取，它们唯一的影响是降低了普通基金支出的规模，普通基金是需要为将来的预期损失进行支付的。第二，保费可以作为政府收入贷记到支出账户然后支付给循环基金。这种选择的影响是，“加总”联邦收入和支出而不影响报告的赤字。后一种选择使总预算收入和支出更加完整地描述了政府的规模，其中保费和指定税收的支出是强制性的而不是自愿的。

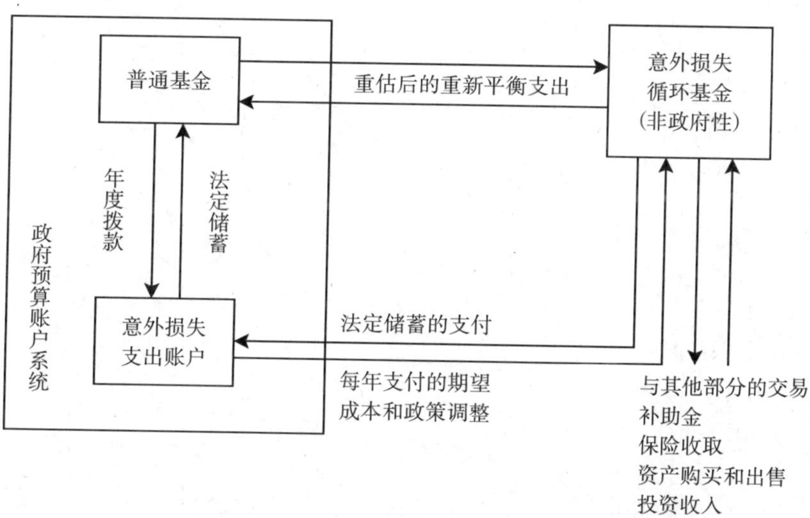

图 7–5　确认意外损失成本的账户结构

把意外损失或者保险基金归入非政府的类别也可以在一定程度上避免这些公共基金受到诱惑用于为联邦其他支出提供资金。在保险资金进入预算系统之后，为意外损失进行的公共储蓄就要求政府用预算盈余来进行运作。把保险基金当作非政府基金就把联邦对保险基金的贡献记作了支出，并避免了误导性的含义——未来支出所需要的预算资源超过了现有的承诺。

应该抵制在危急关头把支出和保险基金进行合并的诱惑。尽管对每个保险项目保留一个账户可能增加账户的数量，但是即使是在最好的情形下控制和管理一个政府保险系统也是异常困难的（Burby 等，1991；McCool，1994；Priest，1996）。[①] 若没有关于每个项目的财务表现的信息，想要做到这一点更是不可能的。另外，预算中分离的保险项目能够在一定程度上激励立法者和执行者理性通过对特别的项目进行特定的调整来降低成本行事。

① Burby R. J., et al., *Sharing Environmental Risks: How to Control Government's Losses in Natural Disasters*. Boulder, Colo.: Westview Press, 1991; McCool T. J., Testimony Before the Committee on Commerce, Science, and Transportation, U. S. Senate, May 26, 1994 (GAO/T-GGD-94-153), Washington, D. C.: U. S. General Accounting Office, 1994; Priest G. L., "The Government, the Market, and the Problem of Catastrophic Loss", Journal of Risk and Uncertainty, Vol.12, No.2-3, 1996, pp. 219-237.

第八章　规范我国应急预算程序：基础和重点

目前，我国预算制度尚不完善，还存在一系列管理漏洞，尤其表现为在预算过程中准备环节过于仓促、预算执行环节调整频繁等。针对平时比较容易感知到的常规性事项，我国仍应以遵循公共预算标准程序为基本要求，并作为预算管理的改革方向。基于突发事件与常规性事项之间有所不同，应急预算程序并不要求与现有的标准预算程序完全一致。实际上，设置适当的应急预算程序是我国应急预算管理最大的改革要求之一。我国应基于预算管理基本程序以及国际实践经验，遵循基本要求，抓好重点环节，建立健全应急预算程序。

第一节　设立应急预算基本程序

一、公共预算管理的标准程序

在现代社会，公共预算是政府“唯一最重要的政策文件”，预算是现代社会最基本、最正式和最频繁的治理程序，它通过稀缺公共资源的有效分配和使用，使政府得以履行服务公民这一基本职责。[①] 在理想的情况下，预算方法与程序的选择应致力于达成公共支出管理的三大关键目标：①加

① Donald P. Moynihan, “Citizen Participation in Budgeting: Prospects for Developing Countries”, Edited by Anwar Shah, Participatory Budgeting, *Public Sector Governance and Accountability Series*, The World Bank, Washington, D. C., 2007, p.21.

强财政纪律（Fiscal Discipline）以确保对支出和赤字（以及债务）总量的有效控制；②在部门间或规划间的支出配置方面建立基于配置效率和公平的战略优先性；③加强预算资源使用的技术效率（以最低的成本得到产出）。

与上述目标相关联的预算方法主要用于解决三个基本预算问题：①预算年度中可得资源总量预测，即政府整体和预算申请者“有多少钱可花”；②预算申请者合理和真实的支出需求，即“需要花多少钱”；③将这两个方面（资源供给与需求）联合起来的预算程序，包括预算运作的政治和行政程序。[①] 公共预算通常覆盖行政计划阶段（Executive Planning Stage），法定审批阶段（Legislative Approval Stage），行政实施阶段，基于法定授权的评估、检查和审计——事后的受托责任（Accountability）等阶段，四者彼此相连。预算程序极其重要，它决定公共资源的配置方式、预算参与方的互动方式（最终化解、达成共识）以及产生的最终财政结果（Fiscal Results）。在实务操作中，公共预算表现为一个周而复始的循环过程[②]，相应地包括预算准备、预算审查与辩论、预算执行与控制、预算评估与审计四个阶段。[③]

与预算过程相对应，预算制度比较发达的国家在预算管理实践中，严格遵循标准法定程序：首先是预算准备与编制；其次是预算审查批准阶段；再次是预算执行与控制阶段；最后是预算评估、审计及报告阶段。预算准备是一个完整的预算周期的第一阶段，它从宏观经济和财政预测开始，经由预算编制，最后到向立法机关呈报预算时为止。这是一个典型的，旨在决定年度公共收入、支出、举借、持资或盈余的总量与公共资源战略性配置格局的政治过程。[④] 预算准备在预算管理过程中如此重要，以至于其实施的好坏直接关系到公共预算管理关键目标的实现质量。预算执

① 预算过程的政治运作集中反映在预算总量决策和配置决策方面。确定适当的收入、支出、赤字与债务的总量，以及在总量约束下资源在各部门间与各规划间的资源配置，通常由政治家（政策制定者）做出。行政运作主要反映为预算申请者（支出机构）准备预算申请与执行预算的活动。

② 预算过程（Budget Process）和预算程序（Budget Procedure）是两个相关而含义各异的概念，后者系按照一定标准对前者所做的阶段划分，通常因预算制度不同而有所不同。预算制度通过把预算过程分为不同的步骤进而形成特定的预算程序，确定预算参与者、参与内容、参与步骤和参与时间等内容，以及如何处理各个阶段的信息流量。

③ 王雍君：《公共预算管理》，经济科学出版社 2010 年版，第 2 页。

④ 王雍君：《中国公共预算改革：从年度到中期基础》，经济科学出版社 2011 年版，第 244 页。

行阶段就是按照预算准备过程中编制的预算进行支出管理和现金管理，在预算执行阶段，遵循财政纪律和在限额内支出常常是最基本的要求。到决算时，应对预算执行过程及结果进行评审和报告。

二、应急预算管理的程序分析

1. "预算外" 活动与预算管理程序

现代公共预算强调全面性。但是，这并不意味着所有的收支都应该按照同样的程序进行管理。当前，几乎任何国家都呈现一定的"碎片化"，表现为仍有部分政府收入处在预算之外。[①] 在 OECD 国家中，这些收入尚未纳入预算，以基金的形式由某个部门管理（不在部门预算内），如政府拥有的养老金、社保基金，以及其他的预算外基金。[②] 在发达国家，预算外活动约占政府支出规模的 1/3；在预算之外运作的收支中，社会保障基金大约占 90%，在发展中国家，社会保障支出占政府支出的比重较小，但是其他预算外资金的比重却比较高。[③] 通常，预算外支出存在的原因有：①政府需要某种支出的灵活性；②政治上需要确保某些支出不被削减和取消；③为了回避预算准备过程中的讨价还价；④为了使某些支出可以逃避公众或者议会的监督。而且，其中的不少预算外支出都是固定地与某些收入挂钩的专项基金，也就是说，是一些不需要与其他活动进行竞争比较的支出。在大多数情况下，这些预算外支出都是通过一些特殊的制度安排而形成的。这些特殊程序包括周转基金、贸易基金、紧急基金、特殊目的基金、外部资源支持的预算外支出、自主性机构或者获得放权的机构的预算、财政部的特殊账户、"黑箱"预算和平行预算。[④]

不管出于什么理由将某些支出置于预算之外，至少都必须建立一些最低程度的预算规则对这些基金进行约束。一般地，如果现有的预算程序对于管理某些活动不恰当，最佳的办法是改进预算程序或者对这些活动设置

① Caiden Naomi, "A New Perspective on Budgetary Reform", *Australia Journal of Public Administration*, Vol.48, No.1, 1989, pp.51-58.

② Linert Ian and Moo-Kyung Jung, "The Legal Framework for Budget System", *OECD Journal of Budgeting*, Vol.4, No.3, 2004, p.87.

③④ Schiavo-Campo S. and D. Tommasi, *Managing Government Expenditure*, Manila: Asian Development Bank, 1999, pp.68-248, chap. 3.

特殊的程序，而不是将这些活动置于预算之外。建立预算程序是要加强支出控制，提高资源配置效率和运作效率。这三个目标同样适用于建立特殊的预算程序来管理某些支出。在某些情况下，应赋予某些活动一定的灵活性和自主性，以提高支出效率。但是，如果这样的做法会导致无法进行支出控制或者资源配置的低效率，那就是得不偿失的。对于那些根据特殊程序或者制度安排进行管理的支出，对于它们的审查标准和问责要求绝不能比预算内支出低。因此，无论是哪一种类型的管理模式——预算程序和特殊程序，都必须遵循一些最起码的管理原则：①不论是哪种立法授权形式，收支估计或者测算应该以总量的科目形式合并到预算中去，而不能漏掉；②与总体预算一样，收支都应该在相同的分类体系基础上进行分类；③自主性基金和特殊账户的会计必须由一个外部机构进行定期审计；④政府财务报告应囊括自主性基金的运作以及有其他运作的机构。

还有一些预算外活动与直接支出不相关：①准财政活动[①]；②政府的债务尤其是或有债务；③税式支出。其中，税式支出是一种重要的财政政策工具，通常不受预算程序的约束。从预算管理健全性要求而言，税式支出的直接影响都应同时反映在预算的收支两方面，通过预算管理程序进行规范管理和评估。[②]

2. 突发事件适于“预算外”活动的预算管理要求

突发事件本质上是一项或有负债。1998 年，布莱克斯（Brixi）在提交给世界银行的研究报告中，首次将政府债务的主要特征总结为显性的、隐性的、直接的以及或有的四个维度。[③] 显性与隐性之间的区别在于是否被法律或合同所约定，若是基于约定的则是显性的，反之就是隐性的；直接与或有特征的区别在于，负债在任何时间、任何情况下都存在的话则为直接负债，或有负债则是指已经发生的义务（Obligations），特定事项是否发生是不确定的，当发生时才形成一项债务，但在某些不确定性事项发生之前，这笔义务的履行时间和金额并不确定，因而不是实际存在的负债，甚至如果特定事项不发生的话，将不会成为负债。根据四个层面的特征，布

---

① 中央银行或者国有金融机构为了实现某个政策目标而采取的财政交易。

② Schiavo-Campo S. and D. Tommasi, *Managing Government Expenditure*, Manila: Asian Development Bank, 1999, pp.68-248, chap. 3.

③ Brixi Hana Polackova, *Government Contingent Liabilities: A Hidden Risk to Fiscal Stability*, The World Bank Working Paper, 1998.

莱克斯进一步将政府债务分为四大类：①直接显性负债，指无论特定事项是否发生，政府都有义务偿付这些负债以及履行承诺；②或有显性负债，由不确定是否发生的孤立事项引致的法定义务或约定；③直接隐性负债，由公众期待而非法律引致的支付义务或预期的财政负担；④或有隐性负债，由不确定是否发生的特定事项引致的非法定的政府负债。每一类政府债务都对应典型的事项，根据或有负债的特征，突发事件属于或有负债的一种，可通过表 8-1 表述。

表 8-1　政府债务分类及典型事项

政府债务特征	直接的	或有的
显性的	（1）直接显性负债： 主权借款； 由预算安排的支出项目； 由预算安排的公务员工资、养老金和负债	（2）或有显性负债： 政府贷款担保； 政府对金融机构的存款保险； 政府保险安排（有关农作物、洪涝灾害、地震、战争风险的安排）
隐性的	（3）直接隐性负债： 支持社会保障计划； 未做法律规定的未来医疗保健筹资； 公共投资项目的未来经常性费用，如维修基础设施	（4）或有隐性负债： 中央银行无法履行自身职责； 发生重大突发事件（如自然灾害、公共安全事件，处于政府保险之外）； 其他紧急救援行为

资料来源：Brixi Hana Polackova，*Government Contingent Liabilities：A Hidden Risk to Fiscal Stability*，The World Bank Working Paper，1998. 有较大修改。

政府债务并不能与财政风险画上等号，但是，将债务与清偿债务的可用资源联系起来依旧必要。布莱克斯和莫迪利用资产负债分析框架建立了一个"风险对冲矩阵"①，将政府资产与各类负债分别结合分析，为管理和规范财政风险提供了资金信息。基于此，可以通过改进传统预算体系，使其容纳必要的财政风险信息（包括各类政府债务形成的风险类型和规模），促使公开化和透明化，进而有利于控制财政风险。布莱克斯和艾伦·希克等专家指出，应该改革预算系统，使其成为有效控制财政风险的

① Brixi Hana Polackova and Ashoka Mody，"Dealing with Government Fiscal Risk：An Overview"，In Hana Polackova Brixi and Allen Schick（eds.），*Government at Risk：Contingent Liabilities and Fiscal Risk*，The World Bank，2002.

重要工具。[①]

应急管理事项应借鉴“预算外”活动的预算管理要求。上述四类政府债务的分类基础是财政可预见性（Fiscal Predictability），并且它们的可预见性依次降低，而产生财政风险的概率依次增加。[②] 在政府保险体系之外的那些突发事件，由于其发生的可预见性最低，对财政风险构成了最大的威胁。长期以来，各国在编制预算和进行预算决策时，都将重点放在支出项目上以及部分地考虑多年的法律承诺（如债务支出）。但是，很少考虑那些长期的、隐性的债务尤其是或有债务，使这些债务不能纳入预算约束。其中，贷款担保就是一种典型的或有负债，长期以来一直在预算之外运作。目前，在大部分国家仍然是这样的。一般来讲，在预算编制中，决策关注的重点是支出计划和部分跨年度法定支付事项，如公务员工资等。普遍来讲，政府预算容易忽视那些其他长期责任以及或有隐性负债（包括突发性公共事件）。因此，从公共预算层面切入，基于或有负债的视角，加强针对突发事件的应急管理，意义重大，形势迫切。个别开始编制权责发生制预算的国家，如新西兰，已逐步将或有负债纳入预算视野。这些有关或有负债的预算管理改革实践，有助于应急预算管理的顺利推进。

预算专家艾伦·希克曾指出，应加强对或有负债的管理，并应致力于以下三点：第一，全面记载或有负债；第二，测评或有事项的风险；第三，通过预算报告或有负债。[③] 还可以通过一定的途径把或有负债融入预算系统：一是通过预算披露或有负债相关信息；二是针对或有负债单独建立平行预算（Parallel Budgeting）；三是将或有负债嵌入现金制预算；四是基于成本编制或有负债预算。[④] 通过预算管理，加强对或有负债的规范控制，为提升应急管理水平打开了新的思路。实践表明，应急预算管理改革基本上没有偏离这些途径。

---

① Brixi Hana Polackova, “Government Contingent Liabilities: A Hidden Risk to Fiscal Stability”, The World Bank Working Paper, 1998; Allen, Schick, “Budgeting for Fiscal Risk”, In Hana Polackova Brixi and Allen Schick (eds.), *Government at Risk*: *Contingent Liabilities and Fiscal Risk*, The World Bank, 2002, p.79.

② 王雍君：《公共预算管理》，经济科学出版社 2010 年版，第 362 页。

③④ Allen, Schick, “Budgeting for Fiscal Risk”, In Hana Polackova Brixi and Allen Schick (eds.), *Government at Risk*: *Contingent Liabilities and Fiscal Risk*, The World Bank, 2002, pp.84–92.

三、应急预算程序分类：嵌入式和分立式

当前，包括我国在内的很多国家把突发事故当成“预算外”活动，在制定常规预算启动年度拨款的过程中，没有考虑到尚未发生而未来可能发生的突发事项。在预算管理实践操作中，常常表现为既未为突发事件损失成本储备应急账户，又未根据事前损失预估安排相应的预算支出计划，应急管理与预算管理明显脱节。实践要求，应急预算改革需要首先把突发事项纳入到预算管理过程中，进而实现应急管理与公共预算之间的“无缝对接”(即紧密融合)。当然实现“无缝对接”的方式不是唯一的，根据上述针对或有负债的四种预算融入途径，本书认为，应急管理大致可通过“分立式”和“嵌入式”两种方式与预算程序融合，如图 8-1 所示。

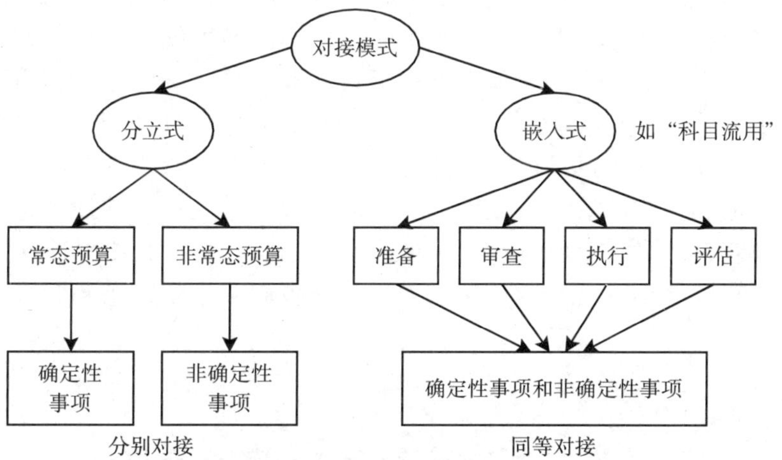

图 8-1　应急管理与公共预算程序融合的两类模式

实现应急管理与公共预算融合的“分立式”，意味着应从公共预算分类入手进行预算管理创新，把现有公共预算区分为常态预算和非常态预算，常态预算对应于（管理和应对）确定性公共事项，非常态预算对应于突发性公共事项。换言之，这种模式下应急预算程序上的改革要求为应急管理制定适当的专门的预算管理程序。应急管理与公共预算通过“嵌入式”进行融合，表示将确定性公共事项和突发性公共事项同等对待，嵌入到统一的标准预算程序中。当然，虽然把应急管理与常规事务放在同一个

预算平台上，但是对这套统一的预算程序进行适当修正依然是必要的。总之，无论是采取“分立式”还是“嵌入式”，都意味着应急管理过程与预算程序实现了融合。当前，我国应由全国人民代表大会牵头，拟定融合方案，通过深化公共预算改革，建立健全公共预算流程并严格实施，为将应急管理流程融入预算做制度准备。

可见，“嵌入式”对接模式意味着突发事件应对管理与常规事项同时处在一套标准预算程序中，两者在同一个竞争平台争取有限的预算资源。在当前预算执行管理过程中，常用的预算调整手段“科目流用”就是“嵌入式”应急预算管理的典型实践，因为这种调整是在统一的预算程序中进行的。例如，在遵循标准预算程序的前提下，用于常规性事务（如清扫积雪）的预算资金与应急资金（如消防救济支出）之间可以酌情互补、互用。因为火灾火险的发生是不确定、非常见的，因而在一定时期内，所需消防支出总规模也是不确定的，这为预算资源在两科目之间流用创造了条件。当该预算时期火灾发生次数减少时，可调整初期编制的消防预算的使用方向，如用于清扫积雪事项支出；当火灾频发时，可将清扫积雪事项的预算调拨一部分至救险事项，发挥预算资源的应急管理功能。可见，在一套统一的、具有适当灵活度的预算程序中，既可以为常规性事项提供资源保障，又可以为应急管理过程融资，从而实现资金的最大使用效益。换言之，在一套适合常规和突发性事项的统一的预算程序中，有助于优化配置预算资源和提高预算资金的使用效率，从而也有利于实现预算管理的关键目标。

第二节　应急预算程序的四个阶段

如前所述，与“嵌入式”融合不同，“分立式”意味着针对突发事项单独设立一套预算程序。把应急预算看成一套针对未来突发事件管理的严密预算程序是没有任何问题的，这套程序与标准预算程序在内容和要求上应有所不同。基于“预算外”活动的预算管理改革要求，应急预算也应包括四个基本预算阶段。

一、准备和编制阶段

有观点认为，计算现行政策的未来成本影响，就是在支出方案中打进“锋利的预算楔子”[①]，强调支出机构编制未来数个年度的支出规划。那么，相应地，将来外部经济环境或预算政策环境的可能变化对现期预算安排的影响又是怎样的呢？进一步，面对将来可能或必定发生的一系列突发事件，并产生相应的预期损失，当前年度公共预算是否会受其影响呢？会做出何种调整呢？显然，这是一个涉及为将来不可预测的事项进行预算准备的议程，恰好归属于应急预算的理论范畴。

就应急预算而言，准备和编制阶段尤为重要，因为相关部门在预算的准备和编制阶段应完成的活动，对于遵循预算限额、预算资源的优先性配置和有效利用意义非凡。

首先在准备过程中，需进行应急财政能力及风险预估，由于应急预算资源的安排是根据风险来确定的，所以风险预测和评估在预算准备阶段扮演了极为重要的角色。风险通常包括风险概率和风险后果两个部分，降低风险概率和控制风险后果是应急管理的直接目的。

有证据表明，政府面临的风险概率甚至高于其他行业，政府面临高企的风险恰恰彰显出应急管理十分关键、必不可少。表 8-2 列示了包括政府在内的主要行业的职业安全风险平均值。每个指标均显示，与农业、采矿业和建筑业等传统上被认为比较危险的行业相比，政府的安全记录较差，而且常常相差很多。这表明政府对安全问题不积极，未能予以足够的重视。[②] 由于风险常常容易被低估，政府实施应急预算管理时，在准备阶段应尽量按照客观规律或根据经验判定风险的大小。

当然，在应急预算准备阶段，根据财力和风险预估情况设置应急支出上限是必要的，否则正如列宁所说：“按最高额开支，就像馅饼皮似的，

---

① ［美］A. 普雷姆詹德：《预算经济学》，周慈铭、何忠卿、李鸣译，曹立瀛校，中国财政经济出版社 1989 年版，第 205 页。

② 在现实生活中，人们往往会低估风险，直至获得惨痛的教训。当一个新王朝建立后，因为出现了“明君圣主”而使王朝获得暂时的“中兴”，人们往往把以往的灾难看作遥远的过去的事，当人们在安定、繁荣的“盛世”中认为灾难再也不会降临时，一场新的浩劫或许就在表面的安定繁荣下酝酿。参见严家其：《首脑论》，上海人民出版社 1986 年版，第 307 页。

表 8-2 职业安全风险比较——每 100 个全职员工的事故率（1988 年）

单位：%，天

行业	工作日损失事例	离职日和死亡在内的事例	未造成工作损失的非死亡事例	工作日损失	离职日
所有行业	3.58	2.17	5.20	72	49
农业等	4.22	3.50	6.35	82	56
采矿业	1.43	1.06	3.93	46	36
建筑业	4.28	3.32	6.68	93	77
制造业	3.56	1.84	6.13	68	42
运输业等	3.76	2.75	2.85	83	63
销售业	3.46	2.16	3.16	64	46
服务业	2.34	2.22	2.64	35	28
政府	5.10	4.67	6.75	106	96

资料来源：National Safety Council，Accident Facts 1990 Edition.

意味着被突破”。在实践中，从对突发事件应急支出的行为中往往可以发现，突发事件常常成为逃避预算支出上限的手段。艾伦·希克（1995）将一项紧急事件拨款定义为：“对总统和国会都认定为一次紧急事件的拨款，并且紧急事件拨款提高了相关的自由处置支出（Discretionary Spending）的上限，从而为其他额外的开支敞开了一扇门。”① 但是实践表明，各国依然很重视维持预算上限规则的权威。就在前几年，美国一项自 1999 年开始为飓风救援提供常规紧急补充拨款的法案，因为超出选择性支出上限 150 亿美元而宣告终结。总之，设定应急支出上限应是应急资源提前筹划的前提和基础。

应急预算准备阶段事务繁杂，通常需要多个部门共同参与，在应急部门做相应的分工也是必要的。为促进应急管理，美国在相关应急管理机构主要设置了六个工作组：一是需求评估组，该机构通过模拟各种突发事件的应急情形，拟降低紧急事件的损失成本；二是资源组，由该组确定各类应急资源的存量结构及存放空间事项；三是财务组，即预算组，重点是确

① Allen Schick，*The Federal Budget*：*Politics*，*Policy*，*Process*，Washington，D. C.：The Brookings Institution，1995，p.210.

定灾害损失预算；四是调度组，根据前期应急管理相关信息，进行指挥调度；五是信息组，在灾害发生前后，发布即时的、现场的特定信息；六是预见和监测组。在这六个机构中，前两个机构承担着应急预算谋划工作，财务组实际上是把需求评估和资源状况进行整合，制定应急预算。换言之，前三个机构共同分担应急预算准备阶段的相关工作，财务组发挥了核心作用。美国应急职能部门在机构设置和职责划分方面的经验值得探讨与借鉴。基于加强应急管理以及应急导向公共预算创新的需要，我国各级政府财政部门应协同各级人大机构，在预算准备阶段加强对各类突发事件的预算筹划，通过编制应急预算账户将突发事件纳入预算过程中。在这个过程中，各类突发事件的主责部门应协同各级政府应急办或安全委员会做好相关分析和信息统计工作。

二、审查和批准阶段

在立法审查过程中，应基于应急预算程序的模式选择，采取适当的审查办法。换言之，应急管理与预算管理融合方式选择的不同，导致需要遵循的应急预算程序各异，进而预算审查阶段实施审查的要求和范围也有所不同。如果应急管理与公共预算之间实施“分立式”融合，那么在立法审查过程中应针对常规事项和突发事项分别实施预算审查；如果两者实施“嵌入式”融合，在审查和批准预算时就按同一标准执行，即把突发事件损失支出和常规事项支出放在同一个预算盘子中竞争。

在立法审查过程中，立法机关理应承担合规性和绩效两个方面的审查。在合规性方面，主要审查提交的预算是否遵循财政纪律框架，以及做出的预算安排（无论是常规预算还是应急预算）是否在限额之内。实践表明，未来支出上限的有效程度取决于预算的状态，如果预算吃紧，支出上限在限制政府预算支出上会扮演重要的角色；如果预算收入充足，一部分资金将不可避免地被用于扩张政府项目（艾伦·希克，2007）。因为《预算执行法案》（BEA）没有定义“紧急事件”，只要总统和国会需要，任何事情都可以成为紧急事件，因而在应急管理过程中，规避资金上限通常比较容易。可见，支出上限制度的运作并非总是完美的，但政治家有强烈的动机去完善它，因为支出上限能促成财经纪律的出现。

实践表明，行政机构向立法机关提交的应急预算申请金额，与最后获得审查通过的数额是不一致的，这种差额正好体现出立法机关审查过程的极度重要性。例如，美国 FEMA 每年向国会申报的减灾基金规模与国会通过的最初拨款之间差额相当大。如 1997 年 FEMA 申报数为 3.2 亿美元，国会最初核定金额达 13.2 亿美元，相差 10 亿美元，是最初申请额的 4 倍多。如果算上在预算执行过程中国会批准通过的补充拨款，则差额更大，2002 年申请数为 13.7 亿美元，而实际拨款额达 121.6 亿美元，是申请额的近 9 倍。[①] 2005 年拨款额是申请额的 21 倍左右。这似乎印证了在预算程序异常严密的美国等发达国家，仅仅通过事前编制应急预算依然满足不了应急管理的真实需要。同时也表明，行政职能部门在申报应急预算时应尽量在金额上向真实需求靠拢，并且应由立法机关进一步修正数据。因此，在理想的情况下，立法机关首先应根据最近一年的突发事件发生情况和预算编列情况进行分析；其次，需要对第二年突发事件发生风险以及宏观经济情况进行独立预测，以这些信息为基础，审查行政部门提交的预算草案的合理性。

三、执行和控制阶段

预算行为有三个主要目标：控制、管理、计划。三个方面并非相互排斥，不同时代的改革者试着强调其中的某一个目标，但其他目标并未因此消失。[②] 如果控制是主要目标，那么预算模式将被设计以确保资金根据已通过的政策使用，不改变预算准备阶段的资金分配计划。实践证明，预算控制的管理成本很高，极端的控制限制了管理的弹性。强调控制意味着在变动的环境中不允许有足够的工作弹性。基于此，就应急预算管理而言，在预算执行和控制阶段，本着增强预算适应性和灵活性的要求，应保留适当的预算调整机制。

当预算草案通过立法审查后，预算便进入了执行阶段，应急预算执行阶段通常意味着要调整预算。在财税体制改革继续推进的同时，我国财政改革面临了“两难”选择：一方面迫切希望将稀缺预算资源配置到国家政

① 冯俏彬：《应急财政：基于自然灾害的资金保障体系研究》，经济科学出版社 2012 年版，第 73 页。

② ［美］托马斯·D.林奇：《美国公共预算》，苟燕楠、董静译，中国财政经济出版社 2002 年版，第 307、342 页。

策重点和战略优先性领域，但另一方面首先必须解决严重阻碍这一目标的合规性控制问题，在现实财政生活中，合规性控制问题在预算执行（支出管理）过程中要严重得多。对于应急预算管理而言，这种“两难”选择表现得更为突出，为了降低总体应急管理支出水平，不得不在突发事件减缓、准备阶段安排大量的预算资金，而同时为了及时响应突发事件，在预算执行环节要赋予预算程序足够的灵活性，这种预算灵活性的要求常常导致预算执行过程偏离合规性。

因此，整体而言，应急预算管理的关键是在应急预算执行阶段赋予一定的“适调”机制，对预算调整进行规范化和制度化，同时也应加强对应急预算执行过程的监督和控制。从目前国际应急预算管理的实践中可以看出，各国非常重视对紧急突发事件预算拨款过程的监控。例如，美国的管理与预算局（OMB）通常主要参与《预算执行法案》紧急支付过程的两个方面：估计涉及的成本，审查员负责决定在相关预算账户中还有多少资金可利用，紧急情况的暂时使用将需要多少资金，以及在不久的将来，有多少将放入意外事件基金中，并且一旦国会同意紧急支出，OMB 将把主要精力集中在对补充拨款过程的监控上，以确保在补充拨款议案的紧急情况中没有“非紧急情况”支出被隐藏。[①]

在预算执行环节，资金支出保障异常关键，有学者研究认为，应急预算资金支出保障机制主要有：①应急资金国库集中支付制度。以市县为单位设立应急资金专户，应急资金由财政部拨付省级财政国库单一账户，由国库集中支付到市县资金专户集中使用，减少划拨环节。②预拨清算制度。建立中央、省级资金预拨清算制，“先预拨，后清算”，应急预案一启动，便应启动资金预拨方案，通过国库集中支付体系即时预拨到市、县应急专户统一使用，待灾情过后，按照分级负担原则再予以分级清算。③政府间补偿机制。一旦发生灾害而地方无法自行承担时，应迅速启动应急转移支付制度和政府间补偿机制，使用全国资源及时应灾。[②]

---

① ［美］雪莉琳·琳内·汤姆金：《透视美国管理与预算局》，苟燕楠译，上海财经大学出版社 2009 年版，第 154 页。

② 范祚军、张旭：《关于灾害应急体系“财政预算保障机制”问题研究》，http：//www.chinareform.org.cn/forum/crf/70/paper/201010/t20101027_48776.htm，2010 年 10 月 27 日。

四、评估、审计和报告阶段

对应急预算实施评估、审计和报告是应急预算管理程序最后一阶段的活动，在这个过程中通过合规性和绩效两个方面的审查，有助于监督和评价应急预算的执行结果。以合规性为主的现行审计制度与应急财政资金内在的随机应变性之间存在着天然的矛盾冲突。因此，就应急预算而言，在重视合规性审查的同时，应突出绩效审查。目前，我国监督机制与绩效评价机制缺位，应急预算监督和评审方面更需大力推进。在现行体制下，对应急财政资金的审计主要通过危机过后的专项检查来进行，是一种事后审计。但是，应急事务是高度随机的，危机中需要救助的对象、方式和方法需要现场临时决定，很难保证完全符合相关的制度规定。目前，我国应对突发公共事件的应急措施基本都是临时制定的，各级政府、财政部门和审计监督机构存在较为严重的重拨付、轻考核、监管缺位问题，有限的评价指标也设置得不够科学合理，不可避免地出现了乱花钱、花错钱的现象。

评价财政应急管理机制实施效果的尺度和指标如何做到客观、公正、合理呢？财政应急管理所产生的社会效益本身就不易测定，怎样选取指标、如何评价指标都对模型的结果有重要的影响。而评价机制是否科学完善直接关系到推进机制、调控机制、效率提升机制的实施效果和持续改进，基于此，制定评价标准和确定适当的评价方法非常关键。

一般地，应根据不同类型的突发事件设计财政应急管理绩效评价的标准，并通过各种官方或民间渠道广泛收集整理突发事件产生的各种数据，包括各级财政应急资金投入总数、事前预警支出数、事中救援补助和灾后恢复重建支出数等，在条件成熟时要建立突发事件绩效评价标准数据库。模糊综合评价作为定性分析和定量分析综合集成的一种常用方法，能较好地解决模糊的、难以量化的问题，模糊综合评价法在理论和应用中的关键问题是如何合理确定各评价指标的权重，可以考虑运用层次分析法确定各指标权重。

第三节　预算编制：应急预算程序的核心

一、预算编制与预算程序的链接机制

突发事件损失预算通常是指为突发事件发生之后可能产生的损失事前做好预算安排。本书认为，突发事件损失预算应囊括应急管理全部阶段各项应急活动产生的财政支出，预算的规模应基于应急支出规划确定。一般而言，应急支出规划可以理解为，在宏观经济框架、财政政策环境以及应急管理政策背景下，基于对未来财年各类突发事件发生风险和各自应急管理重点阶段的分析，而做出的关于应急资金规模和投入结构的安排。

越来越多的证据表明，应急预算准备阶段的关键工作是编制未来财政年度的应急支出规划。一方面，应急支出规划充分考虑到了应急预算的功能属性，以及应急管理各阶段的活动，有效地规避了当前应急管理中存在的“头痛医头、脚痛医脚”、“临时抱佛脚”等抢救式应急活动；另一方面，应急支出规划能够提高预算的可预测性和稳定性，从而有利于预算程序得到贯彻执行。在理想情况下，该项工作最好由应急管理综合部门协同财政部门进行。

由图 8-2 可知，应急支出规划是应急预算管理过程的重要枢纽，而突发事件损失预算正好是应急支出规划的资源反应。应急支出规划的制定以应急管理功能为基础，同时应急支出规划通常要求在突发事件发生之前制定，并且要求预估应急预算账户的规模或者应急储备的资金数量。因为基于应急支出规划编制的应急预算已具备预算账户的全部要素，必须将其融入基本预算程序。在已经对应急支出做出全面规划之后，预算的基本程序发挥着对规划乃至损失预算账户进行全过程管理的作用。

二、应急预算编制实质就是成本削减的过程

一直以来，针对突发事件编制应急预算在国际上尚未得到普遍使用，

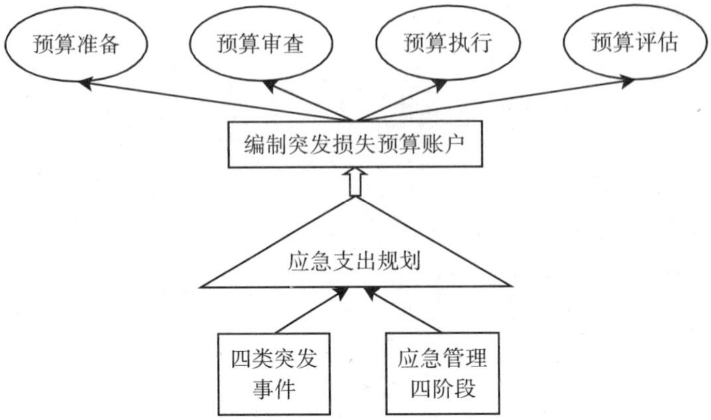

图 8-2 应急预算管理的实施流程

但是对或有负债的预算确认已于 20 世纪 90 年代在美国得到实施，在理论分析中，把两者都归并为意外损失预算是没有任何问题的。[①] 早期编制应急预算的实践，正是应急预算管理降低成本的例证。

1. 编制应急预算的早期实践

应急预算（突发事件损失预算）和针对或有负债（如贷款担保等）的预算确认都属于意外损失预算的具体形式，两者具有共通性。因为突发事件是否会发生以及发生的规模通常是不确定的（即属于意外的）。同样地，贷款担保事项依然不确定，因为贷款人是否及时足额还款，政府担保机构通常是难以确定的。可见，早期针对或有事项的预算确认制度和应急预算就像意外损失预算的孪生兄弟，前者在政府财务管理实践过程中先于应急预算诞生。进一步地，早期通过公共预算对贷款担保进行成本确认的尝试，与编制应急预算具有同样的政策利好，如降低意外损失的总成本。

20 多年前，对于美国政府而言，没有意外损失预算规则的一个著名例外，就是承认联邦直接贷款和担保期望损失的政策。[②] 政府参与两类贷款交易：它直接借钱给借款人，以及为其他借款提供担保。1990 年联邦

① 意外损失（Contingent Loss）是将来牺牲性的资源，在现行政策下可以预见到它们会产生，但是其规模和时间都不确定。通常认为，那些把个人经济风险分散到大量居民中的公共风险项目，是政府意外损失的主要来源。在本书中，意外损失对应于突发事件发生给政府部门带来的经济损失，或者政府为满足开展应急管理各项活动的需要进行的支出。因此，在本书表述时，基于突发事件编制的应急预算就是意外损失预算。

② ［美］艾伦·希克：《联邦预算——政治、政策、过程》，苟燕楠译，苟燕楠、喻楠校，中国财政经济出版社 2011 年版，第 37 页。

信贷改革方案调整了对这两类借款的预算处理，从现金制基础（付款被记录为支出）转向一个新系统，将这些贷款预期的补贴成本列为支出。

这一体系需要为基金编制预算并拨款，为贷款的预期补贴成本提供资金。1990 年法案中的补贴被定义为“以净现值基础计算的政府直接贷款或贷款担保的预计长期成本，不包括管理成本”。这里的净现值通过对预计未来现金流（政府的支付以及对它的归还）的贴现计算。通常，只有在国会已经拨出资金支付补贴成本时，才能够负债或担保。根据《1990 年信贷改革法案》，当贷款偿付而非拖欠时，联邦预算就记录直接贷款和担保贷款净期望损失的贴现值（Phaup，1996）。例如，对于一个直接或担保的 1000000 美元的贷款，政府的期望损失为 100000 美元（包括所有费用和回收的净值），把它记录为预算支出的增加，并且作为支付贷款给借款人的那个财政年度的 100000 美元赤字。这个成本被当作现金支出（对于直接贷款），因为政府希望从借款人手中收回贷款余下的经济值。100000 美元的成本也被认为是代替了对借款人收取的费用和保险费所产生的现金流入（对于一个担保）。在信贷改革之前，当支出直接贷款和收取贷款担保的费用时都进行了记录，但是没有确认违约损失的相应预期成本。

2. 成本降低的例证

美国在 20 多年前的这项预算创新，已证实了意外损失预算对于降低突发事件的实际成本的功用。普遍认为，《1990 年信贷改革法案》展现的非现金基础的会计方法，其实际就是事前编制应急预算的相关探索。该法案要求联邦政府对联邦直接贷款和担保的期望损失进行系统性的评估并编制预算（美国预算和管理办公室，1996）。在这项法案产生之前，预算中的信贷交易都是以一个财政年度的现金流为基础进行记录的。因此，一项联邦贷款担保的预算成本就包括每个预算时期它的净现金支出，在这项立法之前，“信贷成本控制”的努力集中于降低在相关预算时期的信贷交易中所产生的净现金支出。因此，通过产生短期的现金流入，预算资源就可以以用于别处。在担保的例子中，通过增加联邦政府担保的贷款额可以实现这一点，联邦政府为担保的贷款收取了费用——即使这个费用比发行人的预期担保成本要低。事实上，不存在任何预算的动机采取措施以降低政府担保信贷的长期成本。因此，这种措施很少提出，采用得就更少了。

通过给分析师和政策制定者提供信息与激励，使他们集中于那些影响其成本的信贷项目的特征，信贷改革已经产生了大量的政策变化，目的在于控制联邦直接贷款和贷款担保的成本。现在把单年的现金流看作是不相关的，而在信贷合同有效期内的现金流就适当地被认为是成本的关键组成部分（Bent，1994）。如表 8-3 所示，自从信贷改革推行以来，在总统预算中提出的关于现存联邦信贷项目的大部分变化已经降低了政府的长期成本。由于那些成本与预算决策不相关并因此没有进行测算，所以，改革之前的相应数据无法获得。

表 8-3　美国 1992~1998 年总统预算中提议的信贷补贴变化和提议的成本降低补贴

单位：百万美元，%

年份	提议的补贴变化			提议的成本降低			成本降低占总提议变化的百分比
	总计	直接贷款	担保	总计	直接贷款	担保	
1992	39	21	18	32	20	12	82
1993	36	23	13	31	19	12	86
1994	31	19	12	28	18	10	90
1995	20	9	11	13	6	7	65
1996	27	11	16	14	4	10	52
1997	15	6	9	13	6	7	87
1998	11	4	7	7	1	6	64

注：1994 年预算是第一次克林顿预算。
资料来源：根据预算和管理办公室的数据计算所得。

艾伦·希克认为[①]，尽管 1990 年法案规则复杂并包括有关拖欠、弥补以及支付数量和时间上的假设，但对信贷预算体系而言，还是存在一个政治维度的。通过从现收现付制转移到补贴成本，信贷改革使直接贷款对预算制定者而言较廉价，而担保贷款则更昂贵。过去，对直接贷款支付的全部金额在预算上被视为支出。现在只有补贴部分在预算中显示为支出。对于担保贷款而言，旧系统只有在拖欠发生且政府根据其责任做出补偿时才记为支出。现在，针对拖欠的预计支出在预算中也被记为支出。2006 财年，联邦政府发放了 580 亿美元的直接贷款，并且承诺了 2810 亿美元的

① ［美］艾伦·希克：《联邦预算——政治、政策、过程》，苟燕楠译，苟燕楠、喻楠校，中国财政经济出版社 2011 年版，第 37–38 页。

新贷款担保。为了弥补这些交易的补贴成本，国会为直接贷款补贴 80 亿美元，为补贴担保补贴 240 亿美元。由于联邦政府在其贷款组合上通常令人满意的表现，这个数字并不高。在 2006 财年，政府在直接贷款上仅损失了 1%，由于拖欠，仅终止了 1%的贷款担保。

第四节　编制应急预算的要点及障碍分析

一、编制损失预算的关键因素

一般来说，有效地给突发事件编制预算需要三个要素：一是在现行政策下评估预期损失的程序；二是把预期损失"吸收"进预算中的拨款和支出账户结构；三是对在现行政策下重估预期损失、重估政策变化对预期损失的影响都适应的方法。

1. 对损失支出的估测

首要的要求是在现有关于危险类型和损失暴露信息的基础上，对预期损失进行估计的能力。虽然不可能得到完全准确的估计，但是对于改善一项忽视了预期损失或者完全假设它们将与未来的保费收入相等的政策来说，准确性是没有必要的。估计预期损失的责任应该分配给一个拥有专业知识的实体来完成，并使该项工作避免受到政治的影响。美国在意外事件损失支出的预估上已经积累了较丰富的经验。一个模型是养老金计划的受托人的损失估计，他们利用专家和独立咨询来履行他们对计划受益人的职责。另一个模型是由预算和管理办公室与国会预算办公室提供的，他们通常估计复杂项目的未来成本，如国家医疗保健、农作物保险和学生贷款。估计意外事件预期成本的分析任务与在一个有用的准确水平上所进行的工作在范围和难度上差不多。

2. 设立预算账户结构

编制突发事件损失预算，设置应急预算账户是必要的和关键的。尽管各国预算管理制度有所不同，但是在应对突发事件时，建立应急储备账户和规范预算调整仍是两个基本思路。相对而言，在拥有不同发达程度的预算管理体制的国家间，对应急账户设置的相关要求更容易趋向一致。无疑，从美国联邦州和地方政府拟采用的突发事件损失账户结构中，我国可在编制突发事件损失预算时获得账户设计灵感。

3. 损失成本的良性重估以及可评比的政策调整

作为对未来不确定事件的规划，所有的预算估计都有误差。这些误差没必要成为担忧的主要原因。然而，如果估计考虑了预算编制时可得到的所有信息，误差可能没有偏见并在所有项目中相互抵消。类似地，如果做出决策时考虑了可得到的信息，而那些误差是不可避免的，那么那些理想的情况可能就是决策者不受随后发现的技术误差的损害。

预算中对成本的重估和对重估的处理将与法律和政策调整所带来的意外损失的成本变化严格地区分开来。如果预算的动机是要与最小化整个意外损失成本的社会目标相适应，则那些对增加或减少成本负责的人也必须对增加的成本负责并在完成储蓄时予以奖励。这样，就应该用这些预算的效应来给改变意外损失的预期成本的立法或执行行为评分。例如，在把以风险为基础的保费强加给受益人而实现预算储蓄的例子中，政府资源中的储蓄应该认为是法律施行的结果。这个贷记的储蓄可以为国会（或立法机关）的各委员会提供动机去找到这种方法。

重新估计不仅影响现期的成本估计，还产生了调整保险金余额的必要。在信贷改革中，给循环基金的自动重新平衡提供永久且不确定的预算权力，就是致力于解决这种需要的。这意味着通过调整从财政部向融资账户的支出或者从融资账户向财政部的支出，资金赤字和盈余得到了定期的纠正。平衡的支出都完全反映在预算支出和赤字上，而没有归因于任何编制预算的人或限制条件。因此，它们不会强行减少或者增加对其他支出的投资。如图 7-5 所示，用来重新平衡基金的支出将在意外损失基金和财政部的普通基金之间流动。

二、编制应急预算的制约因素

客观地说，存在许多对实施应急预算实践不利的因素。几乎所有这些因素都产生于对意外事件的预期损失估计的不确定性。如果政府可以准确地预计意外事件的成本，那么就很少会产生可以接受的对意外损失预算实践的反对。首先，虽然做出必要估计的能力正在持续提高，但是意外损失预算也可能会削弱财政准则；其次，过度的分析要求会给预算程序带来负担，从而，通过增加另一个误差源会降低预算信息内容的准确性，编制突发事件损失预算可能得到的收益必须与这些可能性之间进行仔细的权衡比较。

1. 财政机会主义的威胁

一个表面上为预期但不确定的保险损失指定的大型基金的存在，给政治玩家们带来了机会。我们担心的是，一旦意外事件基金或保险基金积累了大量的余额之后，政治当权者们就会发现，他们已经无法抵制把钱花在其他事情上的欲望。通过获得一个理想的成本重估或者制定一个策略性政策调整的方式，保险基金（应急账户）就会遭到打劫。在第一种情况下，可以推测，政策制定者们给技术型的预算员工足够的压力，诱使他们做出突发事件损失估计过高的判断。这个发现会导致保险基金对普通基金的支出、降低赤字并为其他的政府活动提供资金。第二种情况的结果类似，但要立法机关实施一项关于可支出预算结余的政策调整，在结余实现之前立法机关就会想到推翻这个调整。对于这种情况，一个简单的例子就是实施一项降低政府保险在私人损失赔偿中所占份额的法律，但在损失事件未发生时，这个法律预计会被废止或者不予考虑。

如果对政府支出的优先限制是掩饰或不充分表达一项交易财务特征的工具的话，对意外事件预算的反对就尤其令人担忧。而一个政治当权者也很有可能从预算部门获取理想的技术型重估或类似的决定，在虚假节余下开支，这类工具从来就不缺乏，甚至是在没有意外事件基金这一便利的时候。[①]

2. 使预算程序更趋复杂

对意外事件的预算增加了预算程序的复杂性。它增加了账户的数量，要求提供准备金和准备金会计，利用技术知识和数据进行估算，并增加了预算重估的规模。一般而言，预算的复杂性是不理想的，因为它增加了政策制定者和市民们从预算中获取信息的成本。预算越复杂，参考和使用它的可能性就越小。当然，从好的方面来说，为预算管理提供了严密的程

① [美] 罗伊·T. 梅耶斯等：《公共预算经典（第 1 卷）——面向绩效的新发展》，苟燕楠、董静译，上海财经大学出版社 2005 年版，第 592-609 页。

序，符合构建全面规范、公开透明的预算的改革方向。[①]

3. 增加的预算误差

由于前两种制约因素的存在，尤其是财政机会主义因素，导致损失支出的预算误差将进一步增加。正如前面所指出的，意外事件的预算几乎肯定会带来预算数据和实际数据的不一致。定期的重估将给预算支出和赤字带来大量的变化。这些预算误差可能会削弱它的合法性，并削弱预算对财政决策的指导性。

即使并未出于政治利益对经济预测进行操纵，但预言经济衰退何时到来、影响多深、持续多久均极为困难。艾伦·希克指出，通过对预算近 50 年的观察，他也举不出任何的例子可以证明，预算能够预测未来的经济衰退或者正在进行的经济衰退的恶化。[②] 正如预测经济衰退何时到来一样，对突发事件的预算预测是困难的。一些学者还指出，编制意外事件预算的最大阻碍是准确估计预期损失的技术困难。尽管分析师们预测这些成本的能力正在增强，但是，从意外事件预算中得到的利益是否抵得上它的不利性，这还是一个需要判断的问题。

第五节　我国规范应急预算管理的重要着力点

一、优先考虑“嵌入式”融合模式

为笛子付费的人当然希望控制音调。简而言之，预算应有助于连续性（为了计划）、变化（为了政策评价）、弹性（为了经济和风险管理），以及提供控制（为了限制支出）。[③] 控制公共资金并对公众负责是预算最早的目标。预测和计划，即知道一段时期内将如何支出，后来成为公共预算的功

① 参见 2014 年 3 月 5 日第十二届全国人民代表大会政府工作报告内容。

② [美] 艾伦·希克：《联邦预算——政治、政策、过程》，苟燕楠译，苟燕楠、喻楠校，中国财政经济出版社 2011 年版，第 68 页。

③ [美] 阿伦·威尔达夫斯基著，布莱登·斯瓦德洛编：《预算与治理》，苟燕楠译，上海财经大学出版社 2010 年版，第 4–16 页。

能和目标。实践表明，某一预算过程中在一个功能上表现出色可能意味着在另一个功能上表现较差。计划需要可预见性，而应急管理则需要灵活性。因此，可能没有最佳的预算模式。如果是这样，问题是：我们是要选择一个在某方面表现出色而在其他方面表现平平的预算程序，还是选择一个能够满足所有这些需要，但不能在某一方面表现出色的预算程序呢？同样地，在配置公共预算资源时，我国应把突发性公共事项与常规性事项放在同一个竞争平台上考虑，还是应该在它们中间设置一道“保护墙”呢？换言之，我国在应急预算程序设计时，必须首先在“嵌入式”和“分立式”之间做出抉择。

实践表明，任何突发事件的发生都可能在一定程度上破坏公共预算管理的正常流程，推动应急预算管理及改革并不能完全规避突发事件对预算程序的冲击。笔者认为，规范的应急预算程序应具备缓冲这种冲击的功能，理想状态下的应急预算程序应能够起到“防冲垫”的功效——形成突发性事项与常规性事项都适用的一套预算流程。由于我国预算改革尚处于起始阶段，以及突发事件的频繁程度加剧，从近期而言，将应急管理与预算程序进行“嵌入式”融合是可行的和必要的。

实际上，“嵌入式”融合的途径是应急管理导向的预算管理程序改革的途径之一，由于在统一的标准预算程序中融入了突发事项，理论上也需要对原有预算程序进行适当的调整。通过对标准（或基本）预算程序的调整，类似于在突发事项和常规公共事项之间架设了一座桥梁。可以设想，“嵌入式”融合的实际操作过程是不容易的，因为通常的预算分配过程中，那些类似“预算外”活动的突发事项（现实中表现为或有负债）往往得不到应有的公共资源，而那些即使不具优先性的确定性事项反而能够得到足够的资源支持。尽管困难重重，但基于前文中提到的，应急预算和常规预算在本质上是相通的，甚至两者都有一个发生概率的问题，前者导致预算支出的概率低于后者。[①] 应急预算的计量可以基于“损失发生概率×损失支出”来确定，常规预算可以基于“数量×单位价格”来确定，两者在数量确定的层面依然是可比的。换言之，在理论上突发性事项与常规性事项是可以相互竞争预算资源的，并在同一套预算管理程序中进行。

---

① 可见，事件（无论是突发性还是常规性）发生概率既是区分突发性事项和常规性事项的指标，又是推动两者融入到统一的预算管理程序的必要要素。

二、选择趋势线法预测突发事件损失

良好的应急政策筹划需要以可靠的财政预测为基础，可靠的预算收入是应急政策（规划）实施的保证。应急支出规划的最后确定是统筹考虑资源可获得性以及应急支出需求的结果。近年来，存在通过低估收入来满足应急支出需求的迹象，其中的逻辑在于超收收入的绝大部分可安排进预算稳定调节基金，后者的支配使用尚存在较大的操作空间，在一定程度上可以弥补应急管理支出的短缺。按现有财政规定，超收收入主要用于补充中央预算稳定调节基金，而实践表明，应急管理已是预算稳定调节基金的投入方向之一。

从 1993 年到 2016 年，中国五级政府预算规模从 3000 余亿元增加到约15 万亿元，增长了 50 倍以上。如表 8-4 所示，尽管分税制改革后政府“身价”增长，但多年来我国各级政府“预算超收”问题一直没有得到解决，超收规模整体上还是在较高水平徘徊（除 2015 年出现“预算短收”外），应该给予更多的关注。其中，2011 年，全国公共财政收入 103740.01 亿元，完成预算的 116%，超收 14000 多亿元。2012 年起超收规模稍有“收敛”，但在 2016 年我国经济下行压力较大的背景下，又回归到超收“常态”，依然超收 2352 亿元。很明显这不是因为误差，而是因为政府主要官员常常需要支配大笔“预算超收”，有意而为之。实践表明，操纵预测——主要反映为故意低估收入，并不能稳妥地为应急管理融资。这是因为，一方面，长期以来，我国花费“预算超收”形成的资金常常比较草率，现实的案例就是，一旦每年尤其集中在年底积累了大量的超收余额资金时，主要施政官员就无法抵制突击花钱的欲望。另一方面，尽管近年来我国加强了超收资金管理，按现有财政规定，超收收入主要用于补充中央预算稳定调节基金，但后者用于应急管理的资金常常是有限的。

表 8-4　1994 年后全国财政超收收入情况

单位：亿元，%

年份	预算收入	决算收入	完成预算	实际收入同比增长	超收收入
1994	4759.95	5181.75	108.90	19.20	421.80
1995	5692.40	6187.73	108.70	17.60	495.33

续表

年份	预算收入	决算收入	完成预算	实际收入同比增长	超收收入
1996	6872.18	7366.61	107.20	18.00	494.43
1997	8397.94	8642.00	102.90	16.70	244.06
1998	9683.68	9853.00	101.80	13.90	169.32
1999	10809.00	11377.00	105.30	15.47	568.00
2000	12338.00	13380.00	108.40	17.61	1042.00
2001	14760.00	16371.00	110.91	22.20	1611.00
2002	18015.00	18914.00	104.99	15.40	899.00
2003	20501.00	21691.00	105.80	14.68	1190.00
2004	23570.34	26396.47	111.80	21.40	2826.13
2005	29255.03	31649.29	108.10	19.80	2394.26
2006	35423.38	39343.62	111.10	24.30	3920.24
2007	44064.85	51304.03	116.40	32.40	7239.10
2008	58500.35	61330.35	104.80	19.50	2830.00
2009	66230.00	68476.88	100.10	11.70	2246.88
2010	73930.00	83080.32	112.38	21.33	9150.32
2011	89720.00	103740.01	116.00	24.80	14020.01
2012	1126003.00	117209.75	103.18	12.80	3609.75
2013	126630.00	129143.00	101.98	10.18	2513.00
2014	139530.00	140350.00	100.59	8.68	820.00
2015	154300.00	152217.00	98.60	8.46	-2083.00
2016	157200.00	159552.00	101.50	4.82	2352.00

资料来源：根据 1994~2016 年全国预决算草案整理。

突发损失支出的难以预估性在一定程度上激励了预算超收。应急预算筹划以预测为基础，而预测被人为操纵，以致与实际信息相差太远，这种筹划就变得有点像游戏。当然，对预测收入的人为操纵现象的存在与我国预算制度设计上的一个重大缺陷有关：不是着眼于“消除”超收，而是着眼于“管理”超收。这是典型的“超收默许”，结果是给了政府主要官员一个巨大的操作机会。从客观上讲，对超收的容忍与我国相关事务（如应急管理、保持预算稳定等）长期无法得到及时、足额的资金保障有关。这些事务关系到大众的根本利益，异常关键，而通常在常规预算安排中得不到应有的重视。就应急管理而言，由于针对的是或有突发事项，支出预测比较困难，所以在预算资源竞争中常常处于劣势。因此，要消除“预算超收”存在的根本性因素，对满足应急管理的一系列应急支出需求进行客观预测是必要的。

许多部门在支出预测时使用增量法或趋势线法。趋势线法与移动平均法、指数平滑法、适应性滤波法、自回归移动平均（ARMA）等都属于时间序列法的一种。[①] 历史数据界定了趋势线，它显示了历年来的支出模式，线的斜率即变动率。趋势线的公式是：

$$Y = a + bx \tag{8-1}$$

式中，Y 代表因变量，x 代表自变量，b 代表该线的斜率。趋势线建立了一个历史模式，预测人员只需选择下一时期（如预算年度），便可通过趋势线得到支出水平。当然还需要根据可能会引起非正常变动的因素来判断任何可能偏离趋势线的情况。

三、执行阶段实现应急预算资金直达

与国际通行做法不同，中国各级财政部门将大量“拨款”列作“支出”（项目支出尤其严重），尽管这些“支出”根本没有被花掉。这样做的唯一好处是方便“统计”，但导致的政策误导极为严重。近年来，每年有至少高达数万亿元的财政资金放在政府的各类银行账户上，正因为如此，各级政府尤其在年底那两个月不断发出盘活“沉淀资金”的呼声。由于这些资金尚未真正进入我国统一的“经济肌体”，从而这些暂时闲置起来的资金对经济的刺激作用一点也没有发挥，尽管它们在统计上已经被算作了“支出”。大量的“拨款”没有实际支付出去，意味着在政府开设的各类账户上积聚的常规财政资金处于“沉睡状态”。

就应急管理而言，由于我国预算资金尚未真正实现直达受灾群体，致使大量应急拨款滞留在政府的某个账户中。在应急预算执行阶段，不断存在克扣应急拨款的案例，严重地影响了应急管理的成效。在上级财政部门

① 时间序列（Time Series）：预测中用到的回归分析。它假设所采用的数据是在均匀的时间间隔中收集的，博克斯—吉金斯法通常被用于选择并测试 ARMA 模型，是时间序列分析的一种高级方法。

拨付应急响应资金的过程中，及时性和足额性是应急预算管理最为优先的绩效指标。按照规范应急预算程序的要求，完善应急预算支出保障机制，必须要尽量地杜绝“以拨作支”，实现应急资金直达。

其实，“以拨作支”问题存在的原因是多方面的，与我国各类纵向项目资金管理制度有关，由于大量项目资金到位比较晚，常常在年底下发，使基层政府经办的这些项目在年中“无钱可花”、年终的钱“来不及花”。最深层次的原因还在于，我国推行多年的国库收付制度的改革尚不到位，没有实现国际通用的国库集中收付制度（TSA），实施“两个直达”——所有财政收入及时地直接上交央行开设的统一国库收入账户中，所有的政府财政支出必须从国库账户直接到达服务供应商（或受益者）的个体账户里。当然，大量的所谓“拨款”无法及时到达财政资金运行周期的支付环节，与我国各级政府部门私自开设的各种账户有关。正是由于这些嵌入中间的“灰色账户”阻隔了财政支付资金的通畅运转，从而使这部分资金不能及时满足应急管理的需要。至此，为减少对应急政策的误导和加强突发事件响应能力，应至少从应急资金管理和“TSA”改革入手，坚决铲除“以拨作支”的生存土壤。

四、完善预算执行阶段的“适调”机制

针对突发事件风险，即使相应的损失预算编制得再完美，依然需要在预算执行过程中加以“适调”，以满足应急管理灵活性的需求。实践表明，预算执行过程中应具备的“适调”机制通常在设计预算程序时予以考虑，国际上，美国的补充拨款制度、日本的补正预算以及我国台湾地区多年以来盛行的特别预算，都属于应急预算程序的“适调”机制，尤其是日本的补正预算模式多年以来受到广泛关注。预算一经批准，就必须根据约束性原则执行。也就是说，由于禁止超支原则和禁止挪用原则的存在，即使预算出现了不足，按规定也是禁止超支和挪用的。①

关于挪用的概念，首先要了解日本预算科目分为类、项、目，并且必须区分移用与挪用。一般来说，所谓挪用是指为了应对预算执行过程中出

① ［日］神野直彦：《财政学——财政现象的实体化分析》，彭曦等译，南京大学出版社 2012 年版，第 83-84 页。

现的情况变化，在预算科目之间产生的资金融通。日本相关财政法律对这种挪用行为作了如下两种区分：其一，称为移用，意为在根据目的分成“类”的经费不用“类”之间或在不同“项”之间所做的资金融通。换言之，所谓移用是在预算科目中、议定科目间进行的资金融通。按规定，这种移用在原则上是禁止的，“仅在事先以预算形式经国会审议批准后、经财务大臣允许的情况下方可移用”。其二，与此相对，在设于“项”下的“目”之间进行的资金融通称为挪用。也就是说，所谓挪用是指在预算科目中、行政科目间的融通行为，这种行为在原则上只需经过财务大臣批准即可。总而言之，在原则上，根据日本的预算管理经验，禁止移用行为，但认可挪用行为。

由于移用和挪用都并非完全不可能实现，因此在预算产生不足的情况下，可以通过挪用乃至移用来解决。当然，这种解决也是有限度的。鉴于此种情况，又设立了预备费制度。尽管预备费也列入预算，但是关于具体其以何种科目支出，却未经议会批准。因此，使用预备费时，必须在事后获得国会的追认，所以说随意使用预备费是不可行的。

此外，还设定了补正预算制度。根据事先性原则，会计年度开始前制定的预算称为基本预算。在执行基本预算的过程中，对其进行的追加或变更称为补正预算。补正预算也不可以随意编制。日本《财政法》第 29 条将可以编制补正预算的情况分为追加预算和除追加以外的变更这两类。其中，关于预算变更的条款规定，依据法律必须支出的义务性费用，即使是在基本预算编制已完成的情况下，也都可以不问缘由地予以追加，而义务性费用以外的经费则必须根据编制完成后发生的事由决定，且其支出限于那些“特别紧要的经费”。需要说明的是，在现代的财政经营中，除了因灾害等不得不产生的经费外，“特别紧要的经费”还包括伴随着经济政策等政治决策而产生的紧急费用。

第九章　应急预算与保险制度：比较及协作

应急预算管理要求在突发事件发生之前编制应急专门账户，并且把应急管理过程融入应急预算的完整程序中。基于前文论述，无论是在突发事件发生之前编制应急预算，还是在突发事件发生之后实施紧急拨款救援，公共预算在应急管理过程中都发挥着重大的支撑作用。实际上，政府通过保险制度依然可以保障应急管理的顺利实施，例如，政府直接提供保险、为私有保险公司提供财政补贴等。政府通过保险手段应对突发事件尽管与编制应急预算有所不同，但由于通过保险制度应对突发事件的过程依然以预算为基础，所以从这个角度而言，针对突发公共事件的保险制度与应急预算都属于应急预算管理的范畴。基于此，对保险手段进行比较分析，对于推进我国应急预算管理与改革很有必要。

第一节　应急管理的运用：预算和保险

一、针对突发事件损失的常规应对方法

实践表明，应急管理与财政（通过预算制度）具有最直接的联系。一方面，应急管理一直以来是政府财政承担的重要事务，需要公共预算鼎力支持；另一方面，降低突发事件发生的损失成本是应急管理的重要目标，通过降低突发事件的损失成本有利于控制财政风险，减轻对公共预算的压力。换言之，有效的应急管理有助于控制财政风险。实际上，应急管理的手段和目标与控制财政风险的思路在本质上是一致的。一般地，控制财政

风险包括政府转移、消减和承担财政风险三种情形：①如果不愿意承担风险，那么可以考虑将风险转移给市场或第三方承担。转移风险的措施包括一个长长的清单，如出售经营不善、财务脆弱的国有企业，撤销对金融机构的担保，拒绝对陷入严重财务困境的投资者进行赔偿，从而把风险推向市场。②对贷款担保实施严格的监督和管理是典型的消减风险的措施。政府对导致沉重财政义务的承诺（例如，提高公务员工资、放宽失业救济和养老保障领取资格或标准）持谨慎态度，这于消减风险非常重要。③通过风险融资由自己承担风险。风险融资的目的在于为所承担的风险建立风险储备，或者用来购买再保险，以便一旦风险转化为实际损失时，可以用这些储备或由保险公司来冲销全部或部分损失。

政府实施应急管理主要是通过承担突发事件的损失成本而控制财政风险的。在实践中，政府承担突发事件的损失成本主要通过编制预算账户（设置应急储备）、为保险公司提供财政支持两个方面实现，从这个视角来看，编制应急预算账户和通过保险手段应对突发事件均属于应急预算管理的范畴。当前，两者区别依然明显，前者意味着政府主要通过财政的力量实现应急管理；后者由于在应急管理过程中融入了保险手段，通常会借助市场的力量实施应急管理。

二、针对突发事件的保险工具

1. 保险制度在应急预算管理中的作用分析

基于保险制度自身的特征，长期以来，应急管理过程中保险工具发挥了重要的作用，尤其是针对自然灾害等突发事件更是如此。实际上，对于应急管理来说，编制意外损失预算所带来的好处通过保险制度基本也能实现，至少两者在降低应急管理总成本层面是一致的。在实践过程中，保险制度已经早于意外损失预算产生，早期的政府保险采用现金制基础的预算会计制度。[①] 当在部分国家实施应计制的预算会计制度后，保险制度已成为进行突发事件预算处理的重要措施，与应急预算共同成为应急预算管理

① 现金制和应计制基础是以会计记录和确认时间作为区分的。通常，前者只记录支出，后者可以计量活动的成本。

的一部分，两者紧密相关。[①]

保险给处于危险世界之中的人们提供了机会，只要每年支付少量的保险费或费用就可以避免产生灾难性的经济损失。在最好的情况下，保险可以消除不确定性并使计划得以实现。保险通过使人们集合起来做单独不能完成的事情而得到这些结果：集合足够的储蓄来代替对单个人来说可能是灾难性的损失。保险的消极方面是，它有系统失败的风险——当损失发生时，承保人不能赔偿投保人的可能性。对于私有保险来说，失败的危险首先是财务上的，对私有保险公司要求的信息披露主要是想允许其他人来监控承保人的财务状况。

2. 逆向选择与道德风险问题

一个牢固的保险系统的首要要求就是确定足够补偿基金损失的保险费，以及管理成本的津贴。历史数据可以用来估计任何随意的房屋失火的可能性和每次事件预期的损失。损失的风险根据许多因素的不同而不同，如果忽视了这些风险差异，平均风险定价就会促使低风险所有者放弃投保。在这种情况下，保险系统将会遭受逆向选择的风险，逆向选择可以破坏保险带来分散风险的经济收益的能力。逆向选择的一种解决方法是让保险系统获取并处理用来区分各类风险的信息，并根据期望损失的差异调整保险费。但是，调整保险费使之与风险变化相符的必要性不是静态的、一次性的要求。由于持续的投保以避免风险的保险效应，投保的资产比没有投保时的风险更大。

从灾难性损失风险中获得的自由改变了投保人的行为，使他们有可能增加投保事物的损失，这通常被称为保险的道德风险。道德风险在风险储备以及保险领域广泛可见（Wildasin，2008）。有一种方法已经被证明能有效地减少道德风险带来的损失增加，这种方法已经把可减少损失（Loss Deductible）和共同保险（Coinsurance）的要求强加给了投保人，因此，投保人必须分担每次的损失。另一种方法是根据财产所有者采取的降低风险的措施来调整保险费。通过提出共同保险、可减少的损失、以风险为基础的保费的要求和撤销保险的可信威胁，私有保险基金重建了投保人避免损

① 在美国，把紧急事件看成保险费和赔偿金之间的差额，1994 年前由特别法案授权每年约支付 15 亿美元，现已逐步把这部分支出列入常规预算中。当然，保险有私有和政府之分，政府保险与意外事件预算具有更为直接的联系。可以说，保险制度与预算既相关又有所区别。

失的动机，从而保护了他们自己不受道德风险的危害。而联邦政府保险很少包含这种机制，似乎是为不存在道德风险的世界设计的。

自然与人之间的相互作用决定了损失，也使保险成了一把“双刃剑”。一方面，保险创造了机会，可以花少量的费用来避免灾难性的经济危险，使人们可以一起从现有收入中聚集足够的储蓄来应对单个灾难带来的影响；另一方面，私有保险系统要面对逆向选择和道德风险带来的财务失败危险。一个失败的保险系统有可能使投保人比没有参保时的情况更加糟糕。为什么？因为他们没有给那些遭受损失的人以所承诺的赔偿，而如果没有了这种保护，就把他们置于没有保险的境地。

3. 私有保险与政府保险的差异分析

实践表明，私有保险不能为所有的风险提供保障。在损失的可能性和数量上存在大量有歧义的地方，如地震和有渗透的地下储藏罐，承保人将不能测定可能产生的损失，或者合适的保费。[①] 当道德风险和逆向选择的成本过于昂贵时（如难以诊断的或自己造成的个人残废），当个别风险不是独立的因而不能多样化时（如银行系统的倒闭），以及当损失已经发生了时（如由过去的行为造成的环境风险，或者对已经年老贫困的人的赔偿），私有保险公司也不能提供保险。但是，即使是在这些情况下，政府也可以利用它的特权强制性地向全体人民征税，可能会把个别的风险转移给大量的居民并强迫那些没有遭受损失的人为那些遭受损失的人提供赔偿（Stigliz，1993）。[②]

政府征税的权力使联邦保险摆脱了在保费和期望损失之间保持平衡边界的必要性，这构成了私有保险和政府保险之间的明显区别。这种权限允许政府把保费设置在预期成本之下并向投保人提供补贴。政府选择推迟到损失产生之后才征税进行补贴，这使补贴从未来的纳税人转移到了现在的受益人，这种转移不仅是不同人之间的，也是不同时期之间的。但是，推迟征税来支付补贴是投保人的主要风险来源：将来的选民将不会同意为遵守原先的承诺而缴纳税收。因此，尽管征税的权力使政府保险摆脱了在损失产生之前要求财务平衡的限制，但是这项权力的条件性——需要将来的

① Freeman P. K. and Kunreuther H., *Managing Environmental Risk through Insurance*, Norwell, Mass.: Kluwer, 1997.

② Stiglitz J., "The Role of the State in Financial Markets", Proceedings of the World Bank Annual Conference on Development Economics, 1993, Washington, D. C.: World Bank, 1994.

选民同意——也对受益人产生了威胁，在损失产生之后可能会被拒绝给予预期的收益。

三、现金制保险与编制应急预算的对比

尽管保险制度与公共预算不是相斥的，但是与编制突发事件损失预算相比，以现金为基础的保险制度显得更“守旧”些。在现金制会计基础下，通过把当前时期的索赔作为对当前决策成本的合适度量，预算打消了管理和控制损失的积极性，因此，关于投保的损失就只好接受宿命。现金制的政府保险制度强调对偿付或违约行为成本的测度，它这种成本是由当期损失实时产生的，很难得到有效管控。总体来看，在应急管理过程中，现金制的政府保险比预估未来损失的预算措施具有更为深远的负面影响[①]，主要体现在三个方面：

第一，当政府消除了那些需要避免和减轻的损失，却不同时采取措施补偿道德风险的上升时，政府保险就会使损失增加（Kane，1996；Kunreuther，1996）。[②] 以现金为基础的会计方法没有提供任何关于采取措施控制损失的需要和动机的预算信号，它应该为联邦保险不能把投保人的自身利益与控制损失的需要联系起来承担重要的责任。联邦政策的这种制度化宿命意味着联邦保险的损失将不可避免地比没有保险时更多，因为没有保险时，财产所有者将采取行动降低损失，或者承保人是私有保险时，承保人会对道德风险进行反击（Stossel，1995）。[③] 控制的缺位意味着政府保险项目中损失的上升，提高了保险系统失败的政治风险。[④]

---

① 如第八章分析，编制针对突发事件的应急预算，实际上就是编制意外损失预算。

② Kane E.，“Difficulties in Making Implicit Government Risk-Bearing Partnership Explicit”，*Journal of Risk and Uncertainty*，Vol.12，No.2-3，1996，pp.189-199；Kunreuther，H.，“Mitigating Disaster Losses through Insurance”，*Journal of Risk and Uncertainty*，Vol.12，No.2-3，1996，pp.171-187.

③ Stossel J.，“Swept away by Welfare for the Wealthy”，*Wall Street Journal*，Aug.16，1995，pp.A-26.

④ 政治风险随着未来纳税人负担的上升而上升，特别是当这个负担大于纳税人将来的预期支付量的时候。因此，政治风险的测量就要确认超过预期损失的损失，把它表示为国民收入的一定百分比。因此，政治风险与用预付保费和现期税收支付的将来损失份额负相关，与国民收入负相关，与确认的损失正相关。政府保险采用以现金为基础的预算会计增加了政治风险。通过增加投保事物的损失量、提高将来纳税人支付的保险损失份额，以及减少国民储蓄和收入，都可以增加政治风险。参见［美］罗伊·T. 梅耶斯等：《公共预算经典（第 1 卷）——面向绩效的新发展》，苟燕楠、董静译，上海财经大学出版社 2005 年版，第 598 页。

第二，政府保险项目以现金为基础的处理方式和未能引起注意的道德风险，增加了将来的纳税人所支付的损失份额。通过确认预算年度的保费和预算年度的损失支出，预算就从今天的保费和损失的角度确定了保险项目的财务结余。这样，尽管道德风险可能会增加损失，但似乎还是会存在财务结余。当确认已经支付了这些更高的损失时，再向那些从保险中获益的人收费就太迟了，增加的损失就不得不由未来的纳税人来负担。

第三，缺乏关于未来预期损失的信息还意味着以现金为基础的预算处理没能提醒政策制定者们，政府需要在当前时期节省用钱以避免以后出现损失时消费下降。保险额的补贴降低了风险项目的预防储蓄。私有保险的保险支出等于预期损失加可支配的收入，他们增加足够的储蓄来满足预期损失。而政府保险的一些储蓄——由纳税人支付的部分——推迟到了损失产生之后。因此，对于政府保险来说，损失前的储蓄和资本累积比私有保险或没有保险时要低，在产生损失时收入也会更低。更低的收入加上政府保险更高的损失意味着，在政府保险中支付损失所要求的国民收入的比率要比在私有保险或没有保险时所要求的更高。这种支付损失所要求的税收负担的增加提高了不能支付承诺的收益所带来的政治风险。

与现金制保险不同，给意外损失编制预算就要求我们现在确认一些资源，用于将来补偿政府保险中遭受的损失。美国著名预算专家爱伦·鲁宾认为，在因飓风、战争和地震等引发的紧急事件不断增多的情况下，一个可能的应对措施就是提前预测需为突发事件支付的规模，并据此制定预算，而不是在紧急情况下放任追加拨款规模的增加。① 马文·弗普认为，意外损失的公共预算是一种能增强政府适当注意避免损失动机的方法（这些损失要由纳税人来承担），还会降低政府保险受益人的政治风险。如果政府能成功地做到这一点，就会降低意外事故给社会带来的损失，提高收入，并改善公民制订和实现终身消费计划的能力。如果政府没能控制自己的损失，则它的政策就会使公民的情况更加糟糕。

总体来看，相对于现金制的政府保险制度，编制意外损失预算主要有三大意义：①降低危机事件的实际成本；②通过政府承保人降低违约产生的政治风险；③在不降低生活标准增加国民储蓄并提高消化未来损失的能

① [美] 爱伦·鲁宾：《公共预算中的政治：收入与支出，借贷与平衡》，叶丽娟、马俊等译，中国人民大学出版社 2001 年版，第 262 页。

力的前提下。实践证明，如果预算中预期的未来损失被认为增加了当前时期的预算赤字和政府动用的经济系统的储蓄，那么就有提醒政策制定者注意补偿私人储蓄下降的必要性。政府可以在当前时期收取更高的保费或更高的税收来达到这个目的。确认联邦保险的预期成本有助于降低政治风险，主要是因为这样可以为国会提供适当的政策激励，从而降低道德风险所带来的损失，这样转向未来的税收负担就更轻了，而国民储蓄和收入则上升了。①

四、现金制保险为何依然存在

尽管通过编制突发事件损失预算可以克服现金制保险的诸多不足，但是在现实中，确实存在一些正当的理由使政府保险项目以现金为基础进行处理：可能不需要将来为损失进行支出；对将来支出的估计很难产生并且极不稳定；对政府而言，在投保的损失事件发生之后投资要比事件发生之前投资更加容易。

第一，由于运气好、有效的管理或者是在支出之前运用法律特权来改变保险项目，所以存在不需要任何保险支出的可能性。例如，对于有些承诺（如政府设立的企业的责任担保）可能不需要任何保险支出。要么是因为政府管理者成功地阻止了这些机构的破产，要么是因为公司幸运地没有遭受财务冲击，这些令人高兴的结果也可能会发生。倘若支出要依具体条件而定，意外损失预算就有把资源分配到它们从来不会为之支出的目的上的危险。

第二，之所以会把保险成本的确认推迟到支付之后，还在于这些支付事前难以估计。例如，私人养老金保险的成本规划要求测量大量计划发起人的财务状况和各种风险投资的表现。这些预测都有大量的不确定性和误差，其潜在假设的一个细小变化就可以使这种保险的预期成本有几十亿美元的变化。在预算中确认预期成本，要求预期成本的变化也必须以财政资源结余或损失的形式出现。这样，为预期保险成本编制预算可能会给预算支出和赤字带来大量的波动。

---

① ［美］罗伊·T. 梅耶斯等：《公共预算经典（第1卷）——面向绩效的新发展》，苟燕楠、董静译，上海财经大学出版社2005年版，第596页。

第三，对政府来说，在损失发生之后筹集资金偿还损失比在此之前筹集资金更为容易，或许也更为公平。其理由是，在损失产生后政府征税支付损失的能力使提前为意外损失融资没有了必要，现在就为支付还没有发生的损失征税可能把税收负担从更加富有的后代人转移到更加贫穷的当代人身上。

第二节　促使保险制度与应急预算协同发展

一、应急管理中的预算制度依旧占据主导

从突发事件造成的经济损失风险来看，为应对可以回避的以及不可承受的财政风险，首要的策略当然是选择规避和削减突发事件所造成的经济损失；其次就是转移这种损失风险，主要是向市场转移，途径可以是市场保险制度；最后，政府把突发事件带来的不能减少也不能转移的风险直接承担起来。

然而，无论是在市场保险制度设计得多么完美的国家，应急管理过程依然离不开财政手段的支撑，应急预算制度依然是各国应对突发事件的首选。我国目前市场保险制度尚处于起步发展阶段，在应急管理过程中的作用还比较有限，主要通过公共预算系统承担大量甚至大部分应急管理资金，或是通过编制应急预算，抑或是通过财政支持的保险手段。国际上针对突发性公共事件，政府保险的形式通常包括再保险、政府担保、政府直接保险三类。目前，我国已形成了一些具备应急管理功能的预算制度安排。我国现行预算机制中有专门针对灾害应急项目的支出，政府的应急拨款可以分为临时预算拨款、职能部门专项拨款和总预备费三类。根据《突发事件财政应急保障预案》的规定，对于不同的灾害程度，我国实施不同的财政收入和支出政策以快速拨付资金。2014 年修正后的《预算法》规定，各级一般公共预算按照本级一般公共预算支出额的 1%~3%设置预备费，用于当年预算执行中的自然灾害等突发事件处理增加的支出及其他难以预见的开支，这在一定程度上发挥了应急管理的功能。可见，一方面，

我国在真正意义上的应急预算体系尚未形成，也没有编制专门的应急预算账户以及预留足额的应急资金，在这种背景下，预算资金在应急管理中依然占据绝对的优势地位；另一方面，在应急管理过程中市场保险存在天然不足，依然由应急预算进行补短。我国在应急预算管理过程中，编制应急预算依然是优先改革选项，同时，保险手段的应急管理能力还需进一步增强。

二、加强保险在应急预算管理中的地位

1. 保险制度防灾减灾能力依然偏弱

作为一项风险分担机制，保险制度与政府应急管理是互补的，两者的融资来源各有不同。作为一项风险控制机制，保险制度是实施应急管理的重要内容，通常针对重大突发事件的保险制度也需要财政支出，从而保险制度成为应急预算体制的重要元素。针对突发事件，当通过预算开支为实施保险制度保驾护航时，保险制度就从市场保险转变为政府保险，从而也为应急预算管理充实了新的制度手段。世界上许多国家首先是发展了健全的市场保险制度，然后才在保险制度的构架上设计相应的应急预算管理制度。保险制度与应急预算关系如此密切，对于大多数发展中国家尤其是保险制度相对薄弱的国家而言，应极力推进保险制度与应急预算管理制度协同发展。

2. 主要举措

国际上，在通过保险手段实施应急管理方面已积累了较丰富的实践经验。美国联邦政府推行的洪水保险是一个具有特殊性的险种，它由联邦政府财政补贴，并由于其非营利性的特点而由联邦政府专项管理。在洪水灾害发生后，首先由保险公司对人员伤亡和财产损失进行赔付，超出保险的部分由政府按预先约定的比例分担。而且政府只对纳入保险体系的人员和财产损失负责，其他人员及财产遭受灾害损失后不能享受政府的补贴。1998 年，美国和加拿大发生冰雹灾害，受《美国国家洪水保险法》的政策利好，受灾群体获得的理赔金达 13 亿美元。我国台湾地区推行强制性地震保险，不再将其作为附加险，地震保险采取共保、分层的方式，由政府、保险业、国外再保公司三方面共同承担地震损失。同时发行地震巨灾债券，弥补再保险不足的部分，达到地震风险分散的效果。

除了政府需要承担责任外，企业、家庭、个人等其他社会体也应有相应的责任。从灾害应急管理体系较为发达的国家来看，保险资金已经深入灾害救助资金体系，成为个人、家庭、企业等社会主体的首要选择。目前，我国保险资金的运用现状不容乐观，虽然我国突发事件频发，巨型灾害也时有发生，但我国巨灾保险发育十分缓慢，与我国连年遭受巨额灾害损失的现状大不相称。因此，遵照市场经济规律，我国需引入并发展商业性灾害保险。由于突发事件的不可预见性及其引致的损失的不可估量性，政府应该介入其中，发挥引导、促进和补贴的作用，逐步完善政府保险的应急功能。另外，对于保险公司灾害保险险种的经营模式进行一定的改进。可借鉴日本的经验，发展再保险并确定政府的分保比例，以保证灾害保险的发展，并且政府可采取税收减免政策，鼓励商业性保险公司积极参与灾害保险险种的发展。

3. 配套改革

实践表明，在突发事件应急管理事务中，没有完整意义上的商业保险。无论是政府直接对突发事件实施保险，还是通过补贴或税收减免措施支持商业保险，两者在一定程度上都属于预算支持手段。保险制度离不开公共预算的鼎力支持，从而也无法脱离于公共预算管理。最为理想的情况应是，确保保险制度与应急预算（主要体现为应急预算储备制）同等地发挥应急管理功能。正如上文所述，现金制保险不主张进行事发前的预算确认和拨付，与编制应急预算是对立的。因此，要发挥保险制度在应急预算管理过程中的应有作用，不可缺少地要对现金制保险进行改革。基于此，在应急预算管理体制下，要充分发挥保险制度的应急功能，在一定程度上要依赖于编制应急预算，在突发事件发生之前确认并预留保险支出。

第三节　依托保险制度推动应急预算管理的实践

在一定程度上可以认为，实施应急预算管理的根本意义在于降低应急管理的整体成本，重点在于降低损失成本，而不是对损失的补偿。实践表明，政府购买保险也不乏预算改革方面的优点。首先，在损失事件发生之前就确认了资源外流的支付压力。通过把资金转移到保险公司一方，使往往容易打破预算收支平衡的官员无法调配这些资金。其次，通过协议为共同承担风险提供了激励，使保险者（承包者）更加节约和理性地对保险费进行投资管理。最后，在确定应购买的保险数量时，政府实施的风险评估可以关注到风险事故的成本总额，而这一成本可以通过加大减缓阶段的资源投入来降低。

一、部分 OECD 国家推动保险应急管理的情况

基于保险制度对推动应急预算管理的积极意义，以及保险制度通常可以降低损失成本，一些国家的政府主要通过资助保险池（包括对保险制度给予政府支持）来降低灾害损失，而非直接通过编制应急预算来实施应急管理。在针对 15 个 OECD 国家关于编制应急预算的调查结论中，有 7 个国家实施了财产和人身伤害保险。①

基于调查结果，表 9-1 汇总了部分 OECD 国家的主要灾害保险政策。有 5 个国家直接提供政府保险。西班牙提供灾难再保险制度，日本为私人保险债务提供地方担保，法国则兼具再保险制度和保险担保制度。没有哪一个国家做到了强制所有居民群体购买灾害保险，但是瑞典在某些行政区域要求所有居民购买，土耳其则要求居住在市政区域的居民购买灾害保险。3 个国家由私人保险公司提供灾害保险服务。另外，匈牙利和西班牙提供相应的补贴，以降低保险费的价格。

表 9-1　部分 OECD 国家的灾害保险政策（2009 年）

灾害保险政策	法国	匈牙利	日本	挪威	西班牙	瑞典	土耳其
政府授权私人保险公司提供自然灾害保险	否	是	否	是	否	是	否
政府强制购买保险	否	否	否	否	否	是（某些区域）	是（市政区域）
政府直接保险	是	否	否	是	是	是	是

① Marvin Phaup and Charlotte Kirschner, "Budgeting for Disasters: Focusing on the Good Times", *OECD Journal on Budgeting*, No.1, 2010, pp.15-20.

续表

灾害保险政策	法国	匈牙利	日本	挪威	西班牙	瑞典	土耳其
政府提供再保险或保险担保	是	否	是	否	是	否	否
政府提供保险补贴以降低保险价格	否	是	否	否	是	否	否

OECD 国家提供保险服务并不是为了处置存在的道德风险问题。对于承保财物，如果能使其保险价值低于 100%并要求一定价值的免赔额度，这样就使财产所有者承担一定的风险，并受到激励进行灾害减缓作业。只有瑞典授权保险免赔额制度，法国、日本和西班牙则设定财产价值保险上限制度。另外，只有日本和土耳其制定保险费用，这个保险费率根据与灾难的接近程度、建筑物的材料或者抵御灾害的能力等因素确定。

二、一个应急管理的案例——以保险为基础

近年来，为了有效应对可能发生的突发事件，在损失成本预算准备方面，土耳其并不是通过设立应急储备基金进行的，而是主要依赖于日益完善的保险制度。①

在土耳其，自然灾害造成的损失有 2/3 来自地震，该国同时易发生山体滑坡、洪灾以及雪崩等灾害（Consorcio de Compensation de Seguros，2008）。土耳其国土面积的约 96%容易发生地震活动，但全国 98%的人口居住在这些区域内（Consorcio de Compensation de Seguros，2008；OECD，2008）。根据美国《地理国家》杂志数据，1939~2004 年，土耳其发生了 25 次地震，震级均达里氏 6 级或更高里氏震级，导致超过 72500 人遇难（US Geological Survey，2009）。1999 年 8 月 17 日，土耳其发生了过去 50 年最大的地震灾害（里氏 7.6 级）。正好在 3 个月后，在同一地域发生了震级为里氏 7.1 级的余震。这两次地震夺去了数千人的生命，并给土耳其政府和经济体造成了巨大的财政负担（Consorcio de Compensation de Seguros，2008；

① Marvin Phaup and Charlotte Kirschner，"Budgeting for Disasters：Focusing on the Good Times"，*OECD Journal on Budgeting*，No.1，2010，pp.15-20.

OECD，2008）。

2000 年 9 月 27 日之前，在地震突发事件发生时，土耳其政府不得不为公众提供信贷和建设住房，而只有 5%的居民购买了地震保险。1999 年地震发生以后，土耳其政府强制实施地震保险制度。这类地震保险由土耳其巨灾保险池（TCIP）管理，后者由土耳其政府和世界银行合作组建（OECD，2008）。TCIP 的初始资本由世界银行的一个应计贷款项目提供（Consorcio de Compensation de Seguros，2008）。

TCIP 是一个法律意义上的公共实体，其管理委员会的 7 个成员来自学术界、行政机构以及私营公司。TCIP 通过把大部分运行服务进行外包而使成本最小化。土耳其最具领袖地位的再保险公司签订 TCIP 的运行管理合同（OECD，2008）。TCIP 由财政部下属的秘书处监管，后者也负责对 TCIP 进行财务审计（Yazici，n.d.）。TCIP 把相当大比例的风险转嫁给国际再保险市场，并且在积累了足够多的资源之前一直这样做（OECD，2008）。

尽管 TCIP 最初是针对多类风险进行设计的，但到目前为止，该项举措仅惠及地震和地震之后产生的火灾、爆炸或者山体滑坡灾害（Yazici，n.d.）。对于城市区域的居民建筑物来说，地震险是强制实施的。那些位于城市范围之外的小村庄的民居，以及工商业建筑物，它们的拥有人可自愿购置地震险。只有居民建筑物主体遭受由地震产生的损毁时，才能得到正常保险制度的覆盖，但是保险公司也可以为建筑物附属结构提供单独保险服务（Yazici，n.d.）。为强制实施地震保险计划，户主必须定期向当地户籍登记办公室提交一份保险计划，户籍登记办公室希望为公众的统一服务需求建立一本台账（OECD，2008）。然而，市场进入率依旧很低，在 2007 年，只有 20%的保险覆盖率（Aktas，2008）。

根据 2007 年 2 月的数据，给予强制保险的最大额度为 11 万土耳其元。这个限额每年都根据建造成本目录的改变进行调整。如果民居的市场价值高于这个额度，超过的资产可通过私人保险公司的渠道进行保险（Consorcio de Compensation de Seguros，2008；OECD，2008）。

在由私人保险公司提供地震保险的范围内，私人保险公司必须向 TCIP 支付整个月度的保险费。保险费价格根据当地的地震风险、建筑物的类别、建筑物总面积等方面的数据信息来确定，在 0.04%~0.55%的范围内波动。TCIP 政策的最低收费标准是 30 土耳其元。当索赔发生时，必须扣除2%的金额由索赔人自己承担（Yazici，n.d.）。自2000年9月建立至2006年7月31日，TCIP已经支付了17145643土耳其元的地震索赔款。

TCIP余额保管在单独的资金账户里，并由一名经理人员进行管理，这名管理者必须按照主管委员会制定的投资指南行事。目的就是把TCIP的资金池投资于多样性的渠道，进行多样化管理。

可见，通过保险制度为应急管理融资，提升了应急管理中市场的力量，目前已成为国际共识并得到普遍实施。保险制度相对发达的西方国家（如美国），早已积极利用这一制度的优势应对日益频繁的突发事件，并开始利用保险制度完善应急管理的预算筹划过程；在那些市场发育相对落后的国家，也正致力于完善保险制度，全力应对损失巨大的突发事件。相比之下，我国市场手段在应急管理中发挥的作用依然较小，尤其是保险制度在应对重大突发事件时所起的作用极为有限[①]，无论是在实践中还是基于理论创新层面，亟须补足这块短板。总之，在推动我国应急预算改革及实施应急预算管理的过程中，建立健全现有的保险制度是必要选项。

第四节 协助应急预算的“第三只手”

在应急管理过程中，如果说预算和保险分别代表管控应对突发事件的政府、市场力量，那么国际上普遍存在的捐赠、义工及志愿者服务等应急要素，则代表着志愿部门力量。基于这一通常被列在政府和市场之外的社会力量在各国应急管理实务中发挥的独特作用，且与保险制度一样对应急预算形成具有助推和补充作用，本书将其定位为应急管理“第三只手”的角色。

一、“第三只手”与生俱来且不可或缺

根据本书前述内容，“风险分散，责任共担”应该成为构建我国应急管理资金保障体系的重要原则，政府、市场、志愿部门共同提供突发事件

① 例如，2008年南方多省份遭遇特大低温冰冻灾害，但保险机构的理赔金额不到灾害损失的1%。

应对这一典型公共产品，既有理论基础，又有实践例证。另外，政府、企业和志愿部门的力量组合作为应对突发事件的主体，本是应急管理概念的重要含义，“第三只手”在国内外应急管理事务中始终发挥着不可或缺的重要作用。

实践表明，自古至今，无论各国经济社会文明的发展如何迅速，或是进行到了怎样的高度，都无法逃避突发事件的侵扰，我国也不例外。在突发事件发生阶段，“一方有难，八方支援”通常是最具号召力的救济口号，彰显了应急预算真正建立前我国应急管理的主要手段。我国突发事件频发，由于现行财政体制的常规预算难以独撑应急资金拨付需求，以保险为主要力量的市场应急机制尚未形成，“第三只手”一度是我国应急管理的重要工具和资源保障。即使在公共预算制度十分发达的美国，也由于突发事件的时间变量不可控，应急管理过程初期由第三部门组织提供的捐赠、义工及志愿者服务依然不可或缺。美国拥有多个诸如红十字会（Red Cross）、救世军（Salvation Army）的地方志愿者团体，这些“第三只手”的力量在突发事件发生的最初几个小时甚至十几个小时常常发挥着十分重要的作用，随着时间的推移，联邦政府将可能成功介入应急管理过程。

二、“第三只手”与应急预算的契合度分析

正如本书应急预算研究的初衷，原则上认为，违背预算理念的“急事急办，特事特办”的应急原则与应急预算制度框架是相斥的，同样，凸显“第三只手”力量的捐赠救济、志愿服务也仅是预算创新中应急管理的补充部分。然而，实践表明，“第三只手”和应急预算之间并非完全是此消彼长的相斥关系，两者表现出较为复杂的契合关系，并在共存共进中相互影响。

从应急预算功能层面进行辨别，“第三只手”的力量必将助推应急预算改革目标的实现，即进一步提升政府应急管理能力。长期以来，我国常规预算和保险制度在应对各类突发事件上的作用力度还显薄弱，应急管理过程常常以“第三只手”作为重要的依靠手段，“第三只手”的力量在实践中显示出与常规预算制度的匹配性。实际上，随着突发事件日益频繁发生，“第三只手”在应对突发事件过程中存在的天然不足性逐步暴露，成为应急预算改革的内生驱动力。并且，基于应急预算制度的禀赋条件，

“第三只手”成为应急预算的重要补充力量，两者共存相生。随着我国NGO主体规模日益壮大，以及应急预算制度更加健全，“第三只手”必将发挥着越来越有效的应急作用。

基于应急预算制度账户的维度，“第三只手”还将继续推动应急预算体系的建立完善，并最终趋于分离。逐步建立应急预算账户体系是实施应急预算改革的重要内容，是健全应急预算制度的有效手段，是提升应急管理的现实途径。建立能发挥正常功效的应急预算账户是一个渐进过程，当前，我国划入应急管理的专项财政资金依然有限，应急财源建设形势依然严峻，“第三只手”通过捐赠资金等形式构成了充实应急预算账户的重要力量。当然，为避免出现捐赠资金财政化，实现“第三只手”的力量和应急预算账户的适当分离是必要选项。随着我国探索可持续性应急财源不断取得实际进展，以及应急预算账户平台的逐步形成，“第三只手”和应急预算账户应当分工合作，更充分地发挥各自的应急优势。

相对而言，应急管理全过程中“第三只手”的力量与应急预算程序是互相割裂的。建立健全应急预算标准流程是应急预算管理与改革的重中之重，没有法定程序就没有预算制度，应急预算更是不可确定，在应急资金安排上也就无法摆脱常规预算固有的即时性、随机性。实践表明，由于实施主体及开展流程的不同，“第三只手”的力量在应对突发事件的过程中也具有天然的灵活性，比常规预算乃至应急预算制度更能表现出及时性、便利性。因而，为充分发挥政府、市场及社会力量在应急管理过程中的配合协作力量，坚持三者平衡，发挥各自优势，政府应通过构建应急预算制度固本强基，发挥应急管理的绝对主导作用；市场应充分挖掘保险制度的应急潜力，协同政府有效应对突发事件；社会层面“第三只手”的力量更需展现自身对突发事件的及时反应优势，既要提防捐赠资金财政化、僵硬化问题愈演愈烈，又要继续保持其在应急管理过程中的重要作用，从而为应急预算制度改革腾出必要的时间。

参考文献

安体富：《中国转移支付制度：现状·问题·改革建议》，《财政研究》2007年第1期。

［美］阿伦·威尔达夫斯基著，布莱登·斯瓦德洛编：《预算与治理》，苟燕楠译，上海财经大学出版社2010年版。

［美］艾伦·希克：《联邦预算——政治、政策、过程》，苟燕楠、喻楠译，中国财政经济出版社2011年版。

［美］爱伦·鲁宾：《公共预算中的政治：收入与支出，借贷与平衡》，叶娟丽、马骏等译，中国人民大学出版社2001年版。

［美］A.普雷姆詹德：《预算经济学》，周慈铭、何忠卿、李鸣译，曹立瀛校，中国财政经济出版社1989年版。

［美］A.普雷姆詹德：《公共支出管理》，王卫星等译，中国金融出版社1995年版。

白彦锋、张静：《中期支出框架：概念、条件及阶段划分》，《地方财政研究》2011年第12期。

陈华、刘荣：《公共危机财政应急机制构建：以汶川地震为例》，《地方财政研究》2008年第6期。

陈明等：《相信进步：罗斯福与新政》，南京大学出版社2001年版。

陈泽伟、王超群：《科学应对突发公共事件》，《瞭望新闻周刊》2005年第32期。

陈建华、王雍君：《积极财政政策当讲方法论》，《中国改革》2014年第3期。

陈建华：《把权力关进制度的笼子里政府预算大有作为》，《财会研究》2014年第3期。

崔军、孟九峰：《关于完善我国应急预算管理制度的探讨》，《财政研究》2009年第6期。

［美］大卫·N. 海曼：《公共财政：现代理论在政策中的应用》，章彤译，中

国财政经济出版社 2001 年版。
董建新：《公共应急事件的经济分析》，暨南大学出版社 2012 年版。
范祚军、张旭：《关于灾害应急体系“财政预算保障机制”问题研究》，http：//www.chinareform.org.cn/forum/crf/70/paper/201010/t20101027_48776.htm，2010 年 10 月 27 日。
冯百侠：《城市灾害应急能力评价的基本框架》，《河北理工大学学报》（社会科学版）2006 年第 11 期。
冯俏彬：《应急财政：基于自然灾害的资金保障体系研究》，经济科学出版社 2012 年版。
冯俏彬：《婴儿期的中国预算》，《行政事业资产与财务》2010 年第 5 期。
冯文成：《突发性公共事件的政府投入体系研究》，《财政研究》2003 年第 9 期。
苟燕楠：《公共预算职能的发展变迁》，《宁夏党校学报》2005 年第 5 期。
郭俊华、程琼：《我国重大自然灾害的公共财政应急措施研究——以 5·12 汶川大地震为例》，《上海交通大学学报》2009 年第 3 期。
郭福厚：《试论建立洪水保险机制的必要性》，《水土保持科技情报》2005 年第 4 期。
高建国、贾燕：《1989~2005 年中国启动地震应急预案的研究》，《灾害学》2006 年第 1 期。
洪江：《关于突发性公共事件财政救济的几点思考》，《地方财政研究》2008 年第 6 期。
侯明菁：《台湾政府特别预算研究》，硕士学位论文，暨南大学，2006 年。
侯东哲：《中央政府与地方政府间财政救灾关系研究》，硕士学位论文，西南财经大学，2011 年，第 16 页。
华鉴婷：《基于公共财政视角的我国危机应急管理》，《法制与社会》2009 年第 4 期。
贾康、刘尚希：《公共财政与公共危机——“非典”引发的思考》，中国财政经济出版社 2004 年版。
金礼国：《挪用特定款物罪的几个问题》，《法制与社会》（旬刊）2011 年第 27 期。
孔繁琦：《明概念　晓区别　知联系——风险管理　应急管理和危机管理的概念辨析》，《现代职业安全》2013 年第 9 期。

孔祥敏：《我国应急财政资源来源及存在的问题》，《才智》2009年第5期。

卢凌波：《预算稳定调节基金：财政储备还是预算调节》，《财贸经济》2012年第12期。

楼继伟：《中国政府间财政关系再思考》，中国财政经济出版社2013年版。

梁争平：《非典引出的地方财政思考》，《财政研究》2003年第9期。

林志远、张馨等：《财政政策与经济稳定》，厦门大学出版社2011年版。

刘尚希：《建立公共财政的突发事件应急机制》，《经济参考报》2003年5月28日。

刘馨颖：《日本应对"东日本大震灾"财税政策探析》，国税总局税收科学研究所2011年刊。

刘胜军：《政府会计在危机管理中的变革》，硕士学位论文，西南财经大学，2007年。

刘虽：《突发事件应对的财力保障机制：治理视角的分析》，中国社会出版社2009年版。

李子奈：《高级计量经济学》，清华大学出版社2000年版。

龙丽民、连进元、赵红杰等：《新形势下我国城市地震灾害的特点及防治对策》，《华北地震科学》2005年第4期。

［美］罗伊·T. 梅耶斯等：《公共预算经典（第1卷）——面向绩效的新发展》，苟燕楠、董静译，上海财经大学出版社2005年版。

［美］小罗伯特·D. 李、罗纳德·W. 约翰逊、菲利普·G. 乔伊斯：《公共预算体系》，苟燕楠译，马嘉楠校，中国财政经济出版社2011年版。

罗燕妮：《突发事件中公共财政应急机制的创新思考》，《神州杂志》2011年第4期。

吕炜、靳继东：《中国预算改革论纲》，《财经问题研究》2013年第8期。

马士元：《整合性灾害防救体系架构之探讨》，博士学位论文，"国立"台湾大学，2002年。

马晓：《应急财政资金管理框架构想》，《新理财》2010年第10期。

彭健：《政府预算理论演进与制度创新》，博士学位论文，东北财经大学，2006年。

潘省初：《中级计量经济学教程》，中国人民大学出版社2009年版。

钱莲琳：《"全口径预算"：健全政府预算体系的突破口》，《地方财政研究》2011年第4期。

祈毓：《公共财政视角下中国应对公共危机的财政能力评价及建议》，《地方财政研究》2008 年第 6 期。
祁毓：《我国自然灾害救助财政投入现状、问题及对策》，《地方财政研究》2008 年第 1 期。
［美］沙伊贝等：《近百年美国经济史》，彭松建等译，中国社会科学出版社 1983 年版。
［日］神野直彦：《财政学——财政现象的实体化分析》，彭曦等译，南京大学出版社 2012 年版。
沈楠、刘琦：《对公共财政应急反应机制的再思考》，《法制与社会》2008 年第 5 期。
施绵绵：《公共危机的财政应急机制探究》，《现代经济》2008 年第 9 期。
史予：《浅议巨灾债券在我国的应用》，《金融观察》2003 年第 4 期。
苏明、刘彦博：《我国加强公共突发事件应急管理的财政保障机制研究》，《经济与管理研究》2008 年第 4 期。
孙婧：《灾害救助方式的政府决策》，《中国减灾》2006 年第 10 期。
孙永华：《我国进入突发公共事件高危期》，《职业卫生与应急救援》2007 年第 5 期。
宋之杰、陆静：《试论我国公共财政的应急反应机制——源于四川地震的思考》，《燕山大学学报》2009 年第 5 期。
［美］托马斯·D. 林奇：《美国公共预算》，苟燕楠、董静译，中国财政经济出版社 2002 年版。
滕宏庆：《我国应急预算法制化研究》，《政治与法律》2011 年第 11 期。
王雍君：《中国的国库改革：从分散化到集中化》，《财贸经济》2003 年第 5 期。
王雍君：《中国的预算改革：评述与展望》，《经济社会体制比较》2008 年第 1 期。
王雍君、张拥军：《政府施政与预算改革》，经济科学出版社 2006 年版。
王雍君：《公共经济学》，高等教育出版社 2007 年版。
王雍君：《中国公共预算改革：从年度到中期基础》，经济科学出版社 2011 年版。
王雍君：《公共预算管理》，经济科学出版社 2010 年版。
王雍君、谢林：《基于全口径预算的财政监督：要点及努力方向》，《财政监督》2013 年第 15 期。

王宏伟：《应急管理理论与实践》，社会科学文献出版社 2010 年版。

王宏伟：《美国应急管理的发展与演变》，《国外社会科学》2007 年第 2 期。

王绍光、王有强：《公民权、所得税和预算体制——谈农村税费改革的思路》，《战略与管理》2001 年第 3 期。

王维舟：《突发事件与公共财政》，《理论与现代化》2004 年第 2 期。

王振宇：《汶川自然灾害与财政作用机制的合理构建》，《地方财政研究》2008 年第 6 期。

温海莹：《论中国突发性公共事务的财政投入方面存在的问题与对策》，《经济纵横》2006 年第 7 期。

吴淑娴：《应急管理理论与实务》，华中师范大学出版社 2010 年版。

［美］杰弗里·M. 伍德里奇：《计量经济学导论：现代观点》（英文版），清华大学出版社 2007 年版。

谢丹、郑智峰：《我国重大灾害救灾机制建设研究》，《经济体制改革》2009 年第 2 期。

肖秀灵：《应对突发公共事件的财政支出研究》，《特区经济》2012 年第 8 期。

徐涛、侯一麟：《预算稳定基金：应对经济衰退的工具》，《国际经济评论》2009 年第 3 期。

［美］雪莉琳·琳内·汤姆金：《透视美国管理与预算局》，苟燕楠译，上海财经大学出版社 2009 年版。

严家其：《首脑论》，上海人民出版社 1986 年版。

杨宝华：《关于建立国家财政支持的巨灾风险保险体系的几点思考》，《上海保险》2006 年第 9 期。

杨薇：《浅谈我国应急财政资金的管理》，《时代金融》2011 年第 9 期。

杨青、田依林、宋英华：《基于过程管理的城市灾害应急管理综合能力评价体系研究》，《中国行政管理》2007 年第 3 期。

杨富平、黄崇福：《城市地震灾害应急管理区划构想》，《自然灾害学报》2006 年第 2 期。

［美］伊莱恩·卡马克：《过去 20 年各国政府改革的经验与教训》，冉冉编译，《经济社会体制比较》2005 年第 6 期。

［美］詹姆斯·M. 布坎南、理查德·E. 瓦格纳：《赤字中的民主——凯恩斯的政治遗产》，刘延安、罗光译，北京经济学院出版社 1988 年版。

赵要军、陈安：《地震类突发事件中公共财政应急机制分析》，《自然灾害学报》2010年第1期。
赵要军、陈安、戎晓霞：《突发事件应急管理中公共财政应急机制探讨》，《中国管理科学》2006年第14期。
赵要军、陈安：《地震类突发事件中公共财政应急机制分析》，《灾害学》2007年第4期。
张建华、刘仲英：《案例推理和规则推理结合的紧急预案信息系统》，《同济大学学报》（自然科学版）2002年第30期。
郑双忠、邓云峰：《城市突发公共事件应急能力评估体系及其应用》，《辽宁工程技术大学学报》2006年第6期。
郑双忠、邓云峰、江田汉：《城市应急能力评估指标体系核心项处理方法研究》，《中国安全生产科学技术》2006年第10期。
周克清：《论我国应灾性预算制度的软肋及其完善》，《中央财经大学学报》2010年第12期。
周志刚：《风险可保性理论与巨灾风灾风险的国家管理》，博士学位论文，复旦大学，2005年。
祖强：《机制设计理论与最优资源配置的实现》，《世界经济与政治论坛》2008年第2期。
张昌廷、林涵：《自然灾害的经济分析》，《湖北经济学院学报》（人文社会科学版）2010年第4期。
中国行政管理学会课题组：《政府应急管理机制研究》，《中国行政管理》2005年第1期。
《SARS与政府公共政策》课题组：《突发性公共事件的政府投入体系建设——源于SARS危机的思考》，《经济研究参考》2003年第49期。
南方冰雪灾害，http：//www.dfczyj.com.
Allen Schick，"The Road to PPB：The Etages of Budget Reform"，*Public Administrations Review*，Vol.26，December 1966.
Allen Schick，"Budgets，Plans and Scarcity"，Paper Prepared for National Association for Public Administration，1969.
Allen Schick，*The Federal Budget：Politics，Policy，Process*，Washington，D. C.：The Brookings Institution，1995.
Allen Schick，"Performance Budgeting and Accrual Budgeting：Decision Rules or Analytic Tools?" *OECD Journal on Budgeting*，Vol.7，No.2，2007.

Allen Schick, "Budgeting for Fiscal Risk", in Hana Polackova Brixi and Allen Schick (eds.), *Government at Risk: Contingent Liabilities and Fiscal Risk*, The World Bank, 2002.

Alma M. Schaafstal, Joan H. John -ston and Randall L.Oser, "Tranining Teams for Emergency Management", *Computers in Human Behavior*, Vol. 17, No.6, 2001, 615-626.

Allen K. Settle, "Financing Disaster Mitigative, Preparedness, Response, and Recovery", *Public Administration Review*, Vol.45, "Special Issue: Emergency Management: A Challenge for Public Administration", Jan., 1985.

Alan J., Auerbach, "Federal Budget Rules: The U. S. Experience", NBER Working Paper, No. 14288, National Bureau of Economic Research, Cambridge, M. A., United States, http://www.nber.org/papers/w/14288, 2008.

Amy K. Donahue and Philip G. Joyce, "A Framework for Analyzing Emergency Management with an Application to Federal Budgeting", *Public Administration Review*, Vol.61, No.6, Nov.-Dec., 2001.

Alvarez. Questioned on Business Disaster Funds and User Fees, CQ Monitor, Mar.7, 1997.

Barro Robert J., "On the Welfare Cost of Consumption Uncertainty", NBER Working Paper, No. 12763, National Bureau of Economic Research, Cambridge, MA, United States, 2006.

Bill Heniff Jr., "Emergency Designation: Current Budget Rules and Procedures", *Congressional Research Service*, January 6, 2011.

Burby R. J., et al., *Sharing Environmental Risks: How to Control Government's Losses in Natural Disasters*. Boulder, Colo.: Westview Press, 1991.

Bruce R. Lindsay, et al., Federal Emergency Management: A Brief Introduction, CRS Report for Congress, November 30, 2012.

Brixi Hana Polackova, *Government Contingent Liabilities: A Hidden Risk to Fiscal Stability*, The World Bank Working Paper, 1998.

Bryson Kweku-Muata, Harey Millarb, Anito Josephc and Ayodele Mbolurind, "Using Formal MS/OR Modeling to Support Disaster Recovery Planning",

European Journal of Operational Research, Vol.141, No.3, 2002.

Borensztein Eduardo, Eduardo Cavallo and Patricio Valenzuela, "Debt Sustainability under Catastrophic Risk: The Case for Government Budget Insurance", IMF Working Paper, International Monetary Fund, Washington D. C., 2008.

Caiden Naomi, "A New Perspective on Budgetary Reform", *Australia Journal of Public Administration*, Vol.48, No.1, 1989.

CGSDL, Measuring Policy Performance: The Dashboard Tool, 2000.

Congressional Budget Office, *Supplemental in the 1990s*, Washington, D. C.: CBO, March 2001.

David A. McEntyre, "Searching for a Holistic Paradigm and Policy Guide: Proposal for the Future of Emergency Management", *International Journal of Emergency Management*, Vol.1, No.3, 2003.

David A. McEntire, "The Status of Emergency Management Theory: Issues, Barriers, and Recommendations for Improued Scholarship", *FEMA Higher Education Conference*, June 8, 2004.

Donald P. Moynihan, "Citizen Participation in Budgeting: Prospects for Developing Countries", Edited by Anwar Shah, Participatory Budgeting, Public Sector Governance and Accountability Series, The World Bank, Washington, D. C., 2007.

Damon P. Coppola, Introduction to International Disaster Management, 2007.

G. O' Brein, "Communicating Emergency Preparedness: Strategies for Creating a Disaster Resilient Public", *Journal of Homeland and Security & Emergehcy Management*, 2009.

Emergency Management in Australia, Concepts and Principles, Commonwealth of Australia, 2004.

Federal Emergency Management Agency (FEMA), Partnership for a Safer Future Strategic Plan FY1998 through FY2007, with Operational Objectives through FY2003, September 30, 1997.

Freeman P. K. and Kunreuther H., *Managing Environmental Risk through Insurance*, Norwell, Mass.: Kluwer, 1997.

Francis X. McCarthy, FEMA Disaster Cost-Shares: Evolution and Analysis,

March 9, 2010.

George L. Ward, " Emergency Appropriations and the Fiscal Response to September 11", *Policy Perspectives*, 2009.

Hana Polackova Brixi and Allen Schick, *Government at Risk: Contingent Liabilities and Fiscal Risk*, The World Bank, 2002.

Hochrainer Stefan, "Assessing the Macroeconomic Impacts of Natural Disasters: Are There Any?" Policy Research Working Paper 4968, World Bank, Washington D. C., June, http: //gfdrr.org/index.cfm? page =Reports/Publications&ItemID=72, accessed 25 June, 2009.

Heipertz M. and C. Nickel, " Climate Change Brings Stormy Days: Case Studies on the Impact of Extreme Weather Events on Public Finances", in " Fiscal Sustainability: Analytical Developments and Emerging Policy Issues", Papers Presented at the Banca d'Italia Workshop Held in Perugia, Italy, 3-5 April, 2008, http: //www.bancaditalia.it/studiricerche/convegni/atti/fiscal_sustainability/session_4/Nickel.pdf, accessed 24 June 2009.

Hofman David and Patricia Brukoff, *Insuring Public Finances against Natural Disasters -A Survey of Options and Recent Initiatives*, IMF Working Paper, No. WP/06/199, International Monetary Fund, Washington D. C., 2006.

John Kim, "From Line-item to Program Budgeting", *Korean Institute of Public Finance*, Seoul, 2007.

Jeffrey M. Wooldridge, Introductory Econometrics: A Modern Approch Thomson South-Western, 2006.

Jenkins L., " Selecting Scenarios for Environmental Disaster Planning", *European Journal of Operational Research*, Vol.121, No.2, 2000.

Jossey-Bass, San Francisco, C. A. , *Handbook of Government Budgeting*, United States, 1999.

Kane E., "Difficulties in Making Implicit Government Risk-Bearing Partnership Explicit", *Journal of Risk and Uncertainty*, Vol.12, No.2-3, 1996.

Kunreuther H., " Mitigating Disaster Losses through Insurance", *Journal of Risk and Uncertainty*, Vol.12, No.2-3, 1996.

Landesman L. Y., "The Practice Guide, American Public Health Association",

Washington, D. C., 2001.

Lenneal J. Henderson, "Emergency and Disaster: Pervasive Risk and Public Bureaucracy in Developing Nations", *Public Organization Review: A Global Journal*, No.4, 2004.

Le Houerou Philippe and Robert Taliercio, " Medium -term Expenditure Frameworks: From Concept to Practice", Africa Region Working Paper Series, No.28, 2002.

Lindy M. Newlove, Eric K. Stern and Lina Svedin, " Auckland Unplugged Crismart: A Publication of the Crisis Management", *Europe Research Program*, Vol.2, 2000.

Linert Ian and Moo-Kyung Jung, " The Legal Framework for Budget System", *OECD Journal of Budgeting*, Vol.4, No.3, 2004.

Marvin Phaup, " Credit Reform, Negative Subsidies, and FHA", *Public Budgeting and Fiance*, Vol.16, 1996.

Marvin Phaup and Charlotte Kirschner, "Budgeting for Disasters: Focusing on the Good Times", *OECD Journal on Budgeting*, No.1, 2010.

OMB, Report on Costs of Domestic and International Emergencies and on the Threats Posed by the Kuwaiti Qil Fires, June, 1991.

Patashnik E. M., "The Contractual Nature of Budgeting: A Transaction Cost Perspective on the Design of Budgeting Institutions", *Policy Science*, No. 29, 1996.

Paul L. Posner, *Budgeting for Emergencies: State Practices and Federal Implications*, Washington: GAO, September 1999.

Phaup Marvin and David Torregrosa, "Budgeting for Contingent Losses", in Roy T. Meyers (eds.), *Hoodbook of Governments Budgeting*, Jossey-Bass. Inc., 1999.

Priest G. L., "The Government, the Market, and the Problem of Catastrophic Loss", *Journal of Risk and Uncertainty*, Vol.12, No.2-3, 1996.

P. Coppola and Erin K. Maloney, *Communicating Emergency Preparedness: Strategies for Creating a Disaster Resilient Public*, Taylor and Francis Group, LLC, 2009.

Schiavo-Campo S. and D.Tommasi, Managing Government Expenditure, Asian

Development Bank, 1999.

Stiglitz J., "The Role of the State in Financial Markets", Proceedings of the World Bank Annual Conference on Development Economics, 1993, Washington, D. C.: World Bank, 1994.

Sullivan J. F., "Jersey Looks for Money to Restore the Shore", *New York Times*, Apr.19, 1992.

Stossel J., "Swept away by Welfare for the Wealthy", *Wall Street Journal*, Aug.16, 1995.

Thomas D. Phelan, *Emergency Management*, Elsevier, 2008.

U. Rosenthal, *Coping with Crises: The Management of Disasters, Riots and Terrorism*, Charles Thomas Publisher, 1989.

Veronique de Rugy and Allison Kasic, "The Never-ending Emergency: Trends in Supplemental Spending", *Policy Comment*, No.18, August 1, 2011.

Wildasin David E., " Disaster Avoidance, Disaster Relief, and Policy Coordination in a Federation", http: //cpe.wustl.edu/seminars/Wildasin Fall2008. pdf, accessed 1 April 2010, 2008.

William L. Waugh Jr., "Current Policy and Implementation Issues in Disaster Preparetness" In *Managing Disaster: Strategies and Policy Perspecties*, edited by Louise K. Comfoit, Durham, NC: Duke University Press, 1988, pp.111-125.

索　引

A

B

C

D

F

G

J

N

S

T

W

X

Y

Z

后　记

本书是我在中国财政科学研究院从事博士后研究期间，在博士论文的基础上修改完成的。在此首先向我的博士后合作导师刘尚希研究员、博士指导老师王雍君教授表示最衷心的感谢！

感谢全国博士后管理委员会、中国社会科学院、经济管理出版社对本书出版的大力支持！在本书的定稿过程中，经济管理出版社编辑部宋娜老师、北京市平谷区财政局国库科李娜同志做了大量的指导和服务工作，在此一并表示感谢。

谨以本书献给我至亲至爱的父母。“鸦有反哺之义，羊知跪乳之恩。”今后我将在工作上兢兢业业、踏踏实实，最大程度地回报父母的养育之恩。

由于我的研究能力、时间精力有限，本书的纰漏与失误在所难免，有待继续关注和改进。

陈建华

2017 年 7 月

专家推荐表

第六批《中国社会科学博士后文库》专家推荐表 1			
推荐专家姓名	王雍君	行政职务	院长
研究专长	政府预算、公共财政及公司财务	电　　话	
工作单位	中央财经大学财经研究院	邮　　编	
推荐成果名称	中国应急预算管理与改革		
成果作者姓名	陈建华		

（对书稿的学术创新、理论价值、现实意义、政治理论倾向及是否达到出版水平等方面做出全面评价，并指出其缺点或不足）

陈建华博士的《中国应急预算管理与改革》一书，把应急管理与公共预算管理之间的“交叉领域”——应急预算作为研究主题，视野新颖，书中的观点与结论及改革建议符合我国实际情况，应用前景较好。

与当前相关研究相比，这本书突破了对公共预算功能的狭隘认知，要求预算不仅能够应对常规事项也能够应对突发事项，创新了常规预算的话语体系，率先构建起应急预算概念和制度框架，填补了相应的理论空白。

可以预知，陈建华博士的这本书上市后，将助推学术界对应急预算制度的持续关注和深入研究，也将引导政府进一步重视从财政管理视角增强应急管理水平。

签字：

2017 年 1 月 15 日

说明：该推荐表由具有正高职称的同行专家填写。一旦推荐书稿入选《中国社会科学博士后文库》，推荐专家姓名及推荐意见将印入著作。

<table>
<tr><th colspan="4">第六批《中国社会科学博士后文库》专家推荐表 2</th></tr>
<tr><td>推荐专家姓名</td><td>刘尚希</td><td>行政职务</td><td>院长</td></tr>
<tr><td>研究专长</td><td>公共风险、公共财政及收入分配</td><td>电　　话</td><td></td></tr>
<tr><td>工作单位</td><td>中国财政科学研究院</td><td>邮　　编</td><td></td></tr>
<tr><td>推荐成果名称</td><td colspan="3">中国应急预算管理与改革</td></tr>
<tr><td>成果作者姓名</td><td colspan="3">陈建华</td></tr>
<tr><td colspan="4">（对书稿的学术创新、理论价值、现实意义、政治理论倾向及是否达到出版水平等方面做出全面评价，并指出其缺点或不足）
陈建华博士的这本著作研究视角新颖，研究内容比较接地气，提出的建议思路可成为政府施政方式改善的重要参考和推力。难能可贵的是，本书把“公共风险”相关要素考虑进预算制度改革层面，并提出了一部分原创性的学术见解，具有较大的理论创新价值。
这本书并非至善至美，但其内容与我国经济社会发展面临的一些问题相契合，对于完善我国应急管理体制、推动应急导向的预算管理改革具有特别的意义，也将为我们持续探讨应急财政的相关问题提供新的平台。
总之，我十分愿意向读者推荐陈建华博士的这本著作。

签字：刘尚希

2017 年 1 月 16 日</td></tr>
<tr><td colspan="4">说明：该推荐表由具有正高职称的同行专家填写。一旦推荐书稿入选《中国社会科学博士后文库》，推荐专家姓名及推荐意见将印入著作。</td></tr>
</table>

经济管理出版社
《中国社会科学博士后文库》
成果目录

第一批《中国社会科学博士后文库》（2012 年出版）		
序号	书　名	作　者
1	《“中国式”分权的一个理论探索》	汤玉刚
2	《独立审计信用监管机制研究》	王　慧
3	《对冲基金监管制度研究》	王　刚
4	《公开与透明：国有大企业信息披露制度研究》	郭媛媛
5	《公司转型：中国公司制度改革的新视角》	安青松
6	《基于社会资本视角的创业研究》	刘兴国
7	《金融效率与中国产业发展问题研究》	余　剑
8	《进入方式、内部贸易与外资企业绩效研究》	王进猛
9	《旅游生态位理论、方法与应用研究》	向延平
10	《农村经济管理研究的新视角》	孟　涛
11	《生产性服务业与中国产业结构演变关系的量化研究》	沈家文
12	《提升企业创新能力及其组织绩效研究》	王　涛
13	《体制转轨视角下的企业家精神及其对经济增长的影响》	董　昀
14	《刑事经济性处分研究》	向　燕
15	《中国行业收入差距问题研究》	武　鹏
16	《中国土地法体系构建与制度创新研究》	吴春岐
17	《转型经济条件下中国自然垄断产业的有效竞争研究》	胡德宝

第二批《中国社会科学博士后文库》（2013 年出版）		
序号	书　名	作　者
1	《国有大型企业制度改造的理论与实践》	董仕军
2	《后福特制生产方式下的流通组织理论研究》	宋宪萍

续表

第二批《中国社会科学博士后文库》（2013年出版）		
序号	书　名	作　者
3	《基于场景理论的我国城市择居行为及房价空间差异问题研究》	吴　迪
4	《基于能力方法的福利经济学》	汪毅霖
5	《金融发展与企业家创业》	张龙耀
6	《金融危机、影子银行与中国银行业发展研究》	郭春松
7	《经济周期、经济转型与商业银行系统性风险管理》	李关政
8	《境内企业境外上市监管若干问题研究》	刘　轶
9	《生态维度下土地规划管理及其法制考量》	胡耘通
10	《市场预期、利率期限结构与间接货币政策转型》	李宏瑾
11	《直线幕僚体系、异常管理决策与企业动态能力》	杜长征
12	《中国产业转移的区域福利效应研究》	孙浩进
13	《中国低碳经济发展与低碳金融机制研究》	乔海曙
14	《中国地方政府绩效评估系统研究》	朱衍强
15	《中国工业经济运行效益分析与评价》	张航燕
16	《中国经济增长：一个“被破坏性创造”的内生增长模型》	韩忠亮
17	《中国老年收入保障体系研究》	梅　哲
18	《中国农民工的住房问题研究》	董　昕
19	《中美高管薪酬制度比较研究》	胡　玲
20	《转型与整合：跨国物流集团业务升级战略研究》	杜培枫

第三批《中国社会科学博士后文库》（2014年出版）		
序号	书　名	作　者
1	《程序正义与人的存在》	朱　丹
2	《高技术服务业外商直接投资对东道国制造业效率影响的研究》	华广敏
3	《国际货币体系多元化与人民币汇率动态研究》	林　楠
4	《基于经常项目失衡的金融危机研究》	匡可可
5	《金融创新及其宏观效应研究》	薛昊旸
6	《金融服务县域经济发展研究》	郭兴平
7	《军事供应链集成》	曾　勇
8	《科技型中小企业金融服务研究》	刘　飞

续表

第三批《中国社会科学博士后文库》（2014 年出版）		
序号	书　名	作　者
9	《农村基层医疗卫生机构运行机制研究》	张奎力
10	《农村信贷风险研究》	高雄伟
11	《评级与监管考》	武　钰
12	《企业吸收能力与技术创新关系实证研究》	孙　婧
13	《统筹城乡发展背景下的农民工返乡创业研究》	唐　杰
14	《我国购买美国国债策略研究》	王　立
15	《我国行业反垄断和公共行政改革研究》	谢国旺
16	《我国农村剩余劳动力向城镇转移的制度约束研究》	王海全
17	《我国吸引和有效发挥高端人才作用的对策研究》	张　瑾
18	《系统重要性金融机构的识别与监管研究》	钟　震
19	《中国地区经济发展差距与地区生产率差距研究》	李晓萍
20	《中国国有企业对外直接投资的微观效应研究》	常玉春
21	《中国可再生资源决策支持系统中的数据、方法与模型研究》	代春艳
22	《中国劳动力素质提升对产业升级的促进作用分析》	梁泳梅
23	《中国少数民族犯罪及其对策研究》	吴大华
24	《中国西部地区优势产业发展与促进政策》	赵果庆
25	《主权财富基金监管研究》	李　虹
26	《专家对第三人责任论》	周友军

第四批《中国社会科学博士后文库》（2015 年出版）		
序号	书　名	作　者
1	《地方政府行为与中国经济波动研究》	李　猛
2	《东亚区域生产网络与全球经济失衡》	刘德伟
3	《互联网金融竞争力研究》	李继尊
4	《开放经济视角下中国环境污染的影响因素分析研究》	谢　锐
5	《矿业权政策性整合法律问题研究》	郗伟明
6	《老年长期照护：制度选择与国际比较》	张盈华
7	《农地征用冲突：形成机理与调适化解机制研究》	孟宏斌
8	《品牌原产地虚假对消费者购买意愿的影响研究》	南剑飞

续表

第四批《中国社会科学博士后文库》（2015年出版）		
序号	书　名	作　者
9	《清朝旗民法律关系研究》	高中华
10	《人口结构与经济增长》	巩勋洲
11	《食用农产品战略供应关系治理研究》	陈　梅
12	《我国低碳发展的激励问题研究》	宋　蕾
13	《我国战略性海洋新兴产业发展政策研究》	仲雯雯
14	《银行集团并表管理与监管问题研究》	毛竹青
15	《中国村镇银行可持续发展研究》	常　戈
16	《中国地方政府规模与结构优化：理论、模型与实证研究》	罗　植
17	《中国服务外包发展战略及政策选择》	霍景东
18	《转变中的美联储》	黄胤英

第五批《中国社会科学博士后文库》（2016年出版）		
序号	书　名	作　者
1	《财务灵活性对上市公司财务政策的影响机制研究》	张玮婷
2	《财政分权、地方政府行为与经济发展》	杨志宏
3	《城市化进程中的劳动力流动与犯罪：实证研究与公共政策》	陈春良
4	《公司债券融资需求、工具选择和机制设计》	李　湛
5	《互补营销研究》	周　沛
6	《基于拍卖与金融契约的地方政府自行发债机制设计研究》	王治国
7	《经济学能够成为硬科学吗?》	汪毅霖
8	《科学知识网络理论与实践》	吕鹏辉
9	《欧盟社会养老保险开放性协调机制研究》	王美桃
10	《司法体制改革进程中的控权机制研究》	武晓慧
11	《我国商业银行资产管理业务的发展趋势与生态环境研究》	姚　良
12	《异质性企业国际化路径选择研究》	李春顶
13	《中国大学技术转移与知识产权制度关系演进的案例研究》	张　寒
14	《中国垄断性行业的政府管制体系研究》	陈　林

续表

第六批《中国社会科学博士后文库》(2017 年出版)		
序号	书　名	作　者
1	《城市化进程中土地资源配置的效率与平等》	戴媛媛
2	《高技术服务业进口技术溢出效应对制造业效率影响研究》	华广敏
3	《环境监管中的“数字减排”困局及其成因机理研究》	董　阳
4	《基于竞争情报的战略联盟关系风险管理研究》	张　超
5	《基于劳动力迁移的城市规模增长研究》	王　宁
6	《金融支持战略性新兴产业发展研究》	余　剑
7	《清乾隆时期长江中游米谷流通与市场整合》	赵伟洪
8	《文物保护经费绩效管理研究》	满　莉
9	《我国开放式基金绩效研究》	苏　辛
10	《医疗市场、医疗组织与激励动机研究》	方　燕
11	《中国的影子银行与股票市场：内在关联与作用机理》	李锦成
12	《中国应急预算管理与改革》	陈建华
13	《资本账户开放的金融风险及管理研究》	陈创练
14	《组织超越——企业如何克服组织惰性与实现持续成长》	白景坤

《中国社会科学博士后文库》征稿通知

为繁荣发展我国哲学社会科学领域博士后事业，打造集中展示哲学社会科学领域博士后优秀研究成果的学术平台，全国博士后管理委员会和中国社会科学院共同设立了《中国社会科学博士后文库》（以下简称《文库》），计划每年在全国范围内择优出版博士后成果。凡入选成果，将由《文库》设立单位予以资助出版，入选者同时将获得全国博士后管理委员会（省部级）颁发的“优秀博士后学术成果”证书。

《文库》现面向全国哲学社会科学领域的博士后科研流动站、工作站及广大博士后，征集代表博士后人员最高学术研究水平的相关学术著作。征稿长期有效，随时投稿，每年集中评选。征稿范围及具体要求参见《文库》征稿函。

联系人：宋　娜　主任

联系电话：01063320176；13911627532

电子邮箱：epostdoctoral@126.com

通讯地址：北京市海淀区北蜂窝 8 号中雅大厦 A 座 11 层经济管理出版社《中国社会科学博士后文库》编辑部

邮编：100038

经济管理出版社